Zu diesem Buch

Dieses Buch beschäftigt sich mit dem Alltagsstreß zwischen Kindern und ihren Eltern, der besonders dann entsteht, wenn die Kinder aus scheinbar unerfindlichen Gründen nicht das tun, worum sie gebeten werden, und lieber heftige Streitereien in Kauf nehmen, statt einen Finger zu rühren. Das Buch besteht aus zwei Teilen: im ersten werden ein gut verständliches Erklärungsmodell vorgestellt und Verhaltensstrategien erläutert, der zweite Teil gibt Tips, wie man sich in konkreten Situationen am besten verhält. Beide Teile enthalten viele anschauliche und amüsant erzählte Beispiele aus dem Leben mit Kindern.

Der Autor geht davon aus, daß jeder Mensch ein Baby-Selbst und ein erwachsenes Selbst besitzt. Das Baby-Selbst ist außerordentlich egoistisch und verlangt, daß die anderen, in diesem Falle die Eltern, in jedem Moment verfügbar sind. Es fordert bedingungslose Zuwendung, die es mit Sicherheit durch Streit bekommt. Das erwachsene Selbst ist der Teil in uns, der seine Befriedigung aus nach außen gerichteten Tätigkeiten bezieht. Es entwickelt sich erst im Laufe unserer Kindheit und Jugend. Im Gegensatz zum Baby-Selbst ist es sich seiner bewußt, kann sich in andere Menschen einfühlen und verfügt über Selbstkontrolle und Selbstdisziplin.

Eltern sollten diese grundlegende Tatsache akzeptieren, aber aufpassen, daß das Baby-Selbst nicht die Oberhand gewinnt. Dies geschieht besonders dann, wenn Eltern sich auf lange Diskussionen einlassen. Ihre Entscheidungen sollten klar sein und schnell getroffen werden. Zur Erziehung gehört, daß man die Elternrolle und damit auch die elterliche «Macht» annimmt. Dabei ist es wichtig, eindeutige Grenzen zu ziehen. Der Autor plädiert dafür, daß Eltern sich zwar des Verhältnisses zu ihren Kindern bewußt sind, sich aber nicht zu viele Gedanken darüber machen, daß ihr Kind Schäden leiden könnte, denn in normalen Familien sind Kinder in der Lage, viele Mängel auszugleichen.

Anthony E. Wolf

«Meine Freunde dürfen das aber!»

Vom Nachgeben und Grenzensetzen in der Erziehung

Aus dem Englischen
von Susanne Klockmann

rororo
Rowohlt

rororo Mit Kindern leben
Lektorat Bernd Gottwald

Deutsche Erstausgabe
Veröffentlicht im Rowohlt Taschenbuch Verlag GmbH,
Reinbek bei Hamburg, Mai 1997

Die Originalausgabe erschien unter dem Titel
«It's not fair, Jeremy Spencer's parents let him stay up
all night! A guide to the tougher parts of parenting»
bei Farrar, Straus and Giroux, New York

Umschlaggestaltung Peter Wippermann/Jürgen Kaffer,
Büro Hamburg
(Foto: The Image Bank)
Satz Sabon und Frutiger (Linotronic 500)
Gesamtherstellung Clausen & Bosse, Leck
Printed in Germany
1490-ISBN 3 499 60157 5

Inhalt

Einleitung

Zwei fiktive, aber bestimmt mögliche Geschichten.

Die neunziger Jahre: Der acht Jahre alte Jimmy kommt eines Morgens in den Klassenraum, und sein Lehrer bemerkt den deutlichen Abdruck einer Hand auf seinem Gesicht.

«Woher hast du das bekommen, Jimmy?»

«Meine Mutter hat mich geschlagen.»

Woraufhin der Lehrer das tut, was in den meisten westlichen Ländern heute Gesetz ist: Er meldet einen Fall von Kindesmißhandlung.

Die vierziger Jahre: Der acht Jahre alte Jimmy kommt eines Morgens in den Klassenraum, und sein Lehrer bemerkt den deutlichen Abdruck einer Hand auf seinem Gesicht.

«Woher hast du das, Jimmy?»

«Meine Mutter hat mich geschlagen.»

«Nun, du hast es wahrscheinlich verdient.»

Im Verlauf der letzten fünfzig Jahre hat sich die Kindererziehung deutlich verändert. Heute glauben wir, daß es nicht allein darauf ankommt, Kindern eine Lektion zu erteilen, sondern vor allem darauf, wie Kindern diese Lektion erteilt wird. Das formt sie. Vieles von dem, was früher als normale elterliche Praxis galt, wird heute als Mißhandlung angesehen. Heftige Schläge ins Gesicht, wiederholtes Schlagen, das Schlagen mit Gürteln oder Besenstielen, das längere Einschließen von Kindern in einem Raum gelten heutzutage nicht mehr als angemessene Erziehungsmethoden. Wir glauben heute, daß sie den Kindern schaden – und auch den Erwachsenen, die sie einmal werden. An die Stelle dieser alten Erziehungsmethoden ist eine neue getreten, eine, die auf die Kinder Rücksicht nimmt und ihnen zuhört. Das hat dazu geführt, daß heutige Kinder ihre Eltern nicht mehr fürchten, wie es viele Kinder in den vorherigen Generationen getan haben. Und das ist gut so.

Aber es gibt auch ein Problen bei dieser neuen Erziehungsmethode. Wenn die Kinder ihre Eltern nicht mehr fürchten, dann haben sie auch kaum noch einen Grund, das zu tun, was ihre Eltern ihnen sagen.

«Lynn, könntest du bitte deine Buntstifte wegräumen?»

«Warum?»

«Weil ich dich darum bitte.»

«Das ist nicht fair. Kevin muß seine Buntstifte nie aufräumen.»

Früher hätte dies zur Folge gehabt:

«Ich werde dir gleich zeigen, was nicht fair ist.»

Lynns Mutter hätte schnell den Stock zur Hand gehabt. Deshalb hätte Lynn in den alten Zeiten nicht einmal «warum» gesagt. Aus einem einfachen Grund: Wenn sie nicht das tat, was ihre Eltern sagten, wurde sie geschlagen.

Heute ist der Stock fast vollkommen verschwunden. Und mit seinem Verschwinden ist eine ganz neue Generation von Kindern entstanden. Diese Kinder sprechen und handeln zu Hause nicht, wie es frühere Generationen von Kindern getan haben. (Auf das Verhalten außerhalb des Zuhauses komme ich in einem späteren Kapitel zu sprechen.)

«Ich hätte mit meinen Eltern niemals so gesprochen wie du.»

Heutige Kinder benehmen sich ihren Eltern gegenüber deutlich schlechter, als es ihre Eltern gegenüber ihren eigenen Eltern getan haben. Und heutige Eltern glauben oft, daß sie etwas falsch gemacht haben. Irgendwie müssen sie versagt haben, denn ihre Erziehung ist nicht so klar und wirkungsvoll, wie es die ihrer Eltern war. Dabei vergessen sie jedoch, ist, daß sich etwas verändert hat. Was wir von dem Verhalten unserer Kinder erwarten, ist etwas, was nur durch die Androhung harter Strafen erreicht werden kann.

Heutige Eltern machen nichts falsch. Sie machen etwas richtig. Es hat ihnen nur niemand gesagt, wie die Früchte ihrer besseren Erziehung aussehen würden. Ohne harte Strafen aus der elterlichen Waffenkammer verändert sich die Kindererziehung vollkommen.

«Viktor, könntest du bitte den Kaninchenkäfig wieder in dein Zimmer stellen?»

«Kann ich nicht.»

«Was soll das heißen – du kannst das nicht?»

«Mein Arm tut weh.»

«Das hör ich jetzt zum erstenmal.»

«Er tut aber weh.»

«Viktor, ich habe dich darum gebeten, den Kaninchenkäfig zurück in dein Zimmer zu stellen.»

«Warum muß ich das immer tun?»

«Du mußt das gar nicht immer tun.»

«Doch. *Immer*. Immer muß ich das tun. Melissa nie.»

«Du weißt, daß das nicht stimmt, Viktor.»

«Doch, es stimmt. Sie muß nie irgendwas tun. Immer nur ich. Du bevorzugst sie. Das tust du wirklich.»

Viktor hat die ersten Tränen in den Augen.

Viktors Mutter wird langsam gereizt.

«Viktor, ich möchte, daß du den Kaninchenkäfig zurück in dein Zimmer bringst.»

«Warum brüllst du mich so an?» Jetzt bricht Viktor tatsächlich in Tränen aus.

«Ich brülle dich gar nicht an.»

«Doch, das tust du.» Was Viktors Mutter an diesem Punkt natürlich tut. «Du haßt mich.»

Viktors Mutter, mittlerweile vollkommen gereizt, faßt ihn bei der Schulter, um ihre anfängliche Bitte ernst und präzise zu wiederholen.

«Aua! Aua! Mein Arm. Das ist mein schlimmer Arm! Mein Arm!»

Niemand hat behauptet, daß Kindererziehung einfach sei.

Dieses Buch versucht, die Lücke zu füllen, die mit der großen und irgendwie unbemerkten Revolution in der Kindererziehung und dem Verzicht auf harte Strafen entstanden ist. Es ist vor allem ein Buch über den schwierigen Teil der Erziehung, bei dem wir unseren Kindern Grenzen setzen und von ihnen etwas fordern. Und wie alle Eltern wissen, ist dies der Teil, der oft all unsere Zeit und Kraft in Anspruch zu nehmen scheint und die Freude an unseren Kindern mindern kann. In diesem Buch wird eine Methode vorgestellt, die diesen Teil auf ein Minimum zusammenschrumpfen läßt und es Ihnen ermöglicht, während der übrigen Zeit Freude an Ihren Kindern zu haben. Diese Methode macht die Kindererziehung leichter und angenehmer.

Sie arbeitet mit der Macht, die Eltern automatisch über ihre Kinder haben, weil ihre Kinder sie lieben. Traditionellerweise haben Eltern nicht gelernt, diese Macht zu gebrauchen. Sie vertrauen nicht darauf, daß sie ihre Kinder dazu veranlassen können, sich zu Hause einigermaßen gut (aber wirklich nur einigermaßen) zu benehmen, dies auch anderswo zu tun und zu guterzogenen und erfreulichen Erwachsenen zu werden. Die Methoden in diesem Buch ermöglichen es Eltern, diese Kraft zu erfahren. Diese Erfahrung kann sehr erfreulich sein. Sie gibt Eltern das Gefühl, daß sie für ihre Kinder wichtig sind. Und dies wiederum gibt ihnen die Sicherheit, daß sie – und niemand anders – die richtigen Eltern für ihre Kinder sind.

TEIL 1

Der Hintergrund

KAPITEL 1

Pflege und Versorgung und das Baby-Selbst

Ein dickbäuchiger Ofen

Das Alles und Nichts der frühen kindlichen Entwicklung ist die Pflege und Versorgung. So einfach ist das. Darauf basiert alles andere. Sie nährt das Herz der Persönlichkeit und ist die Grundlage für das eigentliche Selbstwertgefühl. Ich habe diese vitale Pflege oft als einen kleinen dickbäuchigen Ofen dargestellt, in dem die Wärme glüht und der im Zentrum unseres psychologischen Seins steht. Wenn man so einen kleinen dickbäuchigen Ofen hat, kann man immer darauf zurückkommen – auf seine Wärme und das gute Gefühl mit sich selbst. Wenn ein Kind darüber verfügt, wird es gern in die Welt hinausgehen und wachsen und gedeihen.

Ohne diesen nährenden Ofen entsteht in dem Kind eine innere Leere, und das Kind verbringt sein ganzes Leben mit dem Versuch, sie auszufüllen. Im Herzen so einer unversorgten Persönlichkeit entsteht das Gefühl eines Mangels. Und die auf dieser Leere aufgebaute Persönlichkeit ruht auf keiner soliden Grundlage. Ohne gute Pflege und Versorgung wird ein Kind verwundbarer. Es steht dem Mißgeschick und den Problemen, die im Verlauf eines menschlichen Lebens erscheinen, hilfloser gegenüber. Es fühlt einen immerwährenden Hunger, um die nie verschwindende Leere zu füllen.

Kinder scheinen jedoch sehr flexibel und anpassungsfähig zu sein. Sie sind offenbar in der Lage, durch ganz unterschiedliche Arten und selbst «Mengen» von Versorgung zu wachsen und zu gedeihen. Der bekannte Kinderpsychiater D. W. Winnecott sprach von der «guten, versorgenden Mutter» und bezog sich dabei auf die

Beobachtung, daß die für eine normale Entwicklung des Kindes benötigte Versorgung nicht immer hundert Prozent betragen müsse. Wenn Kinder «ausreichend» versorgt würden, könnten sie sich selbst weiterversorgen. Selbst Kinder, die unter ernsthaften Entbehrungen gelitten haben, entwickeln sich gut, wenn sie ihre eigene innere Stärke mit späterer guter Versorgung verbringen können. Dennoch steht außer Frage, daß es eine untere Grenze gibt. Wenn diese Grenze unterschritten wird, fängt die innere Leere an, sich gegen die Kinder selbst zu wenden, auch wenn sie äußerlich keinen größeren Schaden genommen zu haben scheinen.

Zum Glück sind diese Versorgung und Pflege weder kompliziert noch schwer zu geben. Sie bestehen im Berühren, Umarmen, Sprechen und in der allgemeinen Aufmerksamkeit. Sie sind ein dauernder Kontakt der Liebe. Sie ist genau das, was wir Menschen leicht und natürlich mit unseren Kindern tun. Wir lieben unsere Kinder. Wir streichen ihnen im Vorbeigehen über den Hals, wir umarmen sie ohne besonderen Grund, wir legen uns neben sie vor den Fernseher, wir haben ein Kind, das zu alt zu sein scheint, um auf unserem Schoß zu sitzen, und es trotzdem tut. Diese wunderbare Liebe, dieser warme, gefühlvolle menschliche Kontakt, den wir alle kennen, ist die beste Versorgung der Welt.

Bindung durch Liebe

Die Pflege und Versorgung eines Kindes lassen eine erste Bindung zwischen Eltern und Kind entstehen. Diese Bindung entwickelt sich unvermeidlich und automatisch. Sie entwickelt sich schrittweise und im Verlauf einer gewissen Zeit. In der frühen Kindheit bindet sich ein Kind vor allem an die Person (oder Personen), die die regelmäßige Versorgung übernimmt. Diese Nähe ist etwas ganz Besonderes und sehr stark. Wenn sie einmal entstanden ist, verfügt die Hauptbezugsperson über große Macht. Nur sie kann die grundlegende emotionale Versorgung bereitstellen. Zwar können auch andere das Kind pflegen, doch sobald diese Bindung entstanden ist, kann nur die Hauptbezugsperson für die besondere emotionale Nahrung sorgen, die so entscheidend dafür ist, daß das Kind einen gesunden Sinn von sich selbst entwickelt. Nur diese Person kann den kleinen dickbäuchigen Ofen im Zentrum der sich entwickelnden kindlichen Persönlichkeit angemessen versorgen.

Zum Glück gibt es auch bei der Entwicklung dieser ersten Bindungen eine gewisse Flexibilität. So wird ein mit einem Jahr verwaistes Kind nach dem Tode seiner Eltern sicher leiden. Aber die meisten Kinder entwickeln eine starke Bindung an die neuen Eltern, wenn sie in ein gutes neues Zuhause kommen. Wenn sie anfänglich gut versorgt worden sind und ihre neuen Eltern das auch tun, können sie die besondere erste Bindung wiederherstellen.

Sobald die Bindung hergestellt ist, wird sie immer wieder bekräftigt: Die Hauptbezugsperson und das Kind reagieren aufeinander und lieben sich – die Beziehung beruht auf dem gemeinsamen Gefühl der Nähe und des gegenseitigen Teilens. Mit dieser frühen Bindung erhalten die Hauptbezugspersonen große Macht über die Gefühle der Kinder. Die Eltern lächeln, und das Kind gerät in große Freude, sie verziehen den Mund, und die Welt ihres Kindes ist zerschmettert. In ihren Armen ist das Kind ohne Angst. Eltern wissen alles und können alles. Sie sorgen dafür, daß ihre Kinder genug zu essen bekommen und warm und sicher sind. Wenn sie nicht da sind, grämt sich das Kind und sehnt ihre Rückkehr herbei. Dieses Buch handelt davon, wie Sie diese Bindung und die große Macht, die sie den Eltern verleiht, bei der Kindererziehung einsetzen können. In dieser Bindung liegt die Macht, mit deren Hilfe Eltern ihre Kinder lenken können. Denn Eltern und Kinder sind einander für immer verbunden.

Wir wissen alle nur zu gut, daß unsere Eltern einen direkten Zugang zu einem Platz tief im Zentrum unserer Gefühle haben, selbst nachdem wir unser Zuhause verlassen und ein eigenes Leben aufgebaut haben.

Ich bin eine reife, erfolgreiche Frau. Ich kann einfach nicht glauben, wie meine Mutter es immer noch so leicht schafft, an mich heranzukommen, wann immer ich mit ihr spreche.

Wenn Sie die Macht dieser Bindung verstanden und Vertrauen in Ihren Einfluß auf Ihre Kinder entwickelt haben – trotz all dieser «Ist mir doch egal» und anderer Redensarten, die Sie als Eltern in den kommenden Jahren erleben werden –, dann haben sie eine solide Grundlage für ein wirkungsvolles System der Kindererziehung.

Hin zu mehr Unabhängigkeit

Durch das gegenseitige Lieben und Geliebtwerden zwischen Eltern und Kind entwickeln Kinder schrittweise die Fähigkeit, sich selbst zu versorgen und für ihr eigenes Wohlbefinden zu sorgen. Sie können sich dann selbst beruhigen, wenn sie allein sind. Manchmal wird dies als die «Internalisierung der guten Eltern» beschrieben, in Wirklichkeit ist es die Internalisierung des Liebens und Geliebtwerdens.

Kleine Kinder brauchen oft ein externes Objekt, um sich zu helfen, z. B. einen Daumen, eine Decke oder einen Teddybär. Später schaffen sie sich imaginäre Freunde. Doch allmählich können sie den ganzen befriedenden Prozeß in sich selbst entfalten. Wenn sie allein sind, fühlen sie sich zufrieden und aufgehoben. Wenn in ihrem Leben etwas passiert, was ihnen ein schlechtes Gefühl vermittelt (z. B. ist Mutter oder Vater böse geworden, weil sie im Wohnzimmer ein großes Chaos angerichtet haben), können sie auf etwas in sich selbst zurückgreifen, um das schlechte Gefühl schließlich wieder zu vertreiben. Um sich wohl zu fühlen, sind sie nicht mehr vollständig von ihren Eltern abhängig. Wenn sie allein gelassen werden, sind sie in der Lage, mit ihren schlechten Gefühlen umzugehen. Sie werden reifer. Sie fangen an, unabhängiger zu werden.

Die normale Entwicklung drängt zu Reife und Unabhängigkeit. Dennoch bleibt ein Teil in den Kindern – und in jedem von uns –, der nicht erwachsen wird.

Das Baby-Selbst und das reife Selbst

Jeden Tag kommt der sieben Jahre alte Moritz von der Schule nach Hause, zieht seinen Mantel aus und wirft ihn auf den Boden. Keine drei Schritte von der Garderobe entfernt, an der er ihn aufhängen soll. Er tut das jeden Tag, und jeden Tag wird er dafür ausgeschimpft.

«Warum kannst du mich nicht mal überraschen und deinen Mantel aufhängen, wenn du nach Hause kommst?»

Aber das tut er nie. Nicht ein einziges Mal. Auch in Moritz' Schule gibt es Haken für die Mäntel der Kinder. An jedem Schultag zieht Moritz dort seinen Mantel aus und hängt ihn an den Haken. Jeden Tag.

Zu Hause verhält sich Moritz ganz anders als in der Schule. Dieses Phänomen gibt es häufig, und Eltern wissen oft nicht, wie sie das verstehen sollen. Ohne dieses Phänomen würde vieles von unserem Verhalten als Kinder und Erwachsene keinen Sinn ergeben. Wie wir alle verfügt Moritz über zwei verschiedene Arten des Funktionierens. Das ist so, als ob man über zwei Selbst verfügen würde. In unserem Leben funktionieren diese beiden Selbst wie der Vorwärts- und Rückwärtsgang bei einer Gangschaltung. Ich nenne sie das Baby-Selbst und das reife Selbst. Zu Hause möchte Moritz' Baby-Selbst endlich zum Zuge kommen. Es möchte nur genießen und sich auf gar keinen Fall um irgendwas kümmern müssen. Nach einem harten Tag in der Schule möchte es loslassen, es möchte sich entspannen und nähren. Vielleicht sitzt es dann besonders gern vor dem Fernseher und ißt Kekse. Aber lassen Sie uns einen genaueren Blick auf das Baby-Selbst werfen.

Das Baby-Selbst toleriert keinen Streß. Es will von nichts und niemandem behelligt werden.

«Moritz, kannst du nur dieses eine Mal bitte deinen Mantel aufhängen, wenn du nach Hause kommst? Das ist nur eine einzige Bewegung mit der Hand und dem Arm. Das ist wirklich nicht zuviel verlangt.»

Aber Moritz macht das nie. Wenn das Baby-Selbst die Herrschaft übernommen hat, macht man nur, wozu man auch Lust hat. Alles andere ist zuviel verlangt.
Das Baby-Selbst kümmert sich nur um das, was es im Augenblick will.

«Ich versprech dir, ein Jahr lang mein Zimmer aufzuräumen, wenn du mir diese Lego-Burg kaufst.»

Das Baby-Selbst verspricht schnell etwas, weil es keine Zukunft kennt. Es fühlt sich zu nichts verpflichtet. Am besten gefällt dem Baby-Selbst das Wort «später». Wenn das Baby-Selbst «später» sagt, verscheucht es seine Eltern für einen Moment aus seinen Gedanken.

Es kennt keine Scham, und ihm tut nichts leid.

«Lisa, schämst du dich überhaupt nicht? Ich hab dich dabei ertappt, wie du dir noch mehr Lollis genommen hast, einen Moment nachdem ich gesagt habe, jetzt ist genug. Schämst du dich überhaupt nicht?»

Das Baby-Selbst schämt sich nie. Ihm tut nur leid, daß es erwischt wurde.

Es betrachtet sich nicht von außen und urteilt nicht über sich.

Macht es Lisa wirklich nichts aus, daß sie etwas heimlich und gegen den Willen ihrer Mutter getan hat? Nein. Das Baby-Selbst sieht sich nicht und hat kein Verständnis für das, was es tut. Es ist weder gut noch schlecht. Es ist weder ehrlich noch unehrlich, klug oder dumm, schön oder häßlich. Es ist einfach da.

«Wenn ich zu Hause bin, dann bin ich einfach. Es spielt keine Rolle, was ich tue. Es ist unwichtig, wie ich aussehe. Nichts von dem, was ich mache, zählt.»

Es übernimmt keine Verantwortung für seine Handlungen. Und es kümmert sich auch nicht darum, welche Folgen sein Verhalten für andere hat.

«Siehst du nicht, wie deine Schwester darunter leidet, daß du sie immer ärgerst?»

«Aber sie war doch diejenige, die in mein Zimmer gekommen ist.»

Das gilt auch für die Eltern.

Ein frustrierter siebenjähriger Kevin sagt: «Du bist die gemeinste Mutter auf der Welt. Wirklich.»

Denkt Kevin nicht daran, daß das seine Mutter verletzen könnte, die er doch wirklich liebt? Nicht in diesem Moment. Im Moment weiß das Baby-Selbst nur, daß es wütend ist, weil seine Mutter es nicht läßt, und daß es zurückschlagen möchte.

Wenn Kevin später von seiner Mutter getrennt ist, wieder zu seinem reifen Selbst gewechselt hat und an sein schlechtes Benehmen ihr gegenüber denkt, dann fühlt er Reue. Und so kommt er zurück, wie Kinder es oft tun.

«Es tut mir leid, Mama. Ich wollte dich nicht verletzen. Bist du jetzt böse auf mich? Ich hab's wirklich nicht so gemeint, Mama. Ich liebe dich. Ich möchte nicht, daß es dir schlecht geht.»

Die Reue ist echt. Aber beim nächsten Mal, wenn er seinen Willen nicht bekommt, wird er wieder unausstehlich werden. Das Baby-Selbst ist von neuem an der Reihe.

Das Baby-Selbst möchte vor allem Mama und Papa, seine wichtigsten Versorger, und es möchte soviel wie möglich von ihnen bekommen.

Es ist dieses Verhalten des Baby-Selbst – seine vollständige Abhängigkeit davon, von Mama und Papa gefüttert zu werden –, das meistens für das frustrierende und überraschende Verhalten des Kindes verantwortlich ist.

Das Geheimnis hinter der ganzen Aufregung

«André, könntest du bitte diese beiden Gläser in die Küche bringen?»

«Das sind nicht meine Gläser.»

«Es ist mir egal, wessen Gläser das sind. Ich habe dich gebeten, sie in die Küche zu bringen.»

«Ich hab sie hier nicht stehenlassen. Das hat Stephen getan.»

«Bring diese Gläser bitte in die Küche.»

«Aber das ist nicht fair. Ich hab sie hier nicht stehenlassen.»

«André, es ist mir egal, wer das getan hat. Ich habe gesagt, du möchtest sie bitte in die Küche bringen.»

«Aber das ist nicht fair. Immer muß ich alles tun. Stephen ist eine Schlampe, und er kommt immer damit durch.»

«BRING DIE GLÄSER IN DIE KÜCHE!»

«Schrei mich nicht an. Ich hab nichts getan.»

An diesem Punkt geht es nur noch bergab. Und es endet damit, daß der achtjährige André weinend in sein Zimmer läuft.

«Immer schreist du mich an. Immer tust du das. Immer.»

Die Mutter ist wütend und hilflos.

«Du bettelst geradezu darum, André.»

Die Gläser bleiben, wo sie waren.

Wenn man über diese Geschichte nachdenkt, dann erkennt man keinen Sinn darin. Warum hat André die Gläser nicht einfach gleich in die Küche gebracht und die folgende unerfreuliche Szene vermieden? Warum schien er es auf eine lange, scheußliche Szene abgesehen zu haben, wenn es ihn doch nur wenig Anstrengung gekostet hätte, sie zu vermeiden? Wenn man annimmt, daß es ähnliche Szenen schon in der Vergangenheit gegeben hat, ergibt diese noch weniger Sinn. André wußte, wie es ausgehen würde, wenn er sich weigerte, die Gläser in die Küche zu bringen. Ja, man kann sagen, er hat eine Szene provoziert, von der er wußte, daß er sich am Ende wirklich unglücklich fühlen würde. Warum hat er – abgesehen von der unermeßlichen Faulheit des Baby-Selbst, seiner absoluten Weigerung, irgendeine Arbeit zu verrichten, Unannehmlichkeiten oder Streß in Kauf zu nehmen – die Gläser nicht gleich zu Anfang in die Küche gebracht, um damit «durchzusein»?

Eltern, die solche Szenen erlebt haben, wissen, daß es dabei oft um mehr geht als die Faulheit ihrer Kinder. Ihr Kind scheint die Auseinandersetzung zu provozieren, sie aufrechtzuerhalten und eskalieren zu lassen. Es ist, als ob ihr Kind etwas wolle, ihm aber nicht deutlich sei, was es denn eigentlich wolle. Den Eltern erscheint das oft so, als ob ihr Kind geradezu nach einer Ohrfeige verlange. Warum? Was will das Kind?

Lassen Sie mich das obige Beispiel etwas verändern. Nehmen wir einmal an, Andrés Mutter bittet ihren Sohn wie zuvor, die Gläser in die Küche zu bringen, aber der Rest der Geschichte verläuft bei dieser Version etwas anders.

«André, könntest du bitte die Gläser aus dem Wohnzimmer in die Küche bringen?»

«Das sind nicht meine Gläser.»

«Es ist mir egal, wessen Gläser das sind. Ich habe dich gebeten, sie in die Küche zu bringen.»

«Oh, okay.»

André murmelt vielleicht etwas in sich hinein und bringt die Gläser in die Küche. Was geschieht dann? Wir würden nun annehmen, daß André mit dem weitermacht, was er getan oder geplant hatte, bevor seine Mutter ihn gebeten hat, die Gläser in die Küche zu bringen. Vielleicht wollte er in seinem Zimmer mit seinen Playmobilfiguren spielen oder seinen Bruder ärgern. In der nächsten halben Stunde wäre André sicher mit etwas anderem beschäftigt und von seiner Mutter getrennt.

Nun lassen Sie uns zu der ersten Version zurückkehren. Bei dieser Fassung bekam André das Gegenteil von einer halben Stunde unabhängiger Beschäftigung. Er erreichte mit seinem Verhalten eine lange emotionale Szene des Brüllens, Schreiens, Weinens und Schmollens. Statt seine Zeit getrennt von ihr zu verbringen, erhielt er eine Zeit der leidenschaftlichen Interaktion mit ihr. Für das Baby-Selbst in André ist dies eine gute Zeit.

In seiner frühen Kindheit hat André eine Entdeckung gemacht. Als er sich das erste Mal hartnäckig geweigert hat, das zu tun, was seine Mutter wollte, fand er heraus, daß er durch seine Weigerung eine emotionale Reaktion von seiner Mutter erhielt. Er fand heraus, daß er – wenn er diese Auseinandersetzung nur am Laufen hielt – seine Mutter zu einem Kampf provozieren konnte, der so lange anhielt, wie er es wollte.

«Du nörgelst an mir herum. Immer nörgelst du an mir herum.»

«Ich hab langsam wirklich die Nase voll von dir, André.»

Und André entdeckte, daß ihm diese Kämpfe gefielen.

Auf einer Ebene mag das Kind wirklich betroffen sein. André glaubt wirklich, daß er leidet. Wenn wir ihn in diesem Zustand an einen Lügendetektor anschließen und fragen würden: «Tust du all dies absichtlich? Macht dir das Spaß», würde André wütend antworten: «Nein!», und der Lügendetektor würde uns zeigen, daß er die Wahrheit sagt. Auf einer anderen Ebene aber hatte das Baby-Selbst, das uns diese Show geliefert hat, eine wirklich gute Zeit.

Ärger ist ein starkes Gefühl, und das Baby-Selbst ist mit seinen fehlenden Grenzen dem Ärger gegenüber genauso offen wie der Liebe. Unter der Oberfläche hat das Baby-Selbst von André die Szene genossen. Auseinandersetzungen, bei denen starke Gefühle ausgetauscht werden, können das Baby-Selbst sehr erfreuen und stimulieren. Sie werden fast so etwas wie die Streitereien zwischen Liebenden. Eine leidenschaftliche, wütende Auseinandersetzung ist eine starke Dosis elterlichen Kontakts, und je leidenschaftlicher der Austausch ist, desto besser findet das Baby-Selbst das.

Die Gier und Unersättlichkeit des Baby-Selbst, seine Eltern zu involvieren, lassen sich kaum beschreiben. Das folgende Beispiel ist typisch und allen Eltern sehr vertraut.

Max und seine Mutter sind zusammen in einem Raum. Max spielt zufrieden allein und achtet überhaupt nicht auf seine Mutter. Aber dann kommt Max' Schwester Sonja leise in den Raum. Ihre Mutter bemerkt sie nicht. Max dagegen bemerkt sie sofort und hört im selben Moment mit seinem Spiel auf. Er fängt an, etwas von seiner Mutter zu verlangen. Wie alle Eltern wissen, wäre dasselbe passiert, wenn Max' Mutter einen Telefonanruf bekommen hätte.

Max hätte sofort aufgehört zu spielen, um seine Mutter während der ganzen Dauer des Telefongesprächs zu belästigen.

«Mama, kannst du mir bitte mal dabei helfen?»

Das Baby-Selbst ist so gierig, daß es selbst dann unter der Oberfläche lauert und wachsam ist, wenn es die Aufmerksamkeit der Eltern eigentlich nicht haben will und das Kind zu seinem unabhängigen Selbst übergewechselt hat. Es will dadurch sicherstellen, daß in dem Falle, daß es die Mutter haben will, sie sofort und vollkommen zur Verfügung steht. Und das Baby-Selbst meint *sofort* und *vollkommen*.

Der andere Weg des Baby-Selbst

Diese ganze Geschichte mit dem unersättlichen Baby-Selbst wird sogar noch komplexer. Obwohl es seine Ziele niemals verändert, kann es sie auf ganz unterschiedliche Art verfolgen. Um zu bekommen, was es will, geht das Baby-Selbst nicht immer so deutlich und frontal wie André vor, sondern versucht auch hinterlistige und geschickte Wege.

Helena und ihre Mutter wollen ein Geburtstagsgeschenk für ihre Freundin Tatjana einkaufen. Helena hat ein niedliches rosa Einhorn aus Stoff und eine hübsche Federtasche gefunden. Ihr gefällt beides.

«Was soll ich für Tatjana nehmen, Mama?»

«Ich weiß nicht, Liebes. Ich bin sicher, daß Tatjana beides leiden mag.»

«Aber was von beidem soll ich nehmen.»

«Ich weiß nicht, Liebes. Ich bin sicher, daß beides gut ist.»

«Aber ich weiß nicht, welches ich nehmen soll.»

«Dann nimm einfach eins. Tatjana mag bestimmt beides leiden.»

«Aber ich weiß nicht, was besser ist. Ich möchte, daß du entscheidest.»

«Oh, Helena, um Gottes willen. Nimm einfach eins.»

«Aber ich weiß nicht, was Tatjana leiden mag. Du mußt eins für mich aussuchen.»

Helenas Unentschlossenheit ist nichts anderes als ein passiver Weg, den ihr Baby-Selbst gewählt hat, um seine Ziele zu erreichen. Das Baby-Selbst bleibt auf diesem Weg und unternimmt keine Veränderungen. Helena möchte, daß ihre Mutter übernimmt und durch ihre Unterwürfigkeit mit ihr verschmilzt. Und so lange, bis Helenas Mutter schließlich die Entscheidung trifft, wird Helena sie endlos hinauszögern und unter Umständen – wenn sie noch weiter unter Druck gesetzt wird, selbst eine Entscheidung zu treffen – ziemlich hysterisch werden.

Aber was war denn dabei? Was war an dieser kleinen Entscheidung so schwierig? Wenn man weiß, was man will, ist es leicht, eine Entscheidung zu treffen. Aber wenn man unsicher ist, droht das Gespenst einer falschen Entscheidung, und die Ängste schleichen sich ein.

«Vielleicht hätte Tatjana lieber das rosa Einhorn gehabt. Vielleicht wird sie mich jetzt nicht mehr mögen.»

Das Baby-Selbst will davon nichts wissen, denn Sorgen bedeuten Streß. Wenn man nicht absolut sicher ist, schafft selbst die kleinste Unsicherheit eine Situation, die das Baby-Selbst nicht tolerieren kann. Ein rationaler Beobachter fragt sich vielleicht, wieviel Streß man durch solch eine kleine Entscheidung hervorrufen kann. Nicht viel. Aber Eltern sollten sich daran erinnern, daß Rationalität keine Eigenschaft des Baby-Selbst ist.

Jungen und Mädchen

Die unterschiedlichen Wege, die André und Helena mit ähnlicher Absicht gewählt haben, sind es wert, genauer betrachtet zu werden. Denn Jungen scheinen die aggressiven und Mädchen die passiven Wege zu bevorzugen. Folgende Aussagen machen das deutlich:

- In den Vereinigten Staaten werden vier- bis fünfmal so viele Jungen wie Mädchen im vorpubertären Alter wegen psychischer Probleme an einen Therapeuten überwiesen.
- Im Jugendalter beträgt das Verhältnis derjenigen, die an therapeutische Einrichtungen überwiesen werden, ungefähr eins zu eins.

Wenn in der Jugend und sicherlich auch als Erwachsene ebenso viele Frauen wie Männer unter psychischen Problemen leiden, was haben dann all diese zukünftigen Problem-Mädchen in den Jahren ihrer Kindheit getan? Was haben sie gemacht, damit ihre Probleme der Aufmerksamkeit ihrer Eltern oder anderer Erwachsener entgingen? *Sie waren gut.* Wenn das Ziel des Baby-Selbst darin besteht, Streß zu vermeiden und gefüttert zu werden, ist die offenkundige Alternative zu einem Gefecht gut, sehr gut zu sein.

«Ich werde genau das tun, was Mama von mir will. Ich werde versuchen, daß Mama und ich die ganze Zeit Freunde sind. Ich werde sogar versuchen, vorherzusehen, was Mama von mir will. Ihr Wille soll auch meiner sein. Natürlich werde ich keine Entscheidungen treffen, denn es könnten ja die falschen sein. All das werde ich ihr überlassen.»

«Mag ich das leiden, Mama?»

«Um Gottes willen, Helena, du weißt, was du leiden magst.»

«Nein, weiß ich nicht, Mama. Du weißt das.»

Sie decken den Tisch, ohne darum gebeten zu werden. Sie schreiben Zettel, auf die Herzen, Smilys und «Ich liebe dich» gemalt sind.

«Was soll ich jetzt tun, um dir zu helfen, Mama?»

Eltern bringen ihre Kinder selten zu Psychotherapeuten, weil sie zu gut sind. In der Jugend – wenn man unabhängig werden *muß* – wendet sich das Blatt natürlich. Und die meisten der Mädchen, die den passiven Weg als ein Mittel benutzen, um möglichst viel von Mama und Papa zu bekommen und ganz nah bei ihnen zu bleiben, behalten das Ziel bei, aber ändern ihre Taktik. Um sich selbst das Gefühl zu geben, daß sie unabhängig sind, wechseln sie zu Halsstarrigkeit und Provokation.

«Ich bin unabhängig, wenn ich allem, was meine Eltern sagen, widerspreche. Aber wenn ich ihnen widerspreche und mit ihnen streite, bleibe ich ganz nah bei ihnen und bekomme viel Futter. Denn ich mache das die ganze Zeit.»

Auch Jungen verändern sich in der Adoleszenz; sie verschwinden normalerweise in ihren Zimmern.

Sicher wählen auch Jungen oftmals den passiven Weg, und viele Mädchen wählen den aggressiven, aber normalerweise sind die Rollen anders verteilt. Natürlich droht auch nicht allen Kindern, die sich anklammern, Zettel mit «Ich liebe dich, Mama» schreiben und keine Entscheidungen treffen wollen, ein Leben mit emotionalen Problemen. Aber man sollte bei Kindern, die immer den sichersten Weg wählen, das unter der Oberfläche liegende Baby-Selbst nicht ignorieren. An späterer Stelle werden wir sehen, wie sehr diese Manifestation des Baby-Selbst lähmend wirken kann.

Das reife Selbst

Zum Glück hat das Baby-Selbst ein Gegenüber: das reife Selbst. Es hat Moritz dazu angespornt, in der Schule seinen Mantel aufzuhängen. Das reife Selbst ist alles, was das Baby-Selbst nicht ist. Es muß nicht sofort befriedigt werden. Es toleriert Frustration. Es kann geduldig sein. Es verfügt über Selbstkontrolle. Und es ist bereit, Streß in Kauf zu nehmen, um ein Ziel zu erreichen. Es übernimmt Verantwortung, und es beschäftigt sich nicht nur mit der Gegenwart, sondern auch mit der Zukunft. Und im Unterschied zum Baby-Selbst ist es auch bereit, zu arbeiten.

Das reife Selbst ist sich seiner bewußt, betrachtet sich von außen und urteilt über das, was es sieht. Es ist schön oder häßlich, gut oder schlecht, klug oder dumm. Und in dem Maße, in dem das reife Selbst mit seiner Umwelt interagiert und sich um die Außenwelt kümmert, urteilt es nicht nur über sich selbst, sondern fühlt sich auch ständig von anderen beurteilt.

«Denken sie, daß ich dick bin?»

«Glauben die, daß ich mich wie ein Blödmann benommen habe?»

«Meinen Sie, daß ich eine gute Mutter bin?»

Das unabhängige reife Selbst ist eben unabhängig: Es muß mit allen Gefühlen selbst zurechtkommen. Das reife Selbst ist letztlich immer allein und wird es auch immer bleiben.

Weil es von Vergangenheit und Zukunft weiß, kann sich das reife Selbst sorgen. Und weil es sich selbst betrachten und über sich selbst urteilen kann, kann es sich gut oder schlecht fühlen – beschämt, schuldig, gedemütigt. Weil es allein ist und weiß, daß es allein ist, kann es sich verletzlich fühlen. Und deswegen fühlt sich das reife Selbst für seine Handlungen verantwortlich, die zu einer Quelle großen Stolzes oder einer schrecklichen Last werden können.

Das reife Selbst verfolgt eine sekundäre Art der Versorgung, die sich von der primären unterscheidet, die das Baby-Selbst haben möchte. Das reife Selbst wendet sich nach außen und von der Familie ab, um seine Versorgung zu erhalten.

Ein dreijähriger Junge versucht, einen Turm aus Bauklötzen zu bauen. Er versucht es ein paarmal, aber er kann nicht mehr als zwei Klötzchen aufeinanderstellen. Seine Mutter sieht das, kommt hinzu, will ihm helfen und legt ein drittes Klötzchen auf die beiden anderen. Der Junge stößt die Hand seiner Mutter weg.

Bei dem reifen Selbst entsteht die Versorgung aus seinem Sinn für Kompetenz und Akzeptanz, wenn es mit der Außenwelt interagiert, die von seinen Eltern und seinem Zuhause getrennt ist. Das reife Selbst ist der Teil des Kindes, der das Neue sucht und untersucht. Es ist der Teil, der sich Freunde sucht und sich um sie kümmert. Es ist der Teil, der in Schränke schauen und seine eigenen Socken anziehen will, der etwas lernen möchte, bei Sport und Spiel gut sein und in der Schule Erfolg haben will.

In der frühen Kindheit ist die primäre Versorgung des Baby-Selbst bei weitem am wichtigsten. Aber wenn die Kinder älter werden, wird ihr Wohlsein mehr und mehr von der Versorgung durch das reife Selbst bestimmt. Die primäre Versorgung reicht immer weniger aus. Die Milch der elterlichen Liebe ist einfach nicht mehr so nahrhaft, wie sie es mal war. Von einem bestimmten Alter an ruft «Du siehst toll aus, Sarah» oder «Stephen, wir finden, daß du ein wunderbarer Junge bist» nicht viel mehr als ein Schulterzucken oder eine Grimasse hervor, obwohl es früher einmal zu einem plötzlichen breiten Lächeln geführt hatte.

«Natürlich müssen sie das sagen. Sie sind schließlich meine Eltern.»

Das reife Selbst ist vollauf mit der wichtigen Angelegenheit beschäftigt zu lernen, wie man auf sich selbst gestellt überlebt. Denn schließlich wird das Kind eines Tages in die große Welt hinausgehen. Schließlich wird es auch neue primäre Liebesbindungen eingehen – zu Freunden, Liebhabern, Ehegatten und schließlich zu seinen eigenen Kindern.

«Ich liebe dich, Mama. Nur daß Laura und die Kinder zuerst kommen müssen. Du weißt das.»

Das nennen wir Reifung. Und dies tut das reife Selbst.

Das Baby-Selbst und das reife Selbst bestehen als zwei getrennte und vollständige Verhaltenssysteme nebeneinander. Jedes von ihnen hat seine eigenen Regeln, Wahrnehmungen und sogar unterschiedlichen Gefühle (so kennt das Baby-Selbst beispielsweise keine Verlegenheit). Das einzige Problem dabei ist, daß wir das reife Selbst so selten zu Gesicht bekommen. Denn die Domäne des Baby-Selbst sind das Zuhause und die Eltern. Das gute Benehmen, das wir unsere Kinder lehren wollen, zeigt sich zwar meistens auch – jedoch normalerweise weit entfernt von zu Hause, bei anderen Leuten und in der Schule.

Eine Dreijährige im Kindergarten will nicht mit den anderen Kindern spielen, solange seine Eltern anwesend sind. Aber sobald sie den Kindergarten verlassen haben, hört sie auf zu weinen und schließt sich zufrieden den anderen Kindern an.

Ein zehnjähriges Mädchen bereitet seinen Eltern zu Hause nur Ärger. Sie würde lieber sterben, als auch nur eine Hand für die Hausarbeit zu rühren. Unerklärlicherweise berichtet ihre Großmutter, daß ihre Enkelin bei gelegentlichen Besuchen immer freundlich und hilfsbereit sei und bei Arbeiten im Haushalt regelmäßig ihre Hilfe anbiete.

«Das hat sie wirklich getan? Bist du sicher, daß das unsere Tanja war?»

Ein Teenager läßt sich in seinem Aussehen zu Hause sehr gehen. Aber bevor er in die Schule geht, macht er sich über eine Stunde lang schön.

Ein Siebenjähriger spielt sich gegenüber seinen Eltern und Geschwistern als Boß auf, aber gegenüber anderen ist er sehr höflich, ja sogar etwas ängstlich.

Wir bekommen von unserem Kind einfach einen anderen Eindruck als der Rest der Welt.

Als Eltern empfinden wir diese Unterschiede als inkonsistent und überraschend.

«Warum verhältst du dich zu Hause niemals so?»

Aber Kindern erscheint das vollkommen natürlich. Wenn sie sich selbst als umsichtig, ehrlich und hart arbeitend sehen, wenn sie es mit der großen Welt zu tun haben, erscheint es ihnen nicht als Problem, daß sie zu Hause rücksichtslos, unehrlich und faul sind. Obwohl sie die Inkonsistenz ihres Verhaltens intellektuell begreifen können, *empfinden* sie sie nicht.

«Ich kann das nicht erklären. Es ist einfach anders, wenn ich in der Schule oder woanders bin. Ich weiß nicht. Zu Hause zählt nicht.»

Mehr können sie über ihr unterschiedliches Verhalten nicht sagen. Für Kinder sind die unausgesprochenen Grenzen zwischen den beiden Bereichen ein automatischer Teil ihres Lebens. Sie nehmen an, daß ihre Eltern sie verstehen, und sind schlicht verwirrt, wenn diese das nicht tun.

Aber nun kommt die wichtigste Frage: Welcher dieser beiden Teile – die häusliche oder die außerhäusliche Version – ist ein besserer Indikator dafür, wie unsere Kinder als Erwachsene werden? Mit der Zeit zeigt sich, daß nicht das Baby-Selbst, sondern das reife Selbst, das in einem weit von Zuhause entfernt liegenden Reich funktioniert, besser anzeigt, wie der Erwachsene einmal werden wird. Auch wenn die Eltern normalerweise das Baby-Selbst zu sehen bekommen, was natürlich große Folgen hat. Denn Eltern stehen bei der Erziehung einem überwältigenden Paradox gegenüber: Was man sieht, ist nicht das, was man bekommt.

Wer bekommt das Baby-Selbst?

Wo, wann und bei wem das Baby-Selbst erscheint, läßt sich nicht immer leicht verstehen. Seine Fähigkeit, plötzlich an den unterschiedlichsten Orten und bei verschiedenen Menschen zu erscheinen oder wieder zu verschwinden, kann einen wirklich sehr überraschen.

Der siebenjährige Lukas ist zusammen mit seiner Mutter im Wohnzimmer. Lukas verfolgt seine wissenschaftlichen Interessen. Er fängt an, mit einer Lampe zu spielen, deren Glühbirne unterschiedliche Stufen hat. Ihn interessieren die drei Stufen und wie schnell oder langsam er das Licht hoch- und runterschalten kann. Lukas' Mutter versucht, unter derselben Lampe zu lesen.

«Lukas, bitte laß das. Das ist sehr störend. Ich möchte lesen.»

Lukas scheint seine Mutter nicht zu hören und macht mit seinen Experimenten weiter.

«Lukas, hast du mich nicht verstanden? Ich hab gesagt, hör bitte auf, mit der Lampe zu spielen.»

«Du kannst lesen. Das stört dich nicht», sagt Lukas und dreht viele Male am Schalter, wie um seine Ansicht zu demonstrieren.

«Lukas, hör bitte auf, mit der Lampe zu spielen!» Die Stimme von Lukas' Mutter wird nun lauter und schärfer.

«Du brauchst mich nicht anzuschreien. Du brauchst mich nicht dauernd anzuschreien», schreit Lukas, der jetzt ebenfalls ärgerlich ist und weiterhin am Schalter dreht.

An diesem Punkt betritt Lukas' Vater, der den Streit gehört hat, das Zimmer. Er geht zu Lukas.

«Lukas, hör damit sofort auf.»

Lukas läßt die Lampe sofort los.

«Barbara, du bist mit Lukas einfach nicht streng genug», sagt Lukas' Vater, ärgerlich, daß er seine Arbeit hat unterbrechen müssen, um das Problem zu lösen.

Obwohl Lukas' Mutter sich über den Kommentar ihres Mannes ärgert, sagt sie nichts. Sie hat das Gefühl, daß er im Grunde recht hat. Es war nicht das erste Mal, daß sich so eine Szene abgespielt hat. Lukas reagiert deutlich besser auf die Interventionen seines Vaters als auf ihre. Lukas hat mit ihr häufig heftige Auseinandersetzungen, aber so gut wie nie mit seinem Vater. Lukas' Vater schlägt seinen Sohn weder, noch schüchtert er ihn ein. Und doch springt Lukas regelrecht, wenn er etwas sagt, während er ihre Anweisungen regelmäßig ignoriert oder einen Aufstand veranstaltet, ganz gleich, worum es geht.

Obwohl Lukas' Mutter das nicht gern zugibt, muß Lukas' Vater etwas richtig machen, was sie bei Lukas offenbar nicht richtig macht. Das ist ihr unerklärlich, denn sie weiß, daß sie im allgemeinen viel härter als ihr Mann ist. Doch nach Lukas' Reaktionen zu urteilen, scheint eher das Gegenteil der Fall zu sein.

Eine zweite Geschichte:

Barbaras und Michaels Arbeitszeiten liegen jahrelang so, daß Michael zu Hause ist, wenn die Kinder aus der Schule kommen. Er muß sie auch zu Bett bringen. Das wird jeden Abend zu einem langen Kampf. Unter anderem zögert seine Tochter Janna die ganze Angelegenheit unendlich hinaus.

«Aber meine Fernsehsendung ist noch nicht vorbei.»

Und die Zwillinge, Dierk und Dorian, streiten sich endlos.

«Papa, Dierk hat meinen Pyjama genommen.»

«Dorian hat auf meinen gespuckt. Auf meinem Pyjama ist Spucke.»

Das Zubettgehen endet immer in einem Kampf. Wenn die Kinder endlich im Bett liegen, ist Michael vollkommen erschöpft, mit Ausnahme von Donnerstag abend, wenn Barbara zu Hause ist und die Kinder ins Bett bringt.

«Ich bin schon fertig, Mama», ruft Janna pünktlich, wenn ihre Zeit gekommen ist. «Komm und gib mir einen Gutenachtkuß.»

«Guck mal, wie brav wir sind», sagen die Zwillinge und präsentieren sich ihrer Mutter mit geputzten Zähnen, fertig gewaschen und schon in Pyjamas.

Aber wenn ihr Vater dann wieder an der Reihe ist, beginnt das übliche Chaos.

«Warum könnt ihr drei nicht einmal für mich so ins Bett gehen, wie ihr es für eure Mutter macht?» fragt der aufgebrachte Vater.

«Mama ist einfach netter», sagen die Zwillinge und rennen in die Küche, um sich Kartoffelchips zu holen.

Eine der wichtigsten Eigenschaften des Baby-Selbst besteht darin, daß es sich deutlicher bei dem primären Versorger der Kinder zeigt. Andere wichtige Erwachsene bekommen normalerweise weitaus mehr von dem reifen Selbst zu sehen, das respektiert werden und sich stolz fühlen möchte. Kinder möchten zwar auch, daß der primäre Versorger stolz auf sie ist, aber es ist ihnen wichtiger, daß er ihnen seine Liebe bedingungslos gibt. Diese Liebe möchten sie selbstverständlich bekommen, selbst wenn sie auf ihr Verhalten nicht immer stolz sind. Bedingungslose Liebe. Aus diesem Grund zeigt Lukas seiner Mutter das Baby-Selbst und seinem Vater das reife Selbst. Bei Barbara und Michaels Kindern ist es genau andersherum. Sie frustrieren ihren Vater beim Schlafengehen, weil er der primäre Versorger der Familie ist.

In heutigen Familien sind die Rollen von Mutter und Vater nicht mehr festgelegt. Wenn der Vater der wichtigere Elternteil und die Mutter entweder abwesend ist oder eine wesentlich geringe Rolle spielt, ist der Vater der primäre Versorger. Wenn beide in der Erziehung gleich wichtig sind, können beide gleich leicht in die Rolle des Versorgers kommen. *Das Geschlecht der Eltern hat nichts damit zu tun, welche «Version» ihres Kindes sie zu Gesicht bekommen.* Das wird nur durch ihre Rollen im Leben des Kindes bestimmt. Wenn Sie der primäre Versorger sind, bekommen Sie mehr vom Baby-Selbst. Wenn sie im Alltag deutlich seltener anwesend sind, bekommen Sie normalerweise mehr von dem reifen Selbst zu sehen.

Olaf benimmt sich ausgezeichnet, wenn er bei seinem Freund Mike zu Hause ist. Aber wenn seine Mutter kommt und anfängt, mit Mikes Mutter zu plaudern, verschlechtert sich sein Benehmen auf ganz erstaunliche Weise. Er fängt an zu quengeln.

«Ich verstehe das nicht», sagt Mikes Mutter. «Bis Sie kamen, hat er sich gut benommen.»

Das Reiferwerden: So werden unsere Kinder zu zivilisierten Menschen

Bewußtsein

Das reife Selbst ist für die Selbstkontrolle verantwortlich und sorgt dafür, daß das Kind das tut, was es tun soll – daß es zivilisiert wird. Aber woher kommt es? Es entsteht nicht aus dem Nichts. Wie lernen Kinder, sich zivilisiert zu benehmen?

In der frühen Kindheit spielt das reife Selbst nur eine geringe Rolle. Es beginnt erst, sich zu entwickeln. Und das zu unterstützen ist die Aufgabe der Eltern. «Nein», sagt Dierks Mutter, wenn sie nach der Schale mit den Cornflakes greift, kurz bevor er sie mit Absicht auf den Boden schubsen will.

Aber Kinder binden sich nicht nur an ihre Eltern, sie übernehmen nicht nur automatisch die liebenden Eltern und machen sie oder ihn zu einem versorgenden Teil ihres Selbst, sie übernehmen alles von ihnen. Dazu gehören auch die Regeln der Eltern.

Auf diese Weise beginnen sie ein Bewußtsein zu entwickeln. Anfänglich ist das Bewußtsein die internalisierte Stimme der Eltern, die in dem Kopf der Kinder herumwandert.

«Mami wird böse werden, wenn ich mein Zimmer nicht aufräume.»

«Papa wird böse werden, wenn ich meine Zähne nicht putze.»

«Mami wird mit mir schimpfen, wenn ich von Kevin nach Hause komme und es schon dunkel ist.»

Wegen der starken Liebesbindung an die Eltern hat diese Stimme Macht. Gegen diese Stimme anzugehen, ihr nicht zu gehorchen, verursacht Unbehagen und ist *immer* von einem Gefühl der Unsicherheit begleitet.

«Ich weiß, daß es jetzt dunkel wird und ich nach Hause gehen sollte, aber wir sind gerade mitten in einem Spiel, und ich hab keine Lust aufzuhören. Ich geh jetzt nicht. Es ist mir egal, daß Mami böse wird. Das ist eine blöde Regel.»

Aber das Gefühl der Unsicherheit ist da. Natürlich reicht der Einfluß des Bewußtseins nicht immer aus, um das Kind folgsam sein zu lassen. Denn die Kräfte, die dagegen arbeiten, können ebenfalls sehr stark sein.

«Ich gehe einfach nicht. Ich habe gerade viel Spaß.»

Doch das Bewußtsein gewinnt oft.

«Ich muß gehen, Kevin. Sonst wird meine Mutter wütend. Bis bald, Kevin.»

Diese Stimme, das Bewußtsein, hört nur das reife Selbst. Das Baby-Selbst vernimmt seinen Ruf nie. Daher wird diese Stimme nur gehört, wenn das Kind von seinen Eltern getrennt ist, z. B. wenn es in seinem eigenen Zimmer ist.

«Ich hätte Mami nicht blöde nennen sollen.»

Aber als er es ihr ins Gesicht gesagt hat, war das Baby-Selbst an der Reihe. Und sie schien es wirklich verdient zu haben.

Mit der Zeit durchläuft diese Stimme, das sich entwickelnde Bewußtsein, eine Veränderung. Sie klingt mehr und mehr wie die eigene Stimme und weniger wie die der Eltern. Aus «Ich sollte mein Zimmer aufräumen, sonst wird Mami böse» wird: «Ich sollte mein Zimmer aufräumen, es sieht wirklich unordentlich aus.»

Diese schrittweise Veränderung ist die Internalisierung: Die Wünsche und Werte der Eltern werden als die eigenen übernommen. Unsere Regeln, unsere Wünsche für sie werden zu Regeln und Wünschen der Kinder selbst. Es ist die Formierung des eigenen erwachsenen Bewußtseins.

Einfühlungsvermögen

Einfühlungsvermögen ist eine weitere wichtige Quelle der Kontrolle, die ein Teil des Bewußtseins unseres reifen Selbst wird. Das Einfühlungsvermögen oder die Empathie ist das Wissen darum, daß andere ebenso wie wir selbst Gefühle haben und ebenso wie wir auf das, was ihnen geschieht, mit Freude oder Leid reagieren. Das Einfühlungsvermögen ist der freundlichste Teil des Bewußtseins. Kinder entwickeln es nicht aus dem Unterscheidungsvermögen zwischen Gut und Böse heraus, sondern durch das Gefühl, daß wir Menschen uns ernsthaft um andere kümmern. Wir erleben Freude und Leid nicht nur durch das, was uns selbst zustößt, sondern auch durch das, was anderen geschieht. Ein Kind sieht sich nicht in der Lage, den Klassenkasper zu hänseln, weil es *weiß*, daß sein Hänseln den anderen unglücklich macht und daher auch ihm Unbehagen bereiten wird. Auf längere Sicht ist die Empathie vielleicht die wichtigste Quelle der Verhaltenskontrolle.

Für die Entwicklung des Einfühlungsvermögens ist eine gute Versorgung und Pflege am wichtigsten. Diese Fähigkeit entwickelt sich, wenn man selbst mit Liebe, Fürsorge und Selbstlosigkeit behandelt worden ist. Sie entsteht, wenn sich um einen selbst und die eigenen Gefühle gekümmert wurde. Und sie entsteht als Teil einer liebevollen Beziehung. Wenn Kinder mit Liebe und Sorgfalt erzogen werden, können sie diese auch an andere weitergeben.

Doch auch Kinder, die nicht in liebe- und rücksichtsvollen Beziehungen aufwachsen, können Einfühlungsvermögen entwickeln. Manche Kinder, die zu Hause schlecht behandelt werden, schließen sich einem Erwachsenen an, der keine wichtige sorgende Rolle in ihrem Leben spielt – einem Lehrer, den Großeltern oder jemandem, der freundlich zu ihnen ist. Sie benutzen dann diesen kleinen Teil Mitgefühl als Grundlage für ihre eigene Sorge um andere.

Selbstkontrolle / Selbstdisziplin

Den letzten großen Anteil an der Entwicklung eines zivilisierten Verhaltens hat die Fähigkeit, sich selbst zu kontrollieren. Zusammen mit der Entwicklung des Bewußtseins muß das reife Selbst Selbstdisziplin entwickeln, um das Bewußtsein beachten zu können. Das Kind möchte die Pralinen vielleicht nicht nehmen, die seine Mutter für ihre Bridge-Runde gekauft hat, weil es weiß, daß es Unrecht tut. Aber ohne Selbstdisziplin gewinnt das Gefühl überhand, daß es zu hungrig ist oder einfach zu viel Appetit auf die Pralinen hat, um darauf verzichten zu können. Deshalb nimmt es sie und ißt sie auf. Man kann wissen, was Recht oder Unrecht ist, und sich auch danach richten wollen, aber nicht über die Fähigkeit, die Selbstdisziplin, verfügen, das dann auch zu tun. Ich kann der netteste Junge der Welt sein und wirklich immer nur das Richtige tun wollen, aber wenn ich trotzdem ein großes Baby bin, das Frustration nur schlecht erträgt, dann werde ich mich schlecht benehmen.

«Ich wollte wirklich zu deiner Party kommen, wie ich gesagt habe, aber dann habe ich diese Leute getroffen, und wir sind ins Reden gekommen, na ja, und dann bin ich da den ganzen Abend in der Bar hängengeblieben.»

«Ich wollte sie wirklich nicht verletzen, aber als sie anfing zu schreien, bin ich einfach durchgedreht. Ich konnte mich nicht mehr stoppen.»

«Ich wollte das Gymnasium beenden. Ich wollte meine Eltern nicht enttäuschen, aber ich war einfach nicht in der Lage, mich hinzusetzen und zu arbeiten.»

Über ein ausgezeichnetes Einfühlungsvermögen zu verfügen, im Herzen ein guter Mensch zu sein ist gut und schön. Aber wir benötigen auch die Stärke, unsere Absichten zu realisieren.

Dies sind die grundlegenden Voraussetzungen dafür, ein zivilisierter Mensch zu werden: die Internalisierung der elterlichen Werte, die echte Fürsorge für andere und die Fähigkeit, sich selbst zu disziplinieren. Wie erlernen unsere Kinder das? Woher kommen diese Fähigkeiten?

Wenn Eltern ihre Aufgaben erfüllen – es versorgen und pflegen, doch auch Forderungen stellen und Grenzen setzen –, dann hat das reife Selbst alles, was es zum Wachsen braucht. Es wird größer und stärker. Seine Rolle nimmt zu. Und mit der Zeit übernimmt das reife Selbst die ausführende Rolle. Es übernimmt die Entscheidung darüber, wann und wo die beiden Selbst sich zeigen. Es entscheidet, wann wir reif und überlegt handeln und wann wir unserem Baby-Selbst freien Lauf lassen können. Dem reifen Selbst fällt die Aufgabe zu, dem Baby-Selbst seinen angemessenen Platz zuzuweisen. Und mit der Zeit kontrolliert das reife Selbst auch den Wechsel zwischen diesen beiden Zuständen.

Bei der Weihnachtsfeier der Firma muß ich aufpassen, was ich sage und tue. Aber bei der Siylvesterparty von Petra und Uwe kann ich tun und lassen, was ich will. Niemand kümmert sich darum. Nicht einmal Sabine.

Wenn ich vom Büro nach Hause komme, habe ich eine halbe Stunde, in der mich alle in Ruhe lassen. Dann kann ich mich einfach hängenlassen. Ich brauch mir nicht anzuhören, was die anderen den Tag über gemacht haben. Aber nach dieser halben Stunde bin ich wieder da. Ich mache das Abendbrot, die Kinder können mir erzählen, was sie wollen, und ich höre ihnen zu.

Die Kontrolle wird niemals perfekt sein. Aber bei den meisten von uns funktioniert sie gut genug, wenn wir erwachsen sind. Das bedeutet, daß wir arbeiten können, wenn wir arbeiten müssen, und uns ausruhen und erholen können, wenn die Zeit dafür gekommen ist.

Das Baby-Selbst benimmt sich immer wie ein Baby-Selbst. Es ändert sich nie. Das reife Selbst dagegen verändert sich. Es wächst in der Kindheit. Während das Baby-Selbst immer gleichbleibt, wird das reife Selbst stärker und übernimmt immer mehr Verantwortung, bis es schließlich ein vollständiges, echtes, erwachsenes reifes Selbst ist.

Wozu ist das Baby-Selbst gut?

Es ist eine Tatsache, daß zum Bereich des reifen Selbst auch der Streß gehört. Daher ist unser Baby-Selbst bei Kindern und Erwachsenen gleichermaßen ein Rückzugsgebiet, in dem wir uns erholen und gehenlassen können. Wir können uns von allen Sorgen und allem Streß des täglichen Lebens freimachen. Es ist ein Ort außerhalb der Zeit, er gleicht der Ecke in einem Boxkampf, die wir zwischen den Runden aufsuchen, in der wir uns selbst pflegen und sammeln können, um in die nächste Runde zu starten.

Es kann sogar ein Teil von uns sein, der ganz anders ist als der, den die Welt um uns kennt, der vollkommen getrennt von dem ist, was wir in der Welt erreicht haben, oder von dem, was andere über uns denken. Es ist der Teil von uns, der einfach *ist*, der weder gut noch schlecht, weder erfolgreich noch erfolglos ist. Es ist nicht der Teil von mir, der eventuell im Beruf befördert wird, es ist nicht der Teil, der in der Schule erfolgreich oder erfolglos ist, der die Hausaufgaben gut oder weniger gut erledigt, der sportlich oder unsportlich ist. Sondern es ist der Teil von mir, der gern Monsterfilme anschaut oder Puzzles legt oder mit den Playmobil-Figuren in meinem Zimmer spielt.

Das Baby-Selbst spielt in den Liebesbeziehungen des Erwachsenen eine zentrale Rolle. Wenn wir erwachsen sind, können wir uns in Beziehungen nur dann frei fühlen, wenn wir das Gefühl haben, daß wir versorgt werden. Darin besteht das schwierige Paradox dieser Beziehungen. Wir möchten uns von unserer besten Seite zeigen, um unsere Liebsten gut zu behandeln. Aber damit die Beziehung uns auch versorgt, brauchen wir das Gefühl, daß wir nicht ein bestimmtes Verhalten «anlegen» müssen, sondern daß wir uns innerhalb der Beziehung so verhalten können, wie wir uns gerade fühlen, und nicht so, wie wir glauben, daß wir uns verhalten sollten. Darin besteht auch die größte Herausforderung in langfristigen Beziehungen – sich dem Partner gegenüber rücksichtvsoll zu verhalten und gleichzeitig genug Raum für das Baby-Selbst bereitzustellen. Denn ohne das Baby-Selbst können wir in Liebesbeziehungen nicht ausreichend versorgt werden.

Bei Kindern ist das Baby-Selbst besonders wichtig. Es ist notwendig für die gesunde emotionale Entwicklung. Am eindrucksvollsten läßt sich das vielleicht an Pflegekindern zeigen. Viele Pflegekinder kommen in eine neue Familie und verhalten sich einige Monate lang sehr gut. Aber wenn diese «Flitterwochen» zu Ende sind, fangen sie an, sich fürchterlich zu benehmen. Der eigentliche Test für die Pflegeeltern kommt erst in diesem Moment. Stehen sie auch zu einem Kind, daß ihnen so viel Ärger bereitet, oder werden sie es zurückgeben?

Warum können diese Kinder sich nicht einfach weiterhin so verhalten, wie sie es am Anfang getan haben? Als Lohn dafür würden sie bestimmt sehr viel positives Feedback bekommen. Sollte das sie nicht dazu veranlassen, sich weiterhin so gut wie zu Anfang zu benehmen? Das ist sicherlich richtig. Pflegekinder haben bestimmt sehr viele positive Reaktionen auf ihr Verhalten bekommen, aber sie haben auch gehungert. Sich immer gut zu benehmen bedeutet auch, daß vorwiegend das unabhängige reife Selbst handelt. Das ist gut und in den meisten Situationen des Lebens auch notwendig, aber es reicht nicht aus, um die primäre Versorgung zu erhalten. Ohne auf diese primäre Versorgung zurückgreifen zu können, kann ein Kind seine unabhängigen Aktivitäten, seine Fähigkeit und seinen Willen, in die Welt zu gehen und zu handeln, nicht aufrechterhalten.

So kindisch das Baby-Selbst auch ist, es ist nicht schlecht. Nur dieses Baby-Selbst kann die primäre Versorgung erhalten, die für unser Wohlgefühl so notwendig ist. Daß es sich bei uns zu Hause mit allen seinen unattraktiven Begleiterscheinungen zeigt, heißt nicht, daß unser Kind ein Monster ist. Im Gegenteil: Wenn wir unsere elterlichen Aufgaben gut erfüllen, können wir sicher sein, daß unser Kind reifer wird. Wir möchten, daß das Baby-Selbst eine Zeit und einen Ort hat und daß diese Zeit und dieser Ort bei uns sind. Wir möchten unseren Kindern eine Kindheit geben. Sie brauchen sie. Doch das Baby-Selbst seine Zeit und seinen Ort bei uns haben zu lassen bedeutet auch, daß wir als Eltern mit einem Kind konfrontiert sind, das regelmäßig wieder zu einem gedankenlosen kleinen Wesen – dem Baby-Selbst – werden kann, will und muß, um die besondere und notwendige Nahrung zu finden, die es zum Wachsen und Reifen braucht.

Das Problem und was man dagegen tun kann

Es gibt natürlich ein Problem. Es besteht darin, daß das Baby-Selbst auch sehr widerspenstig sein kann, wenn es nicht das bekommt, was es will.

Um die Entwicklung des reifen Selbst zu fördern, müssen Eltern Grenzen setzen und Forderungen stellen. Das Baby-Selbst haßt das aus tiefstem Herzen und wehrt sich mit Händen und Füßen dagegen. Und dies ist der Punkt, auf den es ankommt. Denn wenn das Baby-Selbst sich nicht durchsetzen kann, ist es auch damit zufrieden, seine Eltern nach Kräften zu provozieren, um soviel Aufmerksamkeit wie möglich zu erhalten. Daher haben die Eltern nur eine Option: *Versorgen Sie das Baby-Selbst nicht, wenn Sie ihm gleichzeitig Grenzen setzen und Forderungen stellen.* Sonst riskieren Sie noch mehr Aufregung, Streit und fürchterliche Szenen. Diese Szenen geben dem Baby-Selbst das ersehnte Futter, aber dieses Futter nährt nicht. Es veranlaßt die Kinder nur dazu, stehenzubleiben und sich nicht vorwärtszubewegen. Es motiviert sie dazu, das unerwünschte Verhalten zu wiederholen, um mehr von dem verbotenen, aber leider so schrecklich schmackhaften Futter zu erhalten.

Bei einer erfolgreichen Erziehung ist es wichtig, daß wir der Überzeugung sind, daß unsere Kinder sich durchaus mal danebenbenehmen können – von Zeit zu Zeit und bei uns zu Hause. Es kommt nicht darauf an, alles schlechte Betragen auszurotten und von unseren Kindern zu erwarten, daß sie sich immer perfekt benehmen, wenn sie mit uns zusammen sind. Es kommt nur darauf an, alle wichtigen Zutaten einzuführen: die Kinder gut zu behandeln, Grenzen zu setzen und Forderungen zu stellen und sich dann zurückzunehmen, um den guten Prozeß, den wir dadurch in Gang gesetzt haben, sich in ihnen entwickeln zu lassen. Wenn wir unseren Kindern Liebe geben, sie nicht mißhandeln, die angemessenen Grenzen setzen und entsprechende Anforderungen an sie stellen, dann haben wir getan, was notwendig ist.

Obwohl wir auf das Verhalten des Baby-Selbst nicht so reagieren, wie unsere Kinder es gern möchten, haben wir doch Verständnis für das Baby-Selbst. Wir tun zwar das, was wir für notwendig halten, aber zugleich betrachten wir sein Benehmen nicht als großes Problem. Wir verstehen, daß das Verhalten des Baby-Selbst keiner wirklich *ernsthaften* Reaktion bedarf. Wenn wir davon überzeugt sind, können wir schnell handeln und uns dann sofort zurücknehmen, bevor wir in endlose und destruktive Auseinandersetzungen mit dem Baby-Selbst verwickelt werden. Und dieses Verhalten bekommt uns und unseren Kindern außerordentlich. Unsere Kinder haben eine Kindheit, und wir haben Kinder, die sich gut benehmen – wenn auch nicht immer, so doch in den meisten Fällen – und die zu glücklichen und produktiven Erwachsenen werden.

Ein wunderbarer Deal

Kindern eine Kindheit zu ermöglichen ist Teil eines wunderbaren Deals. Er besteht darin, daß meine Kinder alles bekommen, was ich ihnen geben kann, ganz gleich, wie sie sich verhalten, einfach nur, weil es meine Kinder sind.

«Ganz egal, was ich tue, es wird mir nichts verlorengehen, weil ich mich schlecht benommen habe? Ich bekomme immer noch alles Gute, das ich sowieso bekommen hätte, ganz egal, was ich getan habe? Ich habe ein Recht darauf? Einfach, weil ich es bin, dein Liebling? Ich kriege es auch dann, wenn Janna sich besser benimmt als ich?»

Das ist der Deal. Aber dann kommt Björns Schwester dazu.

«Das heißt, ich bekomme nicht mehr als Björn, auch wenn ich mich besser betrage als er?»

«Ja, das stimmt.»

«Warum sollte ich mich dann gut benehmen?»

«Das ist deine Entscheidung.»

«Dann benehme ich mich schlecht.»

«Wenn du möchtest.»

«Ganz gleich, wie ich mich verhalte, gut oder schlecht, ich kriege immer noch dasselbe, das ich sowieso bekommen hätte?»

«Das ist der Deal. Du bekommst alles, was wir geben können.»

«Ich kriege es. So einfach ist das?»

«Ja, so ist es.»

«Und was bekomme ich dafür, daß ich mich gut verhalte?»

«Wir schimpfen nicht so oft mit dir, wie wir es mit Björn tun. Du hast mehr Freiheiten, weil wir dir vertrauen können. Zum Beispiel darfst du Farben in deinem Zimmer haben, weil wir dir vertrauen. Björn darf das nicht. Aber das ist so gut wie alles.»

«Das ist alles? Das ist alles, was ich davon habe, daß ich mich viel besser betrage als Björn?»

«Ja, das ist alles. Natürlich bekommst du auch alles, worauf du ein Recht hast, weil du unsere Tochter bist. Das bekommst du automatisch!»

«Ich kann gut oder schlecht sein, und das macht keinen Unterschied.»

«Ja.»

«Das ist aber ein komischer Deal.»

«Ja, das ist es.»

Kinder lieben diesen Deal. Und sie begreifen, daß er gut für sie ist. *Die Menschen, zumindest Mutter und Vater, können nur um des Gebens willen geben. Sie tun das, weil sie es so wollen und weil sie mich lieben.* Der Empfänger eines so wunderbaren Deals gewesen zu sein, etwas ohne Bedingungen bekommen zu haben, hat nicht zur Folge, daß man immerzu alles von allen bekommen will, sondern es macht uns zu großzügigen Menschen. Etwas ohne Einschränkungen erhalten zu haben befreit von der Angst, ausgenutzt zu werden, und läßt Vertrauen in die Welt entstehen.

KAPITEL 2

Bedenkliche Kontrollen

Was bedeutet es nun, daß wir das Baby-Selbst nicht füttern sollen, wenn wir Grenzen setzen und von unseren Kindern etwas fordern? Es bedeutet, daß viele normale, gesunde, vernünftige und als gut geltende Erziehungspraktiken vielleicht doch nicht so gut sind. Manchmal fangen sie an, sich gegen uns zu wenden und genau das Gegenteil von dem bewirken, was wir erreichen wollen. Statt positive Ergebnisse zu zeigen, werden sie gierig von dem Baby-Selbst verschlungen, das dann nach mehr schreit.

Vernünftig sein und zuhören

Die meisten heutigen Eltern glauben, daß ihre Kinder gedeihen, wenn sie gut behandelt werden – und das stimmt auch. Mit dieser Philosophie geht jedoch die unausgesprochene Annahme einher, daß dieselben Kinder – weil sie freundlich, vernünftig und mit Verständnis behandelt werden und ihnen zugehört wird – auch dann vernünftig reagieren, wenn ihre Eltern ihre Wünsche einschränken.

«Nein, Rosie, du kannst nicht noch einen Lolli essen.»

«Aber ich bin wirklich hungrig, Mama. Wirklich.»

«Nein, tut mir leid, gleich gibt es Abendessen. Du weißt, daß du dann vielleicht keinen Hunger mehr hast.»

«Ja, das sehe ich ein. Ich esse jetzt vielleicht lieber keinen Lolli mehr.»

Das geschieht nie. Nicht bei menschlichen Kindern. Bei menschlichen Kindern klingt das etwas anders.

«Nein, Rosie, du kannst nicht noch einen Lolli essen.»

«Aber ich bin wirklich hungrig, Mama. Wirklich.»

«Nein, tut mir leid, gleich gibt es Abendessen. Du weißt, daß du dann vielleicht keinen Hunger mehr hast.»

«Aber Mama, bis dahin ist es noch über eine Stunde.»

«Tut mir leid, du mußt warten.»

«Aber ich kann nicht warten. Mein Magen knurrt. Wirklich, Mama, mein Magen knurrt. Kannst du das nicht hören. Leg dein Ohr auf meinen Bauch, dann kannst du das hören.»

«Rosie, ich werde mich jetzt nicht bücken und mir deinen Magen anhören.»

«So bist du immer. Du glaubst nie, was ich sage.»

«Das stimmt einfach nicht, Rosie.»

«Doch, das stimmt. Gestern habe ich dir von Jennys Finger erzählt, und du hast mir auch nicht geglaubt. Aber es war die Wahrheit.»

«Was hat das jetzt mit Jennys Finger zu tun?»

«Siehst du, nicht einmal jetzt hörst du zu. Ich habe dir gerade gesagt, daß du mir niemals zuhörst.»

Wir möchten gern vernünftig sein, wir wollen unseren Kindern zuhören und ihnen auch das Gefühl geben, daß ihnen zugehört wird. Aber Vernunft und Zuhören haben ihre Zeit und ihren Ort, und diese Zeit und dieser Ort sind niemals dann, wenn das Baby-Selbst an der Reihe ist und gefüttert werden will. Wenn wir uns unter diesen Umständen dazu entschließen zuzuhören, wird uns das Baby-Selbst fröhlich immer mehr zum Zuhören geben.

Doch manchmal ist das Zuhören auch unter diesen Umständen angemessen, weil die Streitereien von Kindern niemals reiner Unsinn des Baby-Selbst sind. Manchmal ergeben sie einen Sinn.

«Julia, komm bitte jetzt ins Haus.»

«Bitte, Papa. In den ganzen letzten drei Tagen hat es geregnet, und jetzt habe ich gerade so viel Spaß. Bitte noch zwanzig Minuten. Es ist auch noch gar nicht dunkel. Bitte, bitte.»

«Okay, zwanzig Minuten, aber nicht mehr.»

Eine gute Regel besteht darin, sich einmal anzuhören, was die Kinder zu sagen haben, und anschließend seine Meinung unter Umständen zu ändern. Nach dem ersten Streit führt weiteres Zuhören nur zu weiterem Ärger. Ob es uns nun gefällt oder nicht, es ist eine Tatsache, daß ausführliches Argumentieren und Zuhören nicht automatisch dazu führen, daß unsere Kinder vernünftig sind und das Gefühl haben, angehört zu werden. Es führt vor allem dazu, daß wir unsere Kinder im Streiten trainieren.

«Alle anderen Kinder in der Schule dürfen das Programm sehen, und sie werden mich morgen auslachen, weil ich es nicht gesehen habe. Und du sagst immer, daß du möchtest, daß ich Freunde in der Schule finde.»

So etwas kann sehr frustrierend sein. Statt unsere guten Argumente anzuhören und darüber nachzudenken, werden sie als Ausgangspunkt für eigene Argumente benutzt. Wenn Kinder ihren Willen durchsetzen wollen, kann das Argumentieren mit ihnen zu Lösungen führen, aber weitaus öfter führt es zu Gründen, die normalerweise weitaus weniger vernünftig, dafür aber um so leidenschaftlicher sind.

«Rosie, erinnerst du dich an letzte Woche? Letzte Woche gab es Hähnchen-Nuggets, die du so gern ißt. Und du hast nicht einmal einen gegessen. Und dann kam heraus, daß du bei Eva einen großen Becher Eis gegessen hattest.»

«Aber Eis und Lollis sind nicht dasselbe. Lollis sind was anderes.»

Rosies Mutter wird ihre Tochter niemals davon überzeugen können, daß ihre Entscheidung vernünftig ist, wenn sie ihr den Lolli verweigert.

Ein anderes Problem bei dem Argumentieren mit Kindern besteht darin, daß diese Versuche oft so katastrophal enden, daß man ärgerlich wird und sich von seinen eigenen Kindern frustriert und abgestoßen fühlt. Das kann auch Rosies Mutter passieren, die entweder nachgeben oder – und das ist typischerweise der Fall – mit Rosie schimpfen wird.

«Ich kann das nicht mehr hören, Rosie. Warum kannst du nicht einfach mal akzeptieren, was ich sage. Mir hängt das wirklich manchmal zum Hals heraus.»

Der Versuch, gerecht zu sein

Da das Baby-Selbst ziemlich schlau ist – es benutzt genau dasselbe Gehirn wie sein reiferes Gegenstück –, zielt es auf den besonders schwachen Punkt aller Eltern, die ihren Kindern Gutes wollen.

«Joseph, ich möchte, daß du deine Spielsachen wegräumst.»

«Aber das sind nicht alles meine. Ein Teil davon gehört Richard.»

«Das ist mir egal. Ich möchte, daß du sie alle wegräumst.»

«Richard kommt in einer Stunde. Warum kann er seine Sachen dann nicht selbst wegräumen?»

«Ich möchte, daß sie jetzt weggeräumt werden, und ich möchte, daß du das tust.»

«Richard muß meine Sachen niemals aufräumen.»

«Joseph, räum jetzt die Spielsachen weg.»

«ABER DAS IST UNGERECHT.»

Gerechtigkeit ist ein großes Paradox bei der Kindererziehung. Es ist ein grundlegendes Prinzip und im Umgang mit anderen Menschen sehr wichtig. Wir möchten natürlich, daß unsere Kinder das verstehen. Es ist jedoch auch das erste Argument, mit dem Kinder ihren Eltern kommen, wenn diese ihnen Grenzen setzen.

Wir möchten unsere Kinder gern gerecht behandeln, und wir möchten, daß auch sie gerecht sind. Aber immer dann, wenn Gerechtigkeit zu einer besonderen Frage wird, sollten Eltern sich nicht allzu viele Gedanken darüber machen, ob sie gerecht sind. Sie sollten sich lieber fragen: Bin ich im großen und ganzen gerecht? Versuche ich, gerecht zu sein? Wenn die Antwort ja lautet, dann brauchen sie nicht in jedem einzelnen Moment versuchen, gerecht zu sein. Denn das ist unmöglich und auch unwichtig.

Ist es gerecht, daß Joseph die Spielsachen seines Bruders mit wegräumen muß? Für Josephs Mutter ist die angemessene Frage in diesem Fall nicht, ob sie gerecht ist. Sie möchte, daß alle Spielsachen sofort weggeräumt werden. Sie möchte nicht warten, bis Richard nach Hause kommt, um dann mit der ganzen Angelegenheit noch einmal von vorn zu beginnen. Und sie erwartet von Joseph nicht allzuviel. Manchmal dürfen Eltern Effizienz über Gerechtigkeit setzen.

Eltern möchten vor allem nicht in Debatten über Gerechtigkeit verstrickt werden. Selbst wenn Gerechtigkeit in solchen Auseinandersetzungen anfänglich wirklich von Belang gewesen ist, geht sie in deren Verlauf meist unter, und Eltern sehen sich in endlose Diskussionen verstrickt.

«Aber gestern hast du Regina erlaubt, die Wasserpistole zu benutzen.»

«Ich weiß, aber das wurde einfach zu chaotisch.»

«Aber das ist nicht gerecht. Sie durfte sie benutzen.»

«Ich möchte keine Unordnung, Justus. Ich habe einen Fehler gemacht, als ich ihr erlaubt habe, sie zu benutzen.»

«Aber wie willst du wissen, daß das bei mir auch so wird. Warum gibst du mir keine Chance?»

«Ich möchte einfach nicht, daß einer von euch das Ding benutzt.»

«Aber das ist ungerecht. Es ist nicht meine Schuld, daß Regina damit so viel Unsinn angestellt hat.»

«Du hast recht, Justus. Das war nicht deine Schuld, aber ich möchte einfach nicht, daß es noch einmal passiert.»

«Aber mir gibst du nie eine Chance.»

Diese Debatte könnte endlos so weitergehen, bis Justus' Mutter sie schließlich beendet. «Tut mir leid. Ich weiß, daß das ungerecht ist. Aber das ist nun einmal so.»

«Nein, du *mußt* aber gerecht sein!» schreit Justus wütend und ungläubig. Er ist in diesem Moment bereit, seinen Fall bis zum Obersten Gerichtshof zu tragen, in der echten Überzeugung, ihn dort zu gewinnen.

«Sie müssen gerecht sein. Das ist das Gesetz, stimmt's?»
Wenn auch Gerechtigkeit in den Auseinandersetzungen zu einem Werkzeug des Baby-Selbst wird, das seine Wirkung nicht verfehlt, dann geht etwas in der Debatte am eigentlichen Punkt vorbei. Gerechtigkeit kann einer der Grundsätze des Baby-Selbst werden, die um ihrer selbst willen so wichtig werden, daß sie – koste es, was es wolle – durchgesetzt werden müssen, auch wenn schon jede Verbindung zu dem, was eigentlich wichtig ist, verlorengegangen ist. Denn der Sinn von Gerechtigkeit ist es, daß die Menschen miteinander auskommen und Lösungen finden.

Wir möchten immer gerecht sein, manchmal ist das jedoch zu beschwerlich oder nicht möglich. Darüber braucht man sich keine Gedanken zu machen. Schließlich ist auch in der großen, realen Welt nicht immer alles gerecht. Und wir möchten ja, daß unsere Kinder in der Lage sind, auch damit zurechtzukommen.

Machtkämpfe – Willenskämpfe

Die meisten Kleinkinder versuchen irgendwann einmal das folgende Experiment. Ihre Eltern sagen: «Komm zu mir» (oder etwas ähnliches), und sie antworten: «Nein.» Dann passen sie auf, welcher der beiden Anordnungen ihr Körper wohl gehorchen wird. Normalerweise entdecken sie, daß ihr Körper ihnen gehorcht, nicht ihren Eltern. Und meistens finden Kinder diese Entdeckung ziemlich aufregend und wiederholen sie als wunderbares Spiel. Ihre Eltern finden das normalerweise weniger wundervoll.

«Ralph, komm her.»

«Nein.» Und Ralph rennt vor Freude quietschend in die andere Richtung.

Vor diesem Experiment wußte Ralph nicht, was passieren würde bzw. wessen Wille siegen würde. Kinder sind sehr erfreut über die Entdeckung, daß sie allein ihren Körper beherrschen. Eltern können sie von außen herumbewegen, aber nur sie allein können ihren Körper dazu bringen, sich zu bewegen. Der Unterschied besteht darin, Ralph gegen seinen Willen ins Auto zu setzen oder ihn durch Drohungen dazu zu bringen, sich selbst in den Wagen zu setzen. Das sind die Befehle von außen im Gegensatz zu denen von innen. In ersterem Fall wird er sich niemals freiwillig in den Wagen setzen, im zweiten verliert er, und er überläßt die Kontrolle über seinen Körper dem Willen seiner Eltern.

Diese Frage des Willens – wer für wen verantwortlich ist – ist für uns sehr wichtig. Von Natur aus sind wir sehr darum besorgt, daß wir unseren Körper und seine Handlungen beherrschen: Kleine Kinder wollen ihr «eigener Herr» sein. Meistens haben sie auch das Gefühl, daß sie das sind, aber von Zeit zu Zeit glauben sie, sich das bestätigen zu müssen.

«Oliver, würdest du bitte die Buntstifte einsammeln!»

«Nein.»

«Oliver, bitte!»

«Nein, tu ich nicht.»

Obwohl Oliver normalerweise ziemlich folgsam ist, weigert er sich, die Buntstifte einzusammeln. Aus keinem ersichtlichen Grund.

«Tu ich nicht!»

Oliver steht vor seiner Mutter und guckt ihr direkt in die Augen. Dies ist natürlich eine Unabhängigkeitserklärung. *«Nur für den Fall, daß du vergessen hast, daß ich der Herr über meinen Körper bin.»* Wir möchten das auch respektieren. Das Problem besteht nur darin, daß sich unsere Kinder – aus keinem ersichtlichen Grund – weigern, das zu tun, was wir möchten. Natürlich möchten wir in so einem Fall nicht gleich unsere stärksten Waffen hervorholen. Wir machen ihnen deutlich, daß wir immer noch möchten, daß sie die Buntstifte einsammeln, und daß wir über ihre Haltung verstimmt sind und daß sie vielleicht sogar Konsequenzen haben wird. Aber wir sollten nicht unsere stärksten Waffen hervorholen – sehr böse werden bzw. lange böse bleiben – und sie zum Gehorsam zwingen.

«Oliver, wenn du diese Buntstifte nicht einsammelst, passiert gleich was.»

Nein, nur das nicht. Wir sollten unseren Kindern zwar klarmachen, daß es für sie unangenehme Folgen haben wird, wenn sie sich weigern, aber daß trotzdem nichts Schlimmes passieren wird.

Probleme entstehen nur dann, wenn die Eltern nicht wirklich akzeptieren, daß ihre Kinder ihnen gelegentlich die Stirn bieten. Wenn die Eltern das absolute Recht der Kinder, Herr ihrer selbst zu sein, nicht wirklich respektieren, dann wird das zu einem ewigen Problem zwischen ihnen. Denn die Kinder werden nicht nachgeben.

«Okay, Oliver, du gehst jetzt in dein Zimmer und kommst nicht wieder heraus, bis du die Buntstifte eingesammelt hast.»

Bei einer derartigen Reaktion besteht die Gefahr, daß Olivers Recht, der unumschränkte Herr über seinen eigenen Körper zu sein, ernstlich in Frage gestellt wird und von nun an jede weitere Bitte zu einer weiteren Unabhängigkeitserklärung führen wird. Oder das Kampffeld verlagert sich, beispielsweise auf den Stuhlgang oder auf das Essen, wo die meisten Kinder das letzte Wort haben. Oder – und das ist noch schlimmer – der Kampf verlagert sich in den Untergrund und wird zur Ursache eines tiefsitzenden Gefühls von Ärger und Ressentiment, das sich dann später und an anderer Stelle äußert. Aber normalerweise sind sich Kinder sicher, daß ihre Eltern ihre Autonomie respektieren.

Was wir nicht möchten, zeigt das folgende Beispiel, das leider nur allzu typisch ist.

Katrin spielt mit dem Salzstreuer und verstreut unvorsichtigerweise Salz auf dem Tisch. Ihre Mutter geht dazwischen.

«Katrin, hör auf, mit dem Salzstreuer zu spielen. Du verstreust das Salz überall. Stell ihn hin.»

«Aber ich tu doch niemandem weh.»

«Du tust mir weh, Katrin, stell den Salzstreuer hin.»

«Aber ich will nicht.»

«Katrin stell ihn hin.»

«Nein, tu ich nicht.» Katrin sieht sehr entschlossen aus.

«Stell... ihn... hin!»

«Nein.»

«Du verlangst wirklich danach, Katrin.»
Das Gesicht ihrer Mutter ist mittlerweile rot, und sie spricht mit zusammengepreßten Zähnen.

Katrin ist immer noch sehr entschlossen, aber in ihren Augen zeigen sich schon Tränen. Sie starrt ihre Mutter an.

«Nein.»

«Das reicht, Katrin, vergiß den Ausflug heute nachmittag.»
Katrin hat mittlerweile auch einen hochroten Kopf, Tränen rollen ihr übers Gesicht, aber sie starrt ihrer Mutter immer noch direkt ins Gesicht. Dann wirft sie den Plastikstreuer auf den Boden.

«Du willst es wirklich nicht anders.»

«Du auch nicht», entgegnet Katrin finster. Mittlerweile hat sie sich vollständig auf einen Kampf eingestellt.

Bei einem Willenskampf geht es anfänglich um die Frage, wer über meinen Körper regiert. Aber wenn der Kampf einmal richtig begonnen hat, bemerken Kinder, daß ihr «Nein» nicht nur für sie, sondern auch für ihre Eltern wichtig ist. Ihre Eltern sind sehr engagiert und wollen den Kampf gewinnen. Kinder verstehen ihren Widerstand als einen Kampf um Unabhängigkeit, aber sie bemerken auch, daß er bei ihren Eltern etwas Tiefsitzendes anrührt.

Willenskämpfe wie dieser sind Machtkämpfe. Sie werden zu einer reichen Futterquelle für das Baby-Selbst. Das Baby-Selbst empfindet große Macht, nicht nur weil diese Kämpfe die Eltern auf seine Ebene ziehen, sondern vor allem deshalb, weil sie das Kind auf die Ebene der Eltern hochziehen. Darüber hinaus lernen Kinder in diesen Willenskämpfen, daß zwei unterschiedliche Willen existieren, die nicht miteinander auskommen können. Einer muß siegen. Und das ist eine schlechte Lektion.

Eltern müssen sich daher überlegen, ob sie tatsächlich der Boß sein wollen – was wirklich wichtig ist – oder ob sie es nur nach außen sein wollen. Die Frage besteht darin, ob sie alles kontrollieren wollen oder ob sie zwar immer noch die letzte Entscheidung treffen, aber Autonomie und einen eigenständigen Willen bei dem Kind zulassen können. Kinder, die sich sicher sind, daß ihre Eltern ihren Willen respektieren, müssen sich das nicht ständig beweisen. Deshalb können sie kooperativ sein – wenigstens meistens. Für Kinder ist es zwar wichtig zu wissen, daß sie von ihren Eltern versorgt werden, aber es ist ebenso wichtig, daß sie selbst über ihren Körper verfügen können.

Das Baby-Selbst in den Eltern

Wie das Baby-Selbst der Kinder bleibt auch das der Eltern nicht immer freiwillig da, wo es sein soll. Für Eltern ist es wichtig, schnell zu handeln und sich dann zurückzuziehen. Aber wie Sie mittlerweile wissen, will sich das Baby-Selbst niemals zurückziehen, auch das der Eltern nicht. Es ist diese Eigenschaft des Baby-Selbst, die auch im Leben von Erwachsenen viel Ärger anrichtet.

Das Baby-Selbst in uns kann nicht einfach aufhören. Es kann nicht loslassen und mit etwas anderem weitermachen. Es würde sich dann unzufrieden und unvollständig fühlen. Für das Baby-Selbst sind das sehr schlechte Gefühle, und das Baby-Selbst kann sie nicht einfach akzeptieren und sich von ihnen entfernen. Um sie loszuwerden, *muß* es etwas tun. Es will immer mehr, es glaubt immer, daß es notwendig ist, noch mehr zu bekommen, noch mehr umsorgt zu werden, noch besser verstanden zu werden usw.

Stellen Sie sich einmal vor, Sie hätten Geld in einen Automaten gesteckt, der Ihnen dafür nichts herausgibt. Es ist niemand da, den Sie dafür verantwortlich machen können. Niemand ersetzt Ihnen das Geld. Das Baby-Selbst würde niemals weggehen. Es würde bei dem Automaten bleiben und dagegentreten, um das Geld herauszubekommen. Es würde dableiben und auf etwas warten, was nie geschieht.

«Ich möchte gern, daß du dich entschuldigst.»

«Aber ich finde nicht, daß ich etwas Schlimmes gemacht habe.»

«Ich möchte gern, daß du dich bei mir entschuldigst.»

«Aber ich kann das nicht. Ich finde nicht, daß ich etwas falsch gemacht habe.»

«Du entschuldigst dich jetzt.»

Bei Erwachsenen hängt sich das Baby-Selbst gern an Themen, die nirgendwohin führen, oder – schlimmer noch – an destruktive Themen. Und doch glaubt es wirklich, daß es etwas Wichtiges tut, daß ein Problem durchschaut und gelöst werden muß. Aber alle diese Fragen führen in die Irre. Das einzige ungelöste Problem besteht in einem selbst: nicht akzeptieren zu können, daß etwas geschehen ist, und weiterzugehen.

Das Baby-Selbst in uns kann keinen Verlust akzeptieren. Das gilt für große Verluste wie den Tod eines Familienmitglieds, der zwanzig Jahre später immer noch wichtig für uns ist, und es gilt auch für kleine. Ein Beispiel:

Er hatte das Restaurant nicht ausgesucht. Es war nicht sein Geschmack. Er war enttäuscht darüber, daß er seinen Willen nicht bekommen hatte. Er konnte das einfach nicht vergessen und den Abend genießen. Statt dessen schmollte er, bestellte ohne große Lust und sprach während des ganzen Essens wenig.

Das Baby-Selbst in uns kann einen Streit nicht einfach seinlassen. Es möchte eine Lösung, die ihm keine schlechten Gefühle bringt.

«Aber du mußt auch meine Seite verstehen. Du mußt auch mich verstehen.» Oder: «Du mußt einsehen, daß ich im Recht bin. Ich muß dafür sorgen, daß du einsiehst, daß ich im Recht bin.»

Bei Eltern kann die Anwesenheit des Baby-Selbst zu einem Desaster führen. Sie kann dazu führen, daß die Eltern auch dann noch weitermachen, wenn sie schon lange hätten aufhören sollen. Die Stimme des Baby-Selbst in den Köpfen der Eltern klingt oft so:

«Ich kann das nicht einfach durchgehen lassen. Ich muß zeigen, wer hier das Sagen hat.»

«Ich muß etwas unternehmen.»

«Ich muß ihr eine Lektion erteilen, sonst wird sie niemals lernen, daß...»

Das Baby-Selbst läßt uns nicht einfach intervenieren und uns dann zurückziehen. Wir müssen unseren Kindern Lektionen erteilen, etwas unternehmen, dafür sorgen, daß sie etwas verstehen, sicherstellen... Wir glauben, daß wir sie ändern müssen.

«Wie oft muß ich dir das noch sagen. Fünf Uhr heißt fünf Uhr. Was geht in deinem Kopf vor, daß du einfach nicht verstehen willst, daß ich dich dann im Haus zurückhaben möchte? Was ist das Problem, Kevin? Antworte mir, Kevin!»

Wenn Eltern so reden, dann glauben sie wirklich, daß sie zum Besten ihres Kindes handeln. Sie glauben, daß bestimmte Prinzipien auf dem Spiel stehen, daß bestimmte Probleme gelöst werden müssen. Aber diese Prinzipien sind nur Täuschungen und Fallstricke, Fallen, die von dem unbedachten Beharren unseres inneren Baby-Selbst gestellt werden. Eltern müssen lernen, den Dingen ein Ende zu setzen. Wenn sie das nicht tun, geben sie nur dem niemals zu befriedigenden Verlangen ihres eigenen Baby-Selbst nach. Wir müssen loslassen können. Wenn wir das nicht können, ruft alles, was wir tun, in unseren Kindern das Baby-Selbst auf den Plan. Und das kann bestimmt nicht aufhören – ein zweifaches Desaster.

Anna ist frustriert von dem Puzzle, das sie gerade legt. Sie geht zu ihrer Mutter, die gerade dabei ist, Überweisungen auszufüllen. Anna möchte, daß ihre Mutter ihr bei dem Puzzle hilft.

«Ich helfe dir gleich, Anna. Ich bin im Moment beschäftigt.»

Anna will aber nicht warten, und sie fährt fort, ihre Mutter zu belästigen. Schließlich wird ihre Mutter ärgerlich, und als Anna einen Wutanfall bekommt, packt sie sie und bringt sie in ihr Zimmer.

«Du bist so gemein. Du bist die gemeinste Mutter auf der ganzen Welt. Du bist einfach gemein.»

In ihrem Zimmer weint Anna eine Weile, aber dann beruhigt sie sich. Zwanzig Minuten später kommt sie wieder zurück.

«Hi», sagt Anna.

Annas Mutter sagt nichts.

Für Anna ist das wie eine dunkle Wolke vor der Sonne. Ihre Mutter ist immer noch böse auf sie.

Aber Anna versucht es noch einmal.

«Ich habe ein Bild gemalt. Möchtest du es sehen?»

Jetzt antwortet Annas Mutter.

«Anna, du mußt lernen, daß du nicht jedesmal, wenn du etwas möchtest, erwarten kannst, daß alle anderen gleich für dich springen. Du bist nicht der Mittelpunkt der Welt.»

«Aber du hilfst mir nie mit irgendwas. Nie.»

«Du weißt, daß das nicht stimmt, Anna.»

«Doch, es stimmt! Du hilfst mir nie.»

«Anna, paß auf!»

Von nun an geht alles seinen Gang, und Anna landet schließlich wieder in ihrem Zimmer. Annas Mutter war immer noch böse auf Anna, weil sie diese ungezogenen Dinge gesagt hatte, und fühlte sich von ihrem selbstsüchtigen Verhalten abgestoßen. Sie glaubte auch, daß sie Anna sagen müsse, wie egoistisch sie sich verhalten habe. Aber es wäre viel besser gewesen, wenn sie die Sache auf sich hätte beruhen lassen. Als sie böse geworden und Anna in ihr Zimmer gebracht hatte, hatte sie schon alles getan, was notwendig war. Eltern sollten sich sehr gut überlegen, was sie noch einmal ansprechen. Annas Mutter erreichte dadurch nur, daß der Streit weiterging. Sie vermittelt ihrer Tochter, daß sich die Dinge immer nur zum Schlechten und nicht zum Guten entwickeln.

Kinder sind manchmal ungezogen, und dann müssen die Eltern intervenieren. Kinder bekommen manchmal Wutanfälle oder benehmen sich ganz furchtbar. Darauf müssen die Eltern reagieren. Aber sie müssen die Angelegenheit beenden. Und es darauf beruhen lassen. Immer wieder damit anzufangen ist einer der größten Fehler bei der Erziehung. Eltern und Kinder müssen dafür heftig bezahlen. Wenn man eine Erziehungsregel in Stein meißeln sollte, dann diese: *Die Dinge müssen ein Ende haben.*

Die Gefahr beim Erteilen von Lektionen

Es gab einmal einen König und eine Königin, die waren nicht glücklich. Denn sosehr sie es auch versuchten, sie konnten kein Kind bekommen. Doch eines Tages sagte die Königin zu ihrem Mann, dem König: «Ich werde ein Kind bekommen.»

Und siehe, einige Monate später gebar die Königin ein wunderschönes kleines Mädchen, dem sie den Namen Prinzessin Lilienduft gaben. Alle waren außer sich vor Freude, und das ganze Königreich feierte.

Wie es der Brauch bei königlichen Geburten war, kamen am fünften Tag nach Prinzessin Liliendufts Geburt alle wichtigen Leute des Königreichs von nah und fern herbei, um der kleinen Prinzessin ihre Geschenke zu überbringen. Dazu gehörte auch die allerwichtigste Person überhaupt, die Fee Dolcemina. Jedermann wußte, daß ihre Geschenke kostbarer als Gold und Diamanten waren, und so kam es, daß sich zu der Zeit, als die Fee Dolcemina ihre Geschenke überreichte, eine große Menge versammelt hatte.

«Und ich schenke Prinzessin Lilienduft große Schönheit. Und einen scharfen Verstand. Und große Liebenswürdigkeit.»

Unglücklicherweise hatte die Königin – gerade als die Fee zu ihrem letzten Geschenk kam – einen kurzen Hustenanfall, und sie hörte nicht, daß ihre Tochter nicht nur mit Schönheit und Intelligenz, sondern auch mit Liebenswürdigkeit beschenkt worden war.

Die Jahre vergingen, und Prinzessin Lilienduft wuchs heran, wie die Fee es prophezeit hatte. Sie war schön und klug. Aber es gab ein Problem mit der Liebenswürdigkeit.

Die Königin, die den Teil über die Liebenswürdigkeit nicht gehört hatte und eine gute und besorgte Mutter war, hatte das Gefühl, daß sie *sicherstellen müsse*, daß ihre kluge und schöne Tochter auch liebenswürdig sei. Bei jeder möglichen Gelegenheit wies sie ihre Tochter darauf hin, daß sie freundlich und nett sein müsse.

«Streichel das Tier nicht zu sehr, Liebling. Du möchtest ihm doch sicher nicht weh tun.»

«Laß deine Gabel nicht klirren, wenn du sie auf den Tisch legst. Du möchtest doch die anderen nicht durch das laute Geräusch stören.»

«Oh, Liebling, schenk deiner Freundin Lugwella zuerst Saft ein. Sie ist ebenso durstig wie du.»

Das alles tat die Königin, damit ihre Tochter liebenswürdig würde. Und dabei tat sie leider ein bißchen zuviel des Guten. Es war wirklich etwas zuviel. Prinzessin Lilienduft hatte keine Chance, freundlich und liebenswert zu sein, weil ihre Mutter sie so schnell und so oft auf etwas hinwies.

«Lilienduft, Liebling, zieh die Füße beim Gehen nicht nach. Mir macht das nichts aus, aber es könnte jemand anders etwas ausmachen.»

Und als Ergebnis dieses ewigen Verbesserns und obwohl sie von der Fee Dolcemina das Geschenk der Liebenswürdigkeit bekommen hatte, fing Prinzessin Lilienduft an, ihre Mutter zu hassen. Der Haß auf ihre Mutter wuchs so sehr, daß sie – tragischerweise an ihrem 21. Geburtstag – folgende Erklärung abgab: «Ich hasse dich, und ich hasse Papa, und ich hasse alle. Ich habe mich entschlossen, mich einer Gruppe von gemeinen Trollen und häßlichen Hexen anzuschließen, die durch das Land ziehen und gemein zu kleinen Kindern und niedlichen Tieren sind. Sie mögen mich so, wie ich bin, und sie sagen mir niemals, was ich zu tun und zu lassen habe.»

Und damit verließ Prinzessin Lilienduft das Schloß und ihre Eltern auf Nimmerwiedersehen.

Und von da an waren sie alle unglücklich.

Moral Nr. 1: Treiben Sie es nicht auf die Spitze! Sonst verlieren Sie einen Kampf, den Sie schon gewonnen glaubten.

Moral Nr. 2: Versuchen Sie, nicht zu husten, wenn die Fee Dolcemina ihre Geschenke verteilt!

Eltern müssen ihren Kindern beibringen, was richtig und was falsch ist. Es ist gut, wenn wir unseren Kindern sagen, was wir für richtig bzw. falsch halten. Dadurch erhalten die Kinder eine verbalisierte Regel, die sie im Leben anwenden können.

«Regina, denk daran, die Kekse zu teilen.»

«Martin, es ist nicht schön, sich über andere Kinder lustig zu machen.»

«Nun, Jan, denk daran, in Restaurants redet man nicht so laut. Das stört die anderen Leute.»

Das ist alles in Ordnung. Aber wenn wir es übertreiben, werden wir zu Eltern, die alles und jedes kontrollieren. Das ist nicht gut und auch nicht das, was wir wollen. Wir müssen nicht alles und jedes in die richtige Richtung lenken.

Bei unserem Wunsch, unseren Kindern etwas beizubringen, landen wir oft dort, wo wir nicht hin wollten. Der Lehrer in uns macht – trotz seiner guten Absichten – immer weiter und weiter.

«Du hörst mir nicht zu, Jakob. Guck mich nicht so an. Ich komm gar nicht durch zu dir, oder?»

Doch, sie kommt durch. Jakob hat seine Mutter verstanden. Und wenn Jakobs Mutter alles andere getan hat, was zu einer guten Elternschaft gehört, dann wird Jakobs reifes Selbst zuhören und wachsen – wie seine Mutter es wünscht. Nur in diesem Moment kontrolliert das Baby-Selbst sein Verhalten und wirft ihr diesen Laß-mich-bloß-in-Ruhe-Blick zu.

Es kann auch passieren, daß wir ganz falsch liegen und unseren Kindern etwas beibringen, was wir nicht wollen. Wie die Geschichte von Prinzessin Lilienduft veranschaulicht hat.

Wir dürfen folgendes niemals aus den Augen verlieren: Was wir unseren Kindern sagen, ist zwar wichtig für sie. Doch noch wichtiger für ihren Charakter ist, wie wir sie behandeln.

«Kerstin ist unsere kleine Stotterin», sagt der Vater zu seiner Tochter. Kerstin stolpert manchmal über ihre Worte, wenn sie versucht, sie herauszubringen. Ihr Vater meint es gut, aber Kerstin fühlt sich gedemütigt. Ihr ist gesagt worden, daß es schlecht ist, wenn man sich über andere lustig macht. Aber das ist nicht das, was sie gelernt hat. Unsensibilität erzeugt Unsensibilität, unabhängig davon, was wir sagen.

Kinder übernehmen die Werte, Forderungen und Restriktionen

ihrer Eltern als Teil ihres Selbst, und zwar so, wie sie sich in dem Verhalten ihnen gegenüber ausdrücken. Das ist ein Entwicklungsprozeß. Diese «Übernahme» geschieht unabhängig von dem, was die Eltern unbedingt erreichen wollen, und unabhängig davon, was sie anstellen, damit ihre Worte und Lektionen an ihrem Kind hängenbleiben.

Doch obwohl unsere Kinder unsere Werte als ihre eigenen übernehmen, besteht keine Garantie dafür, daß sie sie auch behalten werden. Wenn wir reifer werden, werden die Regeln und Werte, die wir von unseren Eltern geerbt haben, von unserem erwachsenen Selbst ständig neu in Augenschein genommen, bewertet und eingeschätzt. Diese Regeln können im Verlaufe unseres Lebens abgelehnt, modifiziert oder erneuert werden.

«Meine Mutter hat immer gesagt, daß es wichtig ist, daß man höflich zu anderen Leuten ist. Aber als ich auf dem Gymnasium war, habe ich gedacht, daß es albern ist, höflich zu anderen zu sein. Jetzt sehe ich das anders, und ich glaube auch, daß es gut ist, wenn man höflich ist.»

Daß wir unseren Kindern etwas beibringen, ist außerordentlich wichtig. Es hilft ihnen, eine Linie zu finden. Aber sie werden auch von selbst eine Linie finden, besonders dann, wenn wir gute Eltern gewesen sind.

Belohnungen

Belohnungen sind ein altehrwürdiges Mittel, um bei Kindern das gewünschte Verhalten zu erzeugen.

«Samuel, wenn du deine Karotten aufißt, bekommst du Nachtisch.»

«Lena, wenn du in deinem nächsten Zeugnis nur Zweien oder sogar Einsen hast, bekommst du einen kleinen Hund.»

«Sissy und Franz, wenn ihr euch den ganzen Nachmittag bei Tante Leonore gut benehmt, gehen wir hinterher Eis essen.»

Mir persönlich gefallen materielle Belohnungen bei der Kindererziehung nicht. Ich glaube, daß sie unnötig sind. Sie richten die Kontrolle des Kindes auf Dinge aus. Belohnungen sind eine Domäne des Baby-Selbst, das nur sein Vergnügen sucht. Das Baby-Selbst findet sehr schnell heraus, daß es keinen Grund hat, etwas zu machen, wenn es keine Belohnung dafür bekommt. Wir wollen das reife Selbst ansprechen, und wenn wir eine Belohnung versprechen, können wir seine Beteiligung sabotieren. Materielle Belohnungen zu dem Zweck, das gewünschte Verhalten zu erzeugen, erziehen Kinder nicht zu Verantwortung. Meist erziehen sie sie zu materialistischen Menschen. So einfach ist das.

Harte Strafen

Schläge ins Gesicht, wiederholtes Schlagen, das Schlagen mit Gürteln oder Gerten, das Einsperren von Kindern für eine lange Zeit, im Grunde alles, was die Kinder ihre Eltern fürchten läßt, sind harte Strafen. Sie sollten aus der Erziehung verbannt werden. Und auch wenn heutzutage nur noch wenige Eltern zu körperlichen Bestrafungen greifen, möchte ich erklären, warum sie so schädlich sind.

Ein Problem besteht darin, daß die Angst, die sie erzeugen, die Kinder lehrt, daß es für schlechtes Betragen keine Entschuldigung gibt. Sie lernen, daß schlechtes Benehmen immer eine ernste Reaktion verdient. Es gibt niemals eine Ausnahme oder Erleichterung davon, auch nicht, wenn man kleiner, jünger, schwächer, verletzlicher, weniger verantwortlich ist – kurz gesagt: wenn man ein Kind ist. Durch harte Strafen und die damit einhergehende Angst lernen Kinder, daß es für ihre Fehler oder die ihrer Mitmenschen keine Entschuldigung gibt. Sie lernen nicht, daß wir alle nur Menschen sind.

Vieles von dem Verhalten des Baby-Selbst scheint harte Strafen zu verdienen, und zwar so vieles, daß das Baby-Selbst dadurch lernt, daß es schlecht ist. Menschen, die eine harte Kindheit erlebt haben, haben zumeist das Gefühl, daß das ganz normale, gesunde Baby-Selbst in ihnen etwas Schlechtes ist. Vieles von dem, was an ihnen gut und wichtig für ihre emotionale Gesundheit ist, wird als schlecht angesehen. Sie verstehen die kindlichen Teile in sich, das Spaßhafte, Impulsive, sicherlich oft Alberne und manchmal Freche, als schlecht. Wenn man so vieles an sich als unerlaubt empfindet, kann man von sich selbst entfremdet werden. Solche Menschen halten sich auch dann für schlecht, wenn sie ganz normal sind.

Und manchmal verschließen sie sich und hungern – wie auf gutes Betragen dressierte Kinder. Als Kinder sind sie unglücklich, als Erwachsene depressiv. Oder – schlimmer noch – die Härte bricht durch und wird auf andere übertragen. Den Schmerz, den sie selbst empfunden haben, zahlen sie nun der Welt zurück.

Und schließlich: Wenn Menschen mit einer harten Kindheit erwachsen werden, haben sie kein Gefühl dafür, wann kindisches Verhalten bei ihnen selbst oder bei anderen vollkommen in Ordnung ist. Das gilt auch für ihre eigenen Kinder. Da sie niemals eine Kindheit haben durften, fehlt ihnen das Gefühl dafür, was es eigentlich heißt, ein Kind zu sein.

Weniger harte Strafen

Janines Vater hat für ein Meeting am Nachmittag Kuchen gekauft. Er stellt ihn auf den Küchentisch und sagt ausdrücklich zu Janine, daß sie nichts davon essen soll, weil er den Kuchen am Nachmittag braucht. Eine Stunde später schaut er zufällig in die Küche und sieht, wie Janine gerade dabei ist, das zweite Stück Kuchen aufzuessen. Obwohl er sie ausdrücklich darum gebeten hatte, es nicht zu tun. Jetzt liegt ihr Schicksal in seinen Händen.

Die häufigste Reaktion auf eine schon begangene Ungezogenheit ist eine alltägliche Bestrafung. Weil ein Junge ständig seine Schwester schlägt, wird ihm für den Nachmittag sein Lieblingsspielzeug entzogen. Das Kind darf nicht fernsehen, weil es sich während des Einkaufens so schlecht benommen hat. Es bekommt keinen Nachtisch, weil es beim Essen eine Szene aufgeführt hat.

Solche Strafen sind nicht übermäßig hart, und manchmal funktionieren sie. Aber sie sind niemals perfekt. Manchmal benehmen sich Kinder durch die Androhung so einer unerfreulichen, aber tolerierbaren Strafe eine Zeitlang gut – manchmal jedoch auch nicht.

«Ich habe dich gewarnt, daß du nicht Fernsehen gucken darfst. Nun, jetzt hast du den Salat.»

«Ist mir doch egal.»

Das stimmt natürlich nicht, aber die Drohung hat nicht ausgereicht, um sie während der Autofahrt davon abzuhalten, ihren Bruder zu ärgern.

«Ich hab euch gesagt, ihr sollt euch anständig benehmen. Sonst gehen wir nicht zu McDonald's. Damit ist es jetzt vorbei.»

Doch obwohl sie zu McDonald's gehen wollten und die Drohung glaubten, konnten sie mit ihrem schlechten Benehmen nicht aufhören.

Wenn gute und sorgende Eltern derartige Strafen verwenden, kommen dabei einigermaßen gut erzogene Kinder heraus, die sich zu Erwachsenen entwickeln, die sich gut benehmen können. Doch in diesem Buch stellen wir Ihnen eine Erziehungsmethode vor, die ohne Strafen auskommt und die ebenfalls zu einigermaßen gut erzogenen Kindern führt, aus denen sich gut erzogene Erwachsene entwickeln. Wir zeigen Ihnen ein System, das ebenso wirkungsvoll ist. Natürlich haben viele wunderbare Eltern, die derartige, nicht allzu harte Strafen einsetzen, viele wundervolle Kinder erzogen. Dennoch bin ich kein großer Anhänger von Strafen.

Strafen haben immer die Absicht, Leiden zu verursachen, um mit deren Hilfe das Kind zu kontrollieren. Das ist der Sinn einer Strafe. Ich glaube, daß Sie Ihre Kinder erziehen können, ohne darauf zurückgreifen zu müssen.

Stimmt es, daß Strafen nicht notwendig sind, um Kinder zu erziehen? Stimmt es, daß man dieselben Ergebnisse auch ohne Strafen hervorbringen kann? Ich kann nur mich selbst als Beweis anführen. Und meine Kinder. Ist das möglich? Ist das besser? Ich kann dazu nur sagen, daß Sie freudig überrascht sein werden, wenn Sie es ausprobieren.

KAPITEL 3

Was Sie tun können

Eine andere Möglichkeit, sich durchzusetzen

Ich weiß nicht, das klingt mir doch ziemlich schwach. Ich möchte nicht, daß meine Kinder auf mir herumtrampeln.

Es gibt eine andere Form von Erziehung, eine, die Ihre Kinder bestimmt davon abhält, auf Ihnen «herumzutrampeln», und die dennoch ohne die Androhung von unangenehmen Folgen auskommt. Sie ist der Eckstein der Erziehungsmethode, die ich in diesem Buch vorstelle.

Der kleine Jimmy Barker spitzt seine Buntstifte so lange an, bis von ihnen nichts mehr übrigbleibt.

«Nein, hör auf damit. Das ist Verschwendung», sagt sein Vater John.

Aber Klein Jimmy findet es toll, die Buntstifte anzuspitzen. Er hört nicht auf seinen Vater.

John steht auf, geht zu seinem Sohn und nimmt ihm den Anspitzer weg.

«Für heute hast du genug angespitzt», sagt er und legt den Anspitzer auf ein Regal, so daß Jimmy nicht daran herankommen kann.

«Nein, bitte, ich verspreche es. Bitte, ich hör auf damit. Bitte, ich verspreche es. Gib ihn mir wieder.»

Aber John sagt nichts und geht zu dem großen Tisch zurück und fängt wieder an, seine Gewehre zu ölen.

«Das ist nicht fair. Du bist niemals fair. Du bist doof.»

Jimmy weint und schimpft, John lächelt still und arbeitet weiter.

Noch eine Geschichte:

An einem anderen Tag reiten John und Jimmy in die Stadt. Als ein Extra für Jimmy halten sie bei Ol' Pete's General Store und kaufen vier kleine Holzsoldaten für ihn. Aber als sie nach Hause zurückkommen, bemerkt Jimmy, daß er sein kleines Holzgewehr dort hat liegenlassen. Er bekommt einen Anfall.

«Wir müssen zu dem Laden zurück. Wir müssen sofort zu dem Laden zurück. Ich brauche mein Holzgewehr», weint er.

Der Ritt in die Stadt dauert ungefähr 40 Minuten, und John muß am nächsten Tag ohnehin noch einmal dorthin. Und jetzt hat er noch viele Gewehre zu ölen.

«Nein, tut mir leid, Klein Jimmy. Heute reiten wir nicht noch einmal zurück. Ich bringe es dir morgen wieder.»

«Aber ich brauche es heute», heult Jimmy. «Du mußt zurück.»

Aber John schüttelt nur traurig seinen Kopf.

«Nein, kleiner Freund.»

«Du mußt aber, du mußt!»

Und Jimmy fängt an, aus vollem Halse zu schreien. Er kickt alles, was ihm im Weg ist, mit den Füßen weg. Aber John ölt weiter seine Gewehre und läßt ab und zu seinen Blick über die Weite der Prärie schweifen.

Man muß als Elternteil schon ziemlich zäh sein, um sagen zu können: «Ich bin der Boß, ich habe die Verantwortung. Ich entscheide, was passiert, und du hast *keine* Möglichkeit, das zu ändern. Ich liebe dich, aber deine Macht ist begrenzt. Ich bin dein Vater bzw. deine Mutter, und du bist das Kind.»

Ich glaube, daß viele Eltern sich bei der Vorstellung nicht wohl fühlen, daß die Grundlage ihrer Autorität darin besteht, daß sie der Boß sind. Aber da machen sie einen Fehler. Eltern tragen die Verantwortung nicht deshalb, weil sie klüger sind, und auch nicht, weil alle ihre Entscheidungen richtig sind, sondern nur deshalb, weil sie die Eltern sind. Ich kann meine Kinder Entscheidungen treffen lassen, z. B. wann sie heute abend ins Bett gehen wollen. Aber ich bleibe immer noch derjenige, der sie die Entscheidung treffen läßt.

Ich bin der Kapitän dieses Schiffes. Manchmal ein gutmütiger, manchmal ein strenger. Aber immer trage ich die Verantwortung.

Es gibt keinen Grund, die Tatsache zu verwischen, daß ich ein Elternteil und für meine Kinder verantwortlich bin, bis sie erwachsen sind. Und genau dies erwarten Kinder. Kinder akzeptieren unser Recht, sie anzuleiten, nicht deshalb, weil sie davon überzeugt sind, daß wir so viel mehr wissen als sie, sondern weil sie uns lieben – selbst wenn sie nicht immer dieselbe Meinung haben wie wir – und weil sie die Sicherheit brauchen, daß es einen größeren, stärkeren Menschen in ihrem Leben gibt. Kinder brauchen das Gefühl, daß ihre Eltern – und nicht sie selbst – der Boß sind. Und auch Eltern brauchen dieses Gefühl.

Wie es gemacht wird

Okay, ich bin der Boß, und ich treffe die Entscheidungen. Aber wie stelle ich das an?

Es gibt zwei grundlegende Regeln.

Die erste lautet: Wenn Sie eine elterliche Entscheidung treffen und etwas unternehmen, was mit den Wünschen Ihres Kindes kollidiert, tun Sie es *schnell.* Sagen Sie «ja» oder «nein», aber ziehen Sie die Entscheidung nicht in die Länge. Wenn Sie es zulassen, daß sich die Sache hinzieht, dann kommt das Baby-Selbst ins Spiel. Probleme entstehen dann, wenn es dem Baby-Selbst gelingt, die Angelegenheit in die Länge zu ziehen – durch Wutanfälle, Betteln, übertriebene Niedergeschlagenheit oder endloses Argumentieren. Und dieser Dauerangriff bleibt nicht ohne Folgen. Die Folgen sind ein Desaster.

«Kann ich heute abend länger aufbleiben und noch eine andere Sendung ansehen?»

«Nein, ich glaube nicht, Tom. Nicht heute abend.»

«Bitte. Nur dieses eine Mal. Die Sendung ist wirklich toll.»

«Nein, tut mir leid, Tom.»

«Ich versprech dir auch, daß ich dann ganz lange nicht mehr fragen werde.»

«Nein, tut mir leid. Du brauchst deinen Schlaf.»

«Nein, brauche ich nicht. Ich werde nicht müde.»

«Das hast du schon einmal gesagt, aber ich weiß, wie müde du werden kannst.»

«Aber diesmal nicht. Das ist wirklich eine besondere Sendung. Du erlaubst mir nie eine Ausnahme.»

«Das stimmt nicht, Tom.»

«Doch, das stimmt. Wann hast du das letzte Mal eine Ausnahme gemacht?»

«Ich weiß es nicht, Tom. Aber wir machen manchmal eine Ausnahme.»

«Sag mir ein einziges Mal!»

«Du meine Güte, Tom. Kannst du niemals nachgeben? Mach, was du willst. Sieh dir die Sendung an. Und sei von mir aus morgen müde.»

Das war viel zu lange. So wäre es besser gewesen:

«Kann ich heute abend aufbleiben und noch eine andere Sendung angucken?»

«Nein, ich glaube nicht, Tom. Heute abend nicht.»

«Bitte. Nur dieses eine Mal. Das ist wirklich eine tolle Sendung.»

«Nein, heute nicht.»

«Bitte, bitte. Das ist wirklich eine besondere Sendung. Du erlaubst mir nie eine Ausnahme.»

An diesem Punkt hätte Toms Vater sich aus der Diskussion zurückziehen müssen. Oder er hätte ihm erlauben müssen aufzubleiben.

«Darf ich heute abend länger aufbleiben und noch eine Sendung angucken?»

«Okay, von mir aus.»

Erlauben Sie ihm aufzubleiben. Oder erlauben Sie es ihm nicht. Das ist nicht so wichtig. Wichtig ist, daß Sie die Entscheidung treffen und daß Sie sie schnell treffen.

Aber was ist, wenn Eltern sich nicht schnell entscheiden können?

Dann entscheiden Sie schnell, daß Sie die Entscheidung verschieben.

«Mami, darf ich einen Hamster haben?»

«Ich weiß nicht, Liebling. Ich muß darüber nachdenken.»

«Bitte, bitte, ich möchte so gern einen haben. Ich werde auch gut für ihn sorgen. Und ich verspreche dir, daß ich ihn nicht sterben lassen werde wie den letzten.»

«Mike, ich habe gesagt, daß ich darüber nachdenken werde.»

«Bitte, Mami, bitte, bitte. Darf ich? Darf ich?»

«Ich habe gesagt, daß ich darüber nachdenken werde.»

Das ist eine gute Antwort. Sie ist fest. Mikes Mutter hat eine Entscheidung getroffen – sie hat sich dazu entschieden, die Entscheidung zu verschieben. Lassen Sie sich von Ihren Kindern nicht wegen einer Entscheidung plagen, die Sie noch nicht treffen wollen. Wenn Sie so wie in dem Beispiel handeln, können Sie den Entscheidungsprozeß schnell beenden und das erreichen, was Sie wollen.

Wenn Sie sich dann wirklich entscheiden, können Sie auf die Frage zurückkommen. Aber in der Zwischenzeit brauchen Sie sich damit nicht mehr zu befassen.

Was Sie auch tun, handeln Sie schnell.

Die zweite und vielleicht schwierigere Regel lautet: Wenn Sie eine Entscheidung getroffen haben, müssen Sie auch dabei bleiben.

Im Supermarkt möchte Justus Kaugummi haben.

«Nein, Justus, kein Kaugummi.»

«Bitte, bitte, nur dieses Mal.»

«Nein, tut mir leid, Justus.»

«Bitte, bitte, bitte. Nur dieses eine Mal. Bitte, bitte.»

Und Justus, der übermüdet ist und offensichtlich Schlaf und kein Kaugummi braucht, fängt an, zu weinen und zu schimpfen. Schließlich hat er sich in einen richtigen Wutanfall hineingesteigert. Seine Mutter weiß, daß das lange dauern kann.

«Ich will ein Kaugummi, ein Kaugummi», heult Justus und wirft sich in seiner Verzweiflung auf den Boden.

Nachdem sie sich einmal dazu entschlossen hat, nein zu sagen, muß seine Mutter bei der Entscheidung bleiben. Dies sind die Auseinandersetzungen, die zählen, und die Eltern müssen sie gewinnen. Sie gewinnen sie, wenn sie bei ihrer Entscheidung bleiben. Die Fähigkeit von Justus' Mutter, seinen Wutanfall auszuhalten – egal, wie lange er dauert –, vermittelt Justus: «Du kannst dich schlecht benehmen, aber dein Verhalten bringt dir nichts ein.» Und das ist das Wichtige: Das Verhalten der Kinder ändert nichts an der Entscheidung.

Wenn Sie keine Lust auf eine Auseinandersetzung haben

Wenn Sie sich einmal durchsetzen, braucht das Baby-Selbst die Auseinandersetzung nicht mehr für sich zu entscheiden. Es ist nicht mehr darauf angewiesen, Sie mürbe zu machen. Richtige Kämpfe mit dem Baby-Selbst können einen sehr zermürben. Deshalb sollten Sie sich nicht darauf einlassen, wenn Sie sich nicht dazu in der Lage fühlen.

Die Mutter des vierjährigen André war müde und hatte keine Energie mehr, um sich auf eine Auseinandersetzung mit ihrem Sohn einzulassen. Sie hatte einen ungewöhnlich langen und harten Tag hinter sich. Kurz vor dem Abendessen kam André an:

«Ich möchte einen Keks.»

Normalerweise hätte Andrés Mutter nein gesagt. Wenn er vor dem Abendessen naschte, hatte er danach keinen Hunger mehr. Aber diesmal seufzte sie nur. Sie kannte André, und sie wußte, daß er – wenn er in diesem Ton fragte – einen Wutanfall bekommen würde, wenn sie ihm den Keks verweigerte. Aber sie hatte keine Lust darauf. Sie hatte einfach keine Geduld und keine Energie, um sich darauf einzulassen.

«Okay», sagte sie mit gespielter Munterkeit und gab ihm einen Keks.

Hat Andrés Mutter einen Fehler gemacht? Hat sie nicht zugelassen, daß er sie mit der Androhung eines Wutanfalls schikanierte? Hat sie damit nicht Andrés Baby-Selbst direkt in die Hände gespielt? Hat sie nicht eine ihrer wichtigsten Regeln gebrochen?

Wenn sich Andrés Mutter durchgesetzt hätte, hätte sie wahrscheinlich nicht mehr die Geduld und Kraft gehabt, sich seinem Geschrei und seinen Wutausbrüchen zu widersetzen. Schließlich hätte sie ihm den Keks wahrscheinlich doch gegeben. Der Wutanfall hätte seine Wirkung erreicht.

Oder, schlimmer noch: Sie wäre vielleicht explodiert.

«Es reicht mir jetzt mit deinen Wutanfällen. Wann wirst du endlich lernen, daß ‹nein› ‹nein› heißt. Ich habe wirklich die Nase voll von dir, André.»

Das Baby-Selbst leckt sich die Lippen, und es wird ganz sicher in nicht allzu ferner Zukunft wiederkommen, um mehr davon zu erhalten. Es hat viel Zeit gewonnen und genau die so besonders leidenschaftliche Fütterung bekommen, die es so liebt.

Zeigen Sie nur dann eine feste Haltung, wenn Sie sie auch durchhalten können. Sie müssen manchmal standhaft bleiben, aber wählen Sie einen Zeitpunkt aus, an dem Sie in der Lage sind, eine Auseinandersetzung durchzustehen. Und machen Sie es natürlich nur dann, wenn der Rahmen geeignet ist. Wenn André und seine Mutter bei einer älteren Dame zu Besuch sind und Andrés Mutter nun wirklich nicht möchte, daß er einen Wutanfall bekommt, wird sie ihm den Keks geben.

Oder vor einer dreistündigen Autofahrt, wenn sie keine Möglichkeit hat, einen Abstand zwischen sich und dem wütenden André herzustellen. Wir können schließlich nicht sagen:

«Das reicht, André. Steig aus.»

«Du willst mich hier auf der Autobahn lassen?»

Geben Sie ihm lieber den Keks.

Oder wenn Andrés Mutter in großer Eile ist und einer von Andrés Wutanfällen nun wirklich das letzte ist, was ihr noch gefehlt hat. Die mangelnde Zeit gibt André große Macht. Geben Sie ihm den Keks.

Aber nicht nur Zeitpunkt und Rahmen sind wichtig.

Manchmal ist uns das Verhalten der Kinder einfach nicht wichtig genug, um eine feste Haltung einzunehmen.

«Elena, hör auf, an der Gardine zu ziehen!»

Elena tut so, als ob sie nichts gehört hätte, und zieht weiterhin an der Gardine.

Elenas Mutter liest ihr Buch weiter, ohne noch etwas zu ihrer Tochter zu sagen.

Manchmal haben wir keine Lust, aufzustehen und zu unseren Kindern zu gehen, um sie davon abzuhalten, an der Gardine zu ziehen. Wir haben das Gefühl, daß sich der Aufwand nicht lohnt. *Sie kann sie nicht herunterreißen. Sie kann sich nicht verletzen. Und ich habe keine Lust aufzustehen.* Manchmal befolgen wir selbst nicht das, was wir sagen. Und das ist auch in Ordnung so, wenn es uns wirklich egal ist, ob Elena an der Gardine zieht oder nicht. Manchmal kümmern wir uns zwar darum, aber nicht ausreichend. Dann sollten wir uns entschließen, keine feste Haltung einzunehmen. Denn es gibt schließlich wichtigere Dinge, um die wir uns mehr kümmern – z. B. wenn Elena anfängt, an einem elektrischen Kabel zu ziehen.

Eltern müssen sich entscheiden, wann sie eine feste Haltung einnehmen und sie durchsetzen wollen, wann sie die Geduld und Energie dazu haben, wann es die Umstände erlauben und wann es ihnen wirklich wichtig ist.

Sie dürfen Ihre Meinung ändern

Eltern sollten eine Entscheidung treffen und ihre Meinung nicht wieder ändern. Aber diese Regeln sind flexibler, als sie auf den ersten Blick scheinen. Sie dürfen sich z. B. umentscheiden. Doch jede Änderung sollte früh stattfinden, und auch sie muß schnell erfolgen. Ein paar Beispiele:

Eltern dürfen ihre Meinung aus einer Laune heraus ändern.

«Darf ich noch einen Keks haben?»

«Nein, Gesine, zwei sind genug.»

«Bitte!»

«Du weißt, daß ich heute gute Laune habe. Ich kann heute wahrscheinlich nicht nein sagen. Also okay, nimm dir noch einen.»

«Du kannst heute überhaupt nicht nein sagen?»

«Nein, ich glaube nicht.»

«Kriege ich ein Pony?»

Ich wiederhole noch einmal, was ich zuvor schon über das Zuhören gesagt habe. Eltern dürfen ihre Meinung auch ändern, wenn das Gegenargument ihres Kindes sinnvoll ist.

«Darf ich noch einen Keks haben?»

«Nein, Gesine, zwei sind genug.»

«Aber du hast gesagt, daß wir heute erst spät zu Abend essen. Und ich bin wirklich hungrig.»

«Okay, Gesine. Nimm dir noch einen.»

Aber ich erinnere Sie auch noch einmal an das Risiko, das Sie als Eltern eingehen, wenn Sie sich noch nach dem ersten Austausch von Argumenten auf eine weitere Diskussion einlassen.

Eltern dürfen ihre Meinung auch dann ändern, wenn sie merken, daß etwas für ihre Kinder eine besondere Bedeutung hat. Dann können sie eine Ausnahme machen, denn es ist etwas, was sich das Kind sehr wünscht.

«Na gut, heute abend darfst du eine halbe Stunde länger aufbleiben. Ich weiß, daß dir die Sendung sehr wichtig ist.»

Ausnahmen wie diese sind besonders gut, denn sie enthalten eine schöne Botschaft: «Ich weiß, was dir wichtig ist, und ich kümmere mich darum. Was dich glücklich macht, hat auch für mich eine so hohe Priorität, daß ich schon mal eine Ausnahme machen kann.» Ihre Bereitschaft, Ihre Meinung zu ändern, sagt dem Kind auch, daß Ihnen wichtig ist, wie sich das Kind fühlt, und daß das, was es sagt, Sie nicht unberührt läßt. Aber nur bis zu einem gewissen Punkt.

Wenn die letzte Entscheidung einmal getroffen ist, dann sollten die Eltern dabei bleiben und sich auf keine weiteren Debatten mit dem Kind mehr einlassen.

Konsequenz

Wie bitte? Wie können Sie konsequent sein, wenn Sie Ihre Meinung ändern? Sollten Eltern nicht konsequent sein? Widerspricht das nicht Ihren Erziehungsregeln?

Nein. Eltern müssen nicht immer konsequent sein, sie müssen nur insofern konsequent sein, als sie diejenigen sind, die die Entscheidungen treffen. Aber sie dürfen von Mal zu Mal anders entscheiden oder z. B. auch von Person zu Person.

Kinder begreifen sehr früh, daß Regeln von Situation zu Situation unterschiedlich sein können. Die jeweiligen Regeln ihrer Eltern unterscheiden sich voneinander, und sie unterscheiden sich von denen anderer Menschen und denen an anderen Orten.

> *«Wenn Mama guter Laune ist, kann ich sie fragen, ob sie mir etwas kauft. Aber wenn sie schlechte Laune hat – vergiß es!»*
>
> *«Es macht Mama krank, wenn ich mit den Klöppeln von meiner Trommel auf die Möbel haue. Papa stört das nicht.»*
>
> *«Bei Oma Levin dürfen wir nicht soviel Krach machen. Sonst gibt es Ärger. Aber bei Oma und Opa Meier können wir so laut sein, wie wir wollen.»*

Kinder sind nicht dumm. Wir können ihnen viele Anweisungen dafür geben, wie sie sich zu verhalten haben. Was sie jedoch lernen, sind die wirklichen Regeln.

«Ich möchte nicht, daß du deine Schwester ärgerst.»

Aber die Wirklichkeit sieht so aus: «Wenn ich Karen ärgere, sagt Mama zwar, daß ich aufhören soll, aber solange Karen und ich nicht anfangen, uns anzuschreien, macht sie nichts. Aber dann wird sie wirklich böse und macht was.»

Die wirkliche Regel lautet also: «Du darfst deine Schwester Karen ärgern, solange es nicht zu schlimm wird.» Das ist die Regel der meisten Eltern, und es ist eine gute Regel für das Verhalten unter Geschwistern.

Kinder lernen die Realität unserer Regeln durch Ausprobieren. Die Realität kommt dann, wenn Sie einschreiten. Was kann Papa nicht leiden. Was kann Papa überhaupt nicht leiden. Was bringt Papa dazu, aufzustehen und was zu machen und nicht nur sitzen zu bleiben und zu schimpfen. Die Kinder lernen zu differenzieren. Die Grenzen bei Mama. Die Grenzen bei Papa. Die Grenzen zu Hause. Die Grenzen im Restaurant. Die Grenzen in der Schule. Die Grenzen bei den Freunden. Die Grenzen bei Karoline, der Babysitterin. Wieder andere Grenzen bei Maria, der anderen Babysitterin. Das entspricht natürlich der realen Welt, in der bei den verschiedenen Menschen und Orten auch unterschiedliche Grenzen und Regeln herrschen.

In der Erziehung ist es nicht so wichtig, daß die Entscheidungen immer gleich sind. Wichtiger ist, daß die Eltern immer diejenigen sind, die die Entscheidungen treffen und sie nicht dem Kind überlassen.

Aber was passiert, wenn ich mich irre?

Aber was ist, wenn ich all diese Entscheidungen treffe und sie auch schnell treffe und ich mich aber geirrt habe? Ich möchte keine Entscheidungen fällen, die meinem Kind einen Schaden zufügen können.

Wichtig an den täglichen Entscheidungen bei der Kindererziehung ist, daß wir nicht immer das Richtige tun müssen. Wir dürfen auch Fehler machen. Wichtig ist, daß Sie das Gefühl haben, daß Sie der richtige Mensch sind, um die Entscheidungen zu treffen. Das bedeutet, daß Sie sich auch manchmal irren dürfen. Die Grundlage der elterlichen Kontrolle liegt nicht in unserer Unfehlbarkeit, sondern in der Tatsache, daß wir die Eltern sind. Was sollen wir z. B. tun, wenn wir ein Kind haben, daß klüger ist als wir? Sollten wir ihm die Entscheidungen überlassen?

«Aber Papa, in einem Artikel in der letzten Ausgabe von Medizin heute *steht, daß Kinder, die vor dem Essen große Mengen an Süßigkeiten verlangen, an Hypoglykämie* (zu geringer Zuckergehalt des Blutes) *leiden können. Wie kannst du wissen, daß ich nicht an Hypoglykämie leide? Bis zum Abendessen können wir keinen Test mehr machen.»*
«Ausgezeichnet, Mark. Das ist wirklich ein gutes Argument. Hier ist die Tüte mit den Keksen.»
«Danke, Papa. Du bist wirklich ein guter Vater.»

Als Eltern tragen wir die Verantwortung für das Leben unserer Kinder, und das bedeutet, daß wir Tausende von Entscheidungen treffen müssen – tagein, tagaus. Wir können einfach nicht alles berücksichtigen, jedem zuhören und von uns selbst erwarten, daß wir immer alles wissen, immer gerecht und klug handeln und keine Fehler machen. Das ist unmöglich.

Und für das Wohlbefinden unserer Kinder kommt es nicht so sehr darauf an, daß unsere Entscheidungen immer weise getroffen sind – wir können schließlich nur das tun, was wir für das Beste halten –, sondern es kommt darauf an, daß wir uns in unserer Rolle als Eltern und Boß wohl und kompetent fühlen.

Wie Sie Ihre Entscheidungen durchsetzen

Frühe Kontrollen

«Jan, steig ins Auto.»
Jan lacht und rennt in die andere Richtung. Wenn wir ihn ins Auto bekommen wollen, müssen wir hinter ihm herrennen, ihn packen und ins Auto stecken.

Wenn die Kinder klein sind, müssen Sie das, was Sie wollen, auch durchsetzen. Wenn Sie wirklich wollen, daß etwas geschieht, dann müssen Sie dafür sorgen, daß es geschieht. Wenn Sie verhindern wollen, daß etwas geschieht, müssen Sie dafür sorgen, daß es nicht geschehen kann. Ein Kleinkind greift nach dem heißen Herd, und sein Vater zieht seine Hand weg; der Plastikhammer, der dazu benutzt wird, den kleinen Bruder zu schlagen, wird weggenommen; ein Kind, das zu nah an die Straße geht, wird zurückgezogen. Nicht Worte, sondern Taten sind die Grundlage der frühen Kontrolle. Sie sind die Grundlage aller Kontrollen.

Am meisten achten wir darauf, daß wir alles verhindern, was unseren oder anderen Kindern ernsthaften Schaden zufügen könnte. Medikamente und zerbrechliche Gegenstände werden außer Reichweite gestellt. In der Nähe der Straße werden kleine Kinder nicht allein oder zusammen mit ihrer gerade geborenen Schwester gelassen, die sie zwar innigst lieben, aber bei der sie vielleicht trotzdem untersuchen wollen, wie weich der weiche Punkt an ihrem Schädel tatsächlich ist.

In der frühen Kindheit gibt es zwei grundlegende Kontrollen: Sie können etwas verhindern, bevor es geschieht, und Sie können etwas verhindern, indem Sie physisch eingreifen. Dies ist alles, was Sie brauchen und worauf Sie sich verlassen können. Der häufigste Fehler in der Erziehung kleiner Kinder besteht darin, daß die Eltern versuchen, ihr Kind mit Worten zu kontrollieren. Das funktioniert einfach nicht. Wenn den Eltern das, was gerade geschieht, nicht gefällt und das Kind nicht *sofort* reagiert, sollten die Eltern – ebenfalls sofort – intervenieren.

Wenn Sie möchten, daß Ihre kleinen Kinder das, was Sie gesagt haben, befolgen, dann sollten Sie sich darauf einstellen zu handeln. Sie müssen früh und schnell handeln. Und – wie schon gesagt: Wenn Sie sich nicht so sicher sind, daß Ihnen etwas so viel ausmacht, daß Sie auch aufstehen und etwas dagegen tun – «Darius, hör auf, Daniel zu kitzeln» –, dann müssen Sie damit rechnen, daß Ihre Worte eventuell nicht befolgt werden.

Aber wenn Ihnen etwas wichtig ist, dann müssen Sie handeln. Und zwar schnell. Wie finden Sie heraus, ob Ihnen etwas wirklich so wichtig ist, daß Sie handeln müssen? Wenn Sie gereizt werden, dann ist der Zeitpunkt gekommen, an dem Sie handeln müssen.

Die folgende Regel ist sehr erprobt: Wenn das Kind etwas tut, was Sie wirklich nicht wollen, sagen Sie es *einmal*. Nicht öfter. Wenn es dann nicht sofort aufhört, sorgen Sie dafür, daß es aufhört. Ziehen Sie es von der Lampe weg. Nehmen Sie ihm die Schere weg. Und tun Sie es schnell.

Wenn Eltern klagen: «Warum muß ich alles drei- oder viermal sagen, bis du endlich hörst?», dann ist das ihr Fehler. Sie hätten nach dem ersten Mal handeln müssen. Oder bemerken müssen, daß ihnen die Angelegenheit nicht so wichtig ist.

Das Gute an dieser Strategie – und der wichtigste Trick bei der Erziehung kleiner Kinder – ist, daß sie den Eltern viel Hin und Her erspart. Und daß sie Ergebnisse zeitigt. Die Kinder lernen: «Wenn meine Mama etwas will, dann handelt sie auch – und zwar schnell.» Und fast immer reagieren sie auch darauf.

«Jan, bleib von meiner Schreibtischschublade weg.»

«Okay, okay.»

Jan geht vom Schreibtisch weg und sieht, daß seine Mutter schon in Bereitschaft ist, vom Stuhl aufzustehen, herüberzukommen und ihn davon wegzuziehen.

Das Problem dieser Strategie besteht darin, daß sie ständigen physischen Einsatz erfordert. Es gibt keinen Ersatz dafür. Aber wenn Eltern lernen, was ihnen so wichtig ist, daß sie bereit sind zu handeln, dann werden sie schnell herausfinden, daß sie am Ende wesentlich seltener handeln müssen.

«Aber was soll ich tun, wenn sie einfach weitermachen, auch nachdem ich gehandelt habe? Was ist, wenn sie einfach weiterhin ungezogen sind?

Bei einer physischen Intervention ist wichtig, daß Eltern und Kind getrennt werden. Bringen Sie das Kind irgendwohin. Diese Trennung ist keine Strafe. Sobald sich das Kind wieder kontrollieren kann, kann es zurückkommen. Und wenn es sich benehmen kann, ist es willkommen.

«Hallo. Kann ich wieder zu euch kommen?»
«Natürlich.»

Wenn sie sich dann immer noch nicht benehmen, werden sie wieder entfernt. Aber auch dann sind sie noch willkommen, wenn sie zurückkommen. Nur wenn sie einfach nicht aufhören können oder offensichtlich außer Kontrolle geraten sind, müssen sie längere Zeit verbannt werden.

«Nein, Matthias. Ich finde, du solltest jetzt eine Zeitlang in deinem Zimmer bleiben.»
«Nein, nein!»

Der hysterische Matthias wird wieder in sein Zimmer getragen. Aber diesmal muß er dort eine Weile bleiben, nicht als Strafe, sondern um die Behauptung zu belegen: Solange du dich so benimmst, kommst du nicht in meine Nähe. Kinder verstehen diesen Unterschied sehr schnell. Sie dürfen zurückkommen, wenn sie sich wieder kontrollieren können. Und wenn sie diesen Unterschied gelernt haben, dann fangen sie eine Auseinandersetzung nur dann an, wenn sie wirklich außer sich sind.

Aber wenn sie sich weigern, sich zu trennen? Was soll man machen, wenn sie einfach wiederkommen?

Diese letzte Handhabe – Trennung – ist so wichtig für eine wirkungsvolle Kontrolle des Kindes, daß Sie dabeibleiben müssen. Auch wenn es zu einem langen, ermüdenden Prozeß wird, müssen Sie die Zeit und Kraft dafür aufbringen. Es lohnt sich am Ende.

Mein Sohn Nick entdeckte eines Abends, als er noch nicht ganz zwei Jahre alt war, wie er aus seinem Bettchen herausklettern konnte. Er war so aufgeregt über seine Entdeckung, daß er – statt in seinem Bettchen liegenzubleiben und zu schlafen, was er normalerweise tat – immer wieder herauskletterte und herüberkam, um mich und meine Frau Mary Alice zu sehen.

«Nein, Nick, du mußt im Bett bleiben.» Und einer von uns stand jedesmal auf, nahm ihn und trug ihn zurück zu seinem Bett. Er kletterte immer wieder heraus, und wir brachten ihn immer wieder zurück.

«Nein, Nick, es ist Schlafenszeit.»

Schließlich gab er auf. Ich glaube, er fing an, sich bei seinem neuen Können zu langweilen, oder wurde einfach müde. Aber bevor er aufhörte, war er fünfzehn- oder zwanzigmal aus dem Bett geklettert. Am folgenden Abend wiederholte sich das. Vielleicht nicht ganz so oft, aber immer noch ziemlich oft. Eine Woche lang waren wir damit beschäftigt, Nick, der aus seinem Bettchen geklettert war, wieder zurückzutragen. Aber wir hatten keine andere Wahl. Eltern eines kleinen Kindes zu sein erfordert ständigen physischen Einsatz, für den es keinen Ersatz gibt.

Schimpfen, drohen, betteln oder auch bei ihm zu sitzen, bis er eingeschlafen wäre, hätte zu einem Desaster geführt. Diese Taktiken hätten ihm beigebracht: «Wenn ich aus meinem Bett klettere, kümmern sich Mama und Papa mehr um mich.» Wer weiß, wie viele Abende oder sogar Jahre das noch so weitergegangen wäre.

«Ich hab Durst.»

«Ich kann nicht schlafen.»

«Mein Zahn tut weh.»

Was sich Eltern wünschen – was ihnen mißfällt

Wenn die Kinder größer werden, wird die physische Intervention als wichtigste Form der Kontrolle langsam unwichtiger, bis sie schließlich überhaupt keine Rolle mehr spielt.

«Armin», – er ist fünfzehn Jahre alt und 1,85 Meter groß und wiegt 84 Kilo – «steig ins Auto», sagt seine Mutter, die 1,58 groß ist und 58 Kilo wiegt. «Nein? Dann muß ich dich eben ins Auto stekken.»

So funktioniert es normalerweise nicht.

Die physische Intervention wird durch eine Reihe anderer Kontrollen des Kindes ersetzt, die alle eins gemeinsam haben: Die Wünsche, die Anerkennung und das Mißfallen der Eltern sind die Grundlage dieser Kontrolle. Es sind nicht immer ganz zuverlässige Kontrollen, aber sie sind mächtig und ausreichend.

Der dreijährige Lukas, der seiner Mutter mit Absicht nicht gehorchen will, spritzt das Wasser aus der Badewanne auf den Fußboden des Badezimmers.

Lukas' Mutter findet das nicht komisch. Sie wird ärgerlich.

«Hör auf, Lukas. Das reicht jetzt. Du kannst in der Badewanne planschen, aber hör auf, das Wasser auf den Fußboden zu spritzen.»

Lukas spritzt kein Wasser mehr aus der Badewanne. Und er macht das auch beim nächsten Baden. Als er fertig ist, sagt er zu seiner Mutter: «War ich nicht gut? Ich habe kein Wasser auf den Fußboden gespritzt.»

Die achtjährige Miriam sitzt auf dem Boden neben ihrem Vater und spielt mit ihren Lego-Steinen. Als sie keine Lust mehr dazu hat, fängt sie an, etwas anderes zu machen.

«Miriam, wenn du mit deinen Lego-Steinen fertig bist, warum räumst du sie dann nicht weg?»

«Ich bin zu müde.»

«Miriam, ich möchte gern, daß du deine Lego-Steine wegräumst.»

«Ich bin zu müde.»

Und Miriam läßt sich auf den Boden fallen, um zu demonstrieren, wie müde sie ist.

«Miriam, räum bitte deine Lego-Steine weg.»

«Ich bin zu müde.»

Diesmal spricht Miriam mit einer besonders müden und weinerlichen Stimme, und gleichzeitig rollt sie sich noch mehr zusammen, so als ob sie noch deutlicher demonstrieren wolle, daß es sich im Moment um einen Fall totaler Erschöpfung handelt.

Ihr Vater sagt nichts.

«Ich bin zu müde.»

«Wirklich, ich bin müde», sagt Miriam, diesmal ziemlich mißmutig, und robbt sich langsam zu ihren Lego-Steinen, die sie dann freundlicherweise wegräumt.

«Danke, Miriam», sagt ihr Vater.

Natürlich geht nicht immer alles so glatt wie in diesen beiden

Situationen. Manchmal geht überhaupt nichts. Aber diese Geschichten sind auch keine reine Phantasie. Wenn die Eltern nicht mehr tun als in den beiden eben geschilderten Situationen, reagieren auch viele Kinder so.

Stellen Sie eine Forderung, wiederholen Sie sie, und sagen Sie dann nichts mehr.

Lassen Sie uns das Beispiel von Miriam noch etwas genauer anschauen. Sie hatte keine Lust, ihre Lego-Steine wegzuräumen, aber ihr Vater hatte ihr gesagt, daß er das gern wolle. Sie empfand den Druck von ihrem Vater, sie wegzuräumen, obwohl sie immer noch keine Lust dazu hatte. Sein Wunsch, seine unerfreuliche Einmischung, saß in ihrem Kopf fest und störte ihren erfreulichen Nachmittag. Sie wäre ganz zufrieden damit gewesen, wenn sie hätte weggehen, mit etwas anderem spielen und die verstreut liegenden Lego-Steine dabei vollkommen ignorieren können.

«Ich bin müde», sagte sie und griff damit nach dem ersten, was ihr in den Kopf kam und ein mögliches Mittel zu sein schien – nicht daß sie wirklich dachte, es könnte funktionieren –, die Bitte ihres Vaters nicht zu befolgen.

Aber der Druck ging einfach nicht weg. Wenn sie in einer besonders widerborstigen oder faulen Laune gewesen wäre, dann hätte sie vielleicht weitergemacht und sich vollkommen geweigert, die Lego-Steine wegzuräumen. Aber diesmal kapitulierte sie und räumte sie fort. Sie entschied sich für die unerfreuliche Anstrengung (nicht daß es wirklich so schlimm gewesen wäre), die Lego-Steine tatsächlich aufzusammeln, statt dafür, das Unerfreuliche – die Bitte ihres Vaters nicht erfüllt zu haben – weiterhin in ihrem Kopf zu haben.

Das Ergebnis war, daß ihre unerfreulichen Gefühle sofort verschwanden, und vielleicht bekam sie bei dem Handel sogar noch etwas Anerkennung von ihrem Vater. Ein unveränderliches Ergebnis der Bindung, die Kinder zu ihren Eltern eingegangen sind, besteht darin, daß ihnen ihre Eltern wichtig sind und daß ihnen wichtig ist, was die Eltern von ihnen halten. Wenn die Eltern mit ihnen glücklich und zufrieden sind, sind auch sie glücklich und zufrieden, auch wenn sie das nicht sagen. Das ist Kindern in der Tat wichtig, auch wenn sie oft behaupten, daß das nicht so sei.

«Stephanie, ich hab dich gebeten, diesmal keine Unordnung im Wohnzimmer zu machen, aber du hast es doch getan. Ich bin sehr böse auf dich.»

«Ist mir doch egal.»

Es ist ihr jedoch nicht egal. Und das ist der springende Punkt. Sie kann nicht anders, es ist ihr wichtig. Es ist Kindern immer wichtig.

Kinder sagen oft: «Ist mir doch egal», aber nicht deshalb, weil es ihnen tatsächlich egal wäre, sondern als Ausdruck des Wunsches, das Schlechte in sich selbst zu vertreiben oder sich wieder mit den Eltern zu verstehen, auf die sie gerade böse sind, weil sie ihnen ein schlechtes Gefühl verursacht haben. Und dieses unerwünschte Gefühl läßt sich nur durch Zeit vertreiben – oder dadurch, daß die Eltern sagen, jetzt seien sie nicht mehr böse.

Daß Kindern so wichtig ist, was ihre Eltern von ihnen halten – und auch nicht anders können –, ist das wichtigste Werkzeug bei der Kontrolle, die Eltern über ihre Kinder ausüben. Der wichtigste Grund dafür, daß sich Kinder benehmen, ist, daß sie nicht das Risiko eingehen wollen, ihren Eltern zu mißfallen. Viele Eltern unterschätzen die wirkliche Macht, die ihre Wünsche über ihre Kinder haben. Oftmals geben sie dieser Macht keine richtige Chance. Dann lernen sie niemals diese ruhige Art von Macht kennen, sie erfahren sie nicht, und sie verstehen nicht, daß diese Macht ihr eigentlicher Verbündeter ist, wenn sie durchsetzen wollen, daß ihre Kinder das tun, was sie sagen.

Lassen Sie uns einmal annehmen, daß Miriams Vater anders gehandelt hätte, um Miriam dazu zu veranlassen, ihre Lego-Steine wegzuräumen.

«Miriam, warum räumst du deine Lego-Steine nicht weg, wenn du nicht mehr damit spielen willst?»

«Ich bin zu müde.»

«Miriam, ich möchte, daß du deine Lego-Steine wegräumst.»

«Ich bin zu müde.»

«Miriam, entweder du räumst sie jetzt weg, oder du darfst für den Rest des Tages nicht mehr fernsehen.»

Miriam hätte vielleicht ihre Lego-Steine weggeräumt, vielleicht auch nicht. Aber wenn ihr Vater wie im ersten Beispiel nicht gedroht und nichts weiter gesagt hätte, dann hätte sie das vielleicht auch getan. Bei dem zweiten Beispiel wird er nie erfahren, ob seine Forderung allein das gewünschte Ergebnis gezeitigt hätte.

Die meisten Eltern machen oft die Erfahrung, daß es nichts bewirkt, wenn sie nur etwas zu ihren Kindern sagen. Aber manchmal bewirkt es eben doch etwas, und zu sehen, daß nur ihr Wunsch, ihr Kind möge etwas Bestimmtes tun, schon eine große Macht hat, ist auch für Eltern eine wertvolle Lektion.

Schuldgefühle

Ricardas Mutter bittet ihre Tochter mehrmals, ihre Playmobil-Figuren, die vor dem Fernseher verstreut liegen, wegzuräumen. Da sie ausgehen wollen, möchte Ricardas Mutter, daß das jetzt geschieht. Sie möchte nicht warten. Nachdem ihre Tochter auch auf ihre letzte Bitte nicht reagiert, räumt sie sie selbst weg.

Dann wendet sie sich ihrer Tochter zu und sagt böse:

«Das gefällt mir nicht. Wenn ich dich um etwas bitte, erwarte ich, daß du es auch tust. Ich mußte deine Playmobil-Figuren wegbringen. Aber das war deine Angelegenheit, nicht meine. Und du hast das nicht getan.»

Dann dreht sie sich um und geht aus dem Zimmer. *Und nun? Ricarda ist wieder einmal davongekommen. Sie hat ihre Spielsachen nicht aufräumen müssen.*

Ricarda ist überhaupt nicht davongekommen. Was ihre Mutter gesagt hat, verursacht ihr – wegen der unvermeidlichen Liebesbindung – ein schlechtes Gefühl. Sie fühlt sich schuldig.

Und der Beweis dafür ist, daß nur wenige Ricardas auf der Welt nach diesem Rüffel nichts sagen werden.

«Ich wollte es gerade machen. Aber du hast mir ja keine Chance gegeben. Du gibst mir nie eine Chance.»

Die Worte ihrer Mutter haben sie sich schuldig fühlen lassen. Und dann ist sie mit diesem Schuldgefühl zurückgelassen worden. Wenn auch vermutlich nicht für lange Zeit. Und das nächste Mal wird sie ihre Spielsachen eventuell tatsächlich forträumen. Aber wenn sie es nicht tut, wird ein starkes Schuldgefühl sie so sehr unter Druck setzen, daß sie am Ende doch folgsam sein wird.

Ein System, das auf Strafen verzichtet, beruht zum großen Teil auf der Vermittlung von Schuld als einem möglichen Kontrollmittel. Den Kindern wird ein unangenehmes Gefühl vermittelt, weil sie etwas getan haben, was sie nicht tun sollten.

Aber ist das nicht schlecht, wenn man ihnen die ganze Zeit das Gefühl vermittelt, sie seien schuldig? Zieht man nicht auf diese Weise neurotische Kinder heran?

Es gibt viele Situationen, in denen Kinder sich schuldig fühlen *sollten.* Wie in dem obigen Beispiel. Oder wenn sie mit Absicht oder aus Unbedachtsamkeit etwas getan haben, was jemanden verletzt oder ihm geschadet hat und er daher böse auf sie ist. Dann sollten sie sich schuldig fühlen. Es ist z. B. auch in Ordnung, wenn sie sich schuldig fühlen, weil sie Sie immer geärgert haben, als sie Ihre Freundin besuchten, und Sie deshalb böse wurden. Oder wenn sie gebeten wurden, dabei zu helfen, den Weihnachtsbaum zu schmükken, und sich weigerten. Oder wenn ihnen gesagt wurde, daß sie nicht auf der Couch rangeln sollten, was sie dann aber trotzdem getan und dabei die Lampe umgeworfen haben, die jetzt kaputt ist.

In solchen Situationen *sollten* sich Kinder schuldig fühlen. Und wenn sie das tun, dann wird das Schuldgefühl in Zukunft dafür sorgen, daß sie es nicht wieder tun. Wenn sie sich schuldig fühlen, müssen sie lernen, mit diesem Gefühl zurechtzukommen. Es ist schließlich eines der unangenehmen Gefühle, die wir im Leben empfinden, und wir müssen lernen, damit umzugehen.

Das Ausmaß von Schuld, mit dem Kinder zurechtkommen können, ist jedoch begrenzt. Zu starke Schuld lehrt sie nichts Produktives, weil sie davon entweder blockiert oder einfach überwältigt werden.

«Guck, was du getan hast. Jetzt streiten Papa und ich uns deinetwegen.»

Das ist zu schrecklich: *«Bin ich dabei, die Scheidung meiner Eltern zu verursachen?»*

«Ich hab euch gesagt, daß ihr nicht auf der Couch rangeln sollt. Jetzt schaut euch an, was passiert ist.»

Diesmal war es nicht die Lampe, sondern die Nase von Bruder Klaus, die gegen den Tisch geschlagen und dabei gebrochen ist. Ganze Wellen von Blut kommen aus ihr heraus.

Das ist auch zu schrecklich. Das sollte man etwas abmildern.

«Ich hab euch gesagt, daß ihr nicht auf der Couch rangeln sollt, weil ich wußte, daß das passieren kann. Aber du hast Klaus' Nase sicher nicht mit Absicht gebrochen. Das war ein Unfall.»

Auf diese Weise bekommt er die Schuld an dem Rangeln auf der Couch, aber nicht für die Folgen. Schließlich hat er die Nase nicht mit Absicht gebrochen. Das Kind braucht sich nicht verantwortlich für die gebrochene Nase zu fühlen.

«Ich habe euch beide gebeten, ruhig zu spielen, aber ihr könnt ja einfach nicht hören. Jetzt habe ich Kopfschmerzen, und ich muß noch das Abendessen machen, die Wäsche waschen und aufräumen. Das fällt mir wirklich ziemlich schwer.»

Nein, so nicht. Das ist ebenfalls zuviel. Wenn sie für das Wohlergehen ihrer Eltern verantwortlich gemacht werden, wird von Kindern zuviel verlangt. Das ist die Aufgabe der Eltern.

Besser wäre:

Ich habe euch beide gebeten, ruhig zu spielen, aber ihr könnt ja einfach nicht hören. Jetzt habe ich Kopfschmerzen. Könnt ihr nicht einmal miteinander spielen, ohne euch zu streiten?»

Jetzt fühlen sich die Kinder vielleicht schuldig, aber die Mutter der zweiten Version übertreibt es nicht. *Sie* hat mit ihren Kopfschmerzen zu tun und ist außerdem ärgerlich, aber sie bürdet ihren Kindern nicht die volle Verantwortung für ihr Leid auf. Denn das wäre zuviel der Schuld.

Aber wenn Schuld angemessen eingesetzt wird, ist sie ein wirkungsvolles Mittel, um Kinder zu kontrollieren. Und auch ein sehr nützliches.

Böse werden

Jessicas Mutter bittet ihre Tochter, nicht in die Mehldose zu greifen. Aber als sie den Raum verläßt, macht Jessica das doch und verstreut das Mehl überall auf dem Fußboden. Als ihre Mutter zurückkommt, sieht sie, was geschehen ist, und fängt sofort an, mit ihrer Tochter zu schimpfen.

«Guck, was du gemacht hast. Ich hatte dich gebeten, nicht an das Mehl zu gehen. Kannst du nicht vernünftig sein? Was ist das Problem, Jessica? Ich hatte dich gebeten, nicht an das Mehl zu gehen. Jetzt guck dir das an. Guck es dir an.»

Und Jessica, ganz durcheinander, fängt an zu weinen.

Rudolfs Vater ist in der Küche beschäftigt. Rudolf hat Langeweile und nichts Besseres zu tun. Er zieht immer wieder an dem Hosenbein seines Vaters.

«Was ist, Rudolf?»

Rudolf sagt nichts, sondern zieht weiter an dem Hosenbein seines Vaters. Sein Vater fühlt sich gestört, greift nach seinem Sohn – gröber, als er eigentlich beabsichtigt hatte – und sagt böse: *«Rudolf, hör auf damit.»*

Rudolf fängt an zu weinen.

Ist es in Ordnung, wenn man böse auf Kinder wird? Können Kinder einen Schaden erleiden, wenn ihre Eltern böse werden? Sollten Eltern lieber nicht ärgerlich werden? Sollten sie z. B. lieber sagen:

«Jessica, ich hatte dich gebeten, nicht an das Mehl zu gehen. Du hast es doch getan, und jetzt ist es überall auf dem Fußboden verstreut. Ich muß es jetzt aufwischen.»

Oder:

Rudolf, ich weiß, daß du Langeweile hast. Laß uns mal darüber nachdenken, was du jetzt tun könntest.»

Ärger ist eine normale und gesunde Reaktion auf eine unerfreuliche Situation. Ob er nun gut oder schlecht ist, er gehört zum menschlichen Leben. Die Fähigkeit, Ärger dort, wo er angemessen ist, zu empfinden und auszudrücken, ist ein wichtiger Teil der geistigen Gesundheit. Aber um in der wirklichen Welt richtig handeln zu können, ist es ebenso wichtig, mit dem Ärger der *anderen* umgehen zu können.

Schadet es Kindern, wenn ihre Eltern ärgerlich werden? Ist der Ärger der Eltern für Kinder traumatisch? Verursacht er einen emotionalen Schmerz, und hinterläßt er Narben? Ja, wenn der Ärger zu groß ist oder zu lange anhält. Man schimpft nicht mit Babys oder behandelt sie mit Absicht grob. Und er schadet auch, wenn er zu physischer Gewalt wird. Dann hinterläßt jeder Ärger emotionale Wunden.

Aber können Kinder, die aus dem Kleinkindalter heraus sind, nicht mit normal – weder gewalttätig noch exzessiv – ärgerlichen Eltern umgehen? Ja. Schadet ihnen der Ärger? Das scheint nicht der Fall zu sein.

Ärgerliche Eltern und gewalttätige Eltern

Die sechsjährige Valerie hat Langeweile und fragt ihre Mutter, ob sie mit ihr Mensch-ärger-dich-nicht spielt. Ihre Mutter sagt nein, sie habe zu viel zu tun. Aber Valerie läßt und läßt nicht locker. Schließlich wird ihre Mutter ziemlich ungeduldig. Aber Valerie macht immer noch weiter:

«Aber warum nicht? Warum nicht?

«Valerie, ich habe nein gesagt, und ich bleibe dabei.»

«Aber du tust nie irgend etwas für mich. Nie. Du bist eine fette Kuh.»

Valeries Mutter geht in die Luft. Ihr Gesicht wird rot, und sie fängt an, ihre Tochter anzuschreien.

«Valerie, mir reicht es jetzt. Du hast wirklich ein unverschämtes Mundwerk. Mir reicht es jetzt wirklich.»

Und sie schlägt Valerie zweimal ins Gesicht.

Eine andere Version der Geschichte.

«Aber warum nicht? Warum nicht?

«Valerie, ich habe nein gesagt, und ich bleibe dabei.»

«Aber du tust nie irgend etwas für mich. Nie. Du bist eine fette Kuh.»

Valeries Mutter geht in die Luft.

«Valerie, mir reicht es jetzt wirklich. Du hast wirklich ein unverschämtes Mundwerk. Mir reicht es jetzt wirklich. Hast du verstanden? Ich habe die Nase voll, ich habe sie wirklich voll. Langsam reicht es. Wann lernst du endlich, dich zu benehmen? Wann lernst du endlich, andere zu respektieren? Ich habe die Nase wirklich gestrichen voll.

Unter diesem Ansturm von Worten bricht Valerie in Tränen aus und rennt in ihr Zimmer.

Die beiden Versionen sind Teile ganz verschiedener Welten. In der zweiten Version beschränkt sich Valeries Mutter darauf – sosehr sie auch die Kontrolle über sich verloren hat, so wütend und enttäuscht sie auch ist –, ihren Ärger in Worte zu fassen. Ja, es stimmt, Valeries Mutter hätte nicht so wütend werden sollen, wie sie es getan hat. Sie hätte Valerie schon dann aus ihrer Nähe entfernen sollen, als sie anfing, ärgerlich zu werden. Aber wir handeln nicht immer so, wie wir es tun sollten, besonders bei so dreisten und unverschämten Kindern. Manchmal haben wir keine Geduld, auch wenn das nicht die Schuld unserer Kinder ist. Es ist niemals gut, die eigene Wut so an Kindern auszulassen. Aber die wichtige Frage, die wirklich wichtige Frage ist, wo wir in unserem eigenen Verhalten die Grenze ziehen. In der zweiten Version begrenzt Valeries Mutter ihren Ärger, so wütend sie auch ist. Sie ist wütend, aber nicht gewalttätig. Es gibt einen großen Unterschied zwischen Schimpfen und Schreien einerseits und physischer Gewalt andererseits. Am wichtigsten ist nicht der Punkt, ob Eltern ihren Ärger zeigen, sondern ob ihr Ärger zu physischer Gewalt wird.

So schlimm der Ärger ihrer Mutter für Valerie auch gewesen ist, wenn er nicht darüber hinausging, kennt sie die Grenzen ihrer Mutter: *So böse ich auch auf dich werde, ich werde diese Grenze nicht überschreiten. Ich werde dir nicht weh tun.* Solange Kinder wissen, daß der Ärger nicht in Gewalt übergehen wird, solange sie wissen, daß er nicht anhalten und zu keinem Liebesverlust führen wird, solange er Teil eines größeren Zusammenhangs bleibt, der lautet: Meine Eltern lieben mich immer gleich, sie werden alles tun, um mich zu schützen, so lange schadet der Ärger der Eltern den Kindern nicht. Er bestürzt sie eine Zeitlang, aber sie kommen darüber hinweg, ohne daß Narben nachbleiben.

Vielleicht können Kinder auch Wichtiges von diesem nicht gewalttätigen, nicht zu lange anhaltenden Ärger lernen. Sie können lernen, daß der Ärger anderer Leute – solange er sich nicht in Gewalt verwandelt – am Ende so schlimm nicht ist. Er verursacht ein schlechtes Gefühl, aber das Gefühl verschwindet nach einer gewissen Zeit. Mit der Zeit lernen Kinder so, mit dem Ärger anderer Menschen umzugehen.

Eltern haben oft das Gefühl, daß sie etwas falsch gemacht haben, wenn sie sich von ihrem Ärger haben hinreißen lassen. «Ich weiß, daß ich das nicht tun sollte. Aber manchmal kann ich einfach nicht anders. Er kann so ungezogen sein.» Das ist unvermeidbar. Eltern ärgern sich nun mal über ihre Kinder. Ich will damit nicht sagen, daß Eltern sich über ihre Kinder ärgern *sollten*. Ich meine damit, daß es zur Erziehung dazugehört, auf die Kinder ärgerlich zu werden und seinen Ärger auch zu zeigen. Wenn es dabei bleibt, verursacht er keine Probleme. Die wirklichen Probleme entstehen erst dann, wenn er sich in Gewalt verwandelt.

Demütigungen und Beschimpfungen

«Sybille, du bist strohdumm. Ich kann nicht glauben, daß du das warst.»

Niemand, weder Erwachsene noch Kinder, reagiert jemals anders als ärgerlich auf jede Art von Beschimpfung. Jemand zu beschimpfen bedeutet, etwas Negatives über *seine Person* zu sagen statt darüber, was er getan hat.

Wenn das, was ein Kind getan hat, dumm war, sagen Sie, daß das, was es *getan* hat, dumm war. Sagen Sie nicht, daß *es* dumm ist.

«Sybille, warum hast du das Eis draußen gelassen. Das war dumm von dir.»

«Das scheint nur ein kleiner Unterschied zu sein. Es ist aber ein großer.

Was soll jemand unserer Ansicht nach tun, wenn wir ihn dumm nennen?

Mama sagt, daß ich dumm bin. Was soll ich ihrer Meinung nach tun? Mein Gehirn wachsen lassen?

Wenn wir dagegen sagen, daß das, was sie *getan haben*, dumm war, dann können sie es das nächste Mal besser machen – sie können versuchen, umsichtiger zu sein.

Natürlich schimpfen wir im Alltag manchmal. Und wenn es nicht zu oft geschieht, können unsere Kinder damit umgehen. Aber Beschimpfungen sind niemals gut.

Trennung

Trennung ist das wichtigste Kontrollmittel bei der Erziehung von Kleinkindern. Wenn ein Kind sich weiterhin auf eine Weise verhält, die wir für unakzeptabel halten, sollten wir das Kind entfernen – bis es sich wieder auf akzeptablere Weise verhalten kann. Aber Trennung ist auch ein wichtiges Kontrollmittel bei der Erziehung von größeren Kindern, ja selbst bei Konflikten im Leben von Erwachsenen.

Das Wesen der Trennung besteht darin, daß der versorgende Elternteil nicht länger zur Verfügung steht. Er versorgt das Baby-Selbst nicht weiter und versucht auch nicht, dessen Situation zu verbessern. Aber wenn Kinder älter werden, gibt es Möglichkeiten, eine Trennung zu erreichen, ohne sie wie ein Kleinkind an einen anderen Ort zu bringen. Sie können z. B. auch derjenige sein, der geht.

«Nein, Yvette, heute abend darfst du nicht ausgehen», sagt Yvettes Mutter zu ihrer fünfzehnjährigen Tochter. «Wir haben schon ausführlich darüber gesprochen. Morgen mußt du zur Schule, und gestern abend bist du bei deiner Freundin gewesen. Die Antwort lautet ‹nein›. Und ich möchte jetzt nichts mehr davon hören.»

Aber Yvette möchte, daß ihre Mutter sich noch viel mehr anhört.

«Aber ich muß. Du bist total unvernünftig.»

Yvettes Mutter dreht sich auf dem Absatz um und geht weg. Yvette folgt ihr. Sie läßt selbst dann nicht locker, als ihre Mutter in einen anderen Raum geht, die Tür zwischen sich und Yvette schließt und den Schlüssel umdreht. Yvette preßt ihr Gesicht an die Tür.

«Du *mußt.*»

Yvette hat zwar nicht aufgegeben, aber die Trennung hat stattgefunden. Wenn es Yvette nicht gelingt, ihre Mutter wieder in ein Gespräch über den Abend zu verwickeln, funktioniert die Trennung.

«Du bist wirklich total unvernünftig», schreit Yvette. Aber jetzt zieht sie sich schon von ihrer hoffnungslos verständnislosen Mutter zurück. Sie geht in ihr Zimmer und ruft ihre Freundin an, um sich bei ihr zu beklagen. Erst als sich Yvette getrennt hat, fängt sie an, sich zu beruhigen und die Tatsache zu akzeptieren, daß sie heute abend nicht ausgehen darf.

Obwohl es in diesem Buch vor allem um Kinder geht, lassen Sie uns schnell einen Blick darauf werfen, wie entscheidend eine Trennung bei Streitereien zwischen Erachsenen ist. Sobald ein Streit einmal ein bestimmtes Maß an Emotionalität erreicht hat und die nackten Baby-Selbst kein gutes Haar an dem anderen mehr lassen, weil jeder von dem anderen eine Konzession oder einen Rückzug erwartet, dann ist Trennung die einzige Möglichkeit, die Lage zu beenden. Nur wenn sich die Streithähne trennen, sich beruhigen und klarer über die Situation nachdenken, gibt es die Chance, eine Lösung für ihren Konflikt zu finden.

«Sie hat recht, es gibt wirklich keinen Grund, warum ich ihr nicht beim Abwasch helfen sollte. Aber sie hackt trotzdem zuviel auf mir herum.»

Wenn sich die Streitenden nicht trennen, geschieht es nur zu oft, daß der eine oder andere Dinge sagt, die er lieber nicht gesagt hätte – Dinge, die zu verletzend sind. Oder – schlimmer noch – der Streit endet in Gewalt.

Es gibt noch eine weitere wichtige Form der Trennung – die Nichtreaktion. Wenn man auf die Versuche, einen zu provozieren, einfach nicht reagiert, wenn man ein bestimmtes Verhalten ignoriert. In der Erziehung ist die Nichtreaktion ein so wichtiges Mittel, daß es in einem eigenen Abschnitt in diesem Kapitel besonders behandelt wird. Aber lassen Sie mich zuerst von einer Form der Verhaltenskontrolle sprechen, die genau das Gegenteil bewirkt.

Hartnäckiges Ermahnen

Wenn Sie möchten, daß Ihre Kinder etwas tun, worauf sie keine Lust haben, haben Sie viele Optionen. Aber leider funktionieren nicht viele von ihnen auf Dauer. Wählen Sie lieber schlaue Strategien.

«Nun komm, laß uns ein Spiel spielen. Wir wollen doch mal sehen, ob du es schaffst, alle deine Spielsachen einzusammeln, bevor ich bis dreiundsiebzig gezählt habe. Ich wette, das schaffst du nicht.»

«Hey, hey, hey», quietscht der kleine Franz und stürzt sich in die Aufgabe, während sein Vater langsam zählt: «... dreizehn ... vierzehn. Ich glaube nicht, daß du das schaffst.»

Und wieder quietscht Franz und gibt sich große Mühe, zu gewinnen.

Manchmal, wenn die Aufgabe zu groß ist, können wir uns daran beteiligen.

«Erika, kannst du bitte dein Zimmer aufräumen.»

«Nein, kann ich nicht.»

«Erika, kannst du bitte dein Zimmer aufräumen.»

«Kann ich nicht.»

Tatsache ist, daß sich das Zimmer der sechsjährigen Erika in einem ziemlich großen Chaos befindet. Kleidung, Spielsachen, viele kleine Dinge liegen verstreut auf dem Boden und bedecken ihn vollständig. Das ist wirklich eine große Aufgabe.

«Nun komm schon, Erika. Ich helfe dir.»

Erikas Vater setzt sich auf den Boden und fängt an, sich durch das Durcheinander zu sortieren. Er versucht herauszufinden, wohin die verschiedenen Teile gehören könnten. Erika gesellt sich zu ihm, und in der nächsten halben Stunde räumen sie das Zimmer auf. Es war wirklich viel Arbeit. Es war vielleicht tatsächlich zuviel von Erika verlangt, von ihr den Anfang zu erwarten.

Es ist manchmal notwendig, Kindern zu helfen, besonders wenn es sich um Dinge handelt, auf die sie keine Lust haben. Aber manchmal bleibt man auch dann in der harten Realität stecken.

«Nun komm schon, Franz, räum deine Spielsachen auf.»

Der kleine Franz hört nicht auf seinen Vater.

«Nun komm schon, Franz. Zeit, deine Sachen aufzuräumen.»

«Kann ich nicht noch ein bißchen spielen?»

«Franz, ich möchte gern, daß du deine Sachen aufräumst. Jetzt.»

«Ich bin müde. Ich bin müüüde.»

«Bitte räum deine Sachen auf.»

«Ich kann nicht.»

«Franz, räum auf.»

«Ja, ja, ich mache es ja schon.»

Und unzufrieden fängt Klein Franz an aufzuräumen.

Das nennt man Ermahnen, und Kinder hören oftmals einfach nicht, bis man anfängt, wirklich zu nörgeln. Wenn Ihnen etwas wirklich wichtig ist, ist das hartnäckige Ermahnen und Erinnern eine gute Strategie. Von Zeit zu Zeit werden sich Ihre Kinder vollständig weigern. Darüber werden wir in Kürze sprechen. Aber meistens werden sie das tun, was Sie möchten. Sie haben nur einfach keine Lust dazu und sind bereit, das auszuhalten – nicht mit einer einfachen Weigerung, sondern mit den tausend Tricks des Baby-Selbst. Sie hoffen verzweifelt, daß sie ihre Eltern aussitzen können. Aber wenn die Eltern sich an eine Sache hängen, setzen sie sich normalerweise auch durch. Die meisten Kinder tun schließlich das, was normalerweise von ihnen verlangt wird.

«Melanie, wie oft muß ich dir noch sagen, daß du die Gabel richtig halten sollst?»

Noch oft. Noch sehr oft. Die meisten Kinder reagieren so, daß Sie – wenn Sie unbedingt etwas erreichen wollen – es immer wieder sagen müssen. Wenn Melanies Vater möchte, daß sie ihre Gabel richtig hält, Melanie sie aber lieber falsch hält, wird er das bei jedem Essen wiederholen müssen. Wenn er das durchhält, wird Melanie irgendwann langsam anfangen, die Gabel richtig zu halten. Das kostet Zeit, aber es geht schneller, als wenn er nichts sagen würde.

Aber immerwährendes Ermahnen kostet Zeit und Energie. Meine Frau Mary Alice und ich wollten, daß Nick und Margaret lernten, ein Musikinstrument zu spielen. Sie nahmen beide Klavierstunden, aber keiner von ihnen blieb dabei, obwohl wir sie immer wieder ermutigten, dabeizubleiben. «Wenn ihr älter seid, werdet ihr das bereuen. Ich weiß es.» (Ich hatte nicht nur ein, sondern anderthalb Baby-Selbst, und ich habe nur eine einzige Klavierstunde durchgehalten.)

Ein mit uns befreundetes Paar hat vier Kinder. Alle vier sind perfekte Musiker geworden. Weshalb hatten sie soviel Erfolg und wir nicht? Wie gelang es den Eltern, alle ihre Kinder beim Spielen zu halten? Es ist sicherlich eine musikalische Familie, und die ganze Familie hört gern Musik. Ein Musiker zu sein ist in der Familie eine große Sache. Aber die Eltern haben auch viel Zeit und Mühe aufgewendet, ihre Kinder zum Spielen eines Instruments anzuhalten. Niemand übt von sich aus gern auf einem Instrument. Diese Eltern setzten wesentlich mehr Energie und Zeit dafür ein, als Mary Alice und ich es getan haben. Wir kümmerten uns darum. Wir bestanden darauf. Wir ermahnten sie. Aber offensichtlich reichte das nicht aus.

Dasselbe gilt für gute Tischmanieren, die schmutzige Wäsche zum Waschen bringen, das Licht ausmachen, wenn man einen Raum verläßt, und viele andere Dinge, von denen Sie möchten, daß Ihre Kinder sie lernen. Wenn die Eltern sich wirklich darum kümmern, dann werden die Kinder sich bei Tisch gut benehmen und ihre schmutzige Wäsche regelmäßig zum Waschen bringen. Wenn sie sich nicht ausreichend darum kümmern, werden die Kinder das eben nicht tun. Es macht einen großen Unterschied, ob sie sich tatsächlich um etwas kümmern. Und noch einmal: Bei der Kindererziehung müssen Sie auswählen, denn Sie können sich nicht um alles kümmern. Aber das, was man von seinen Kindern in ihrer Kindheit erwartet und fordert, ist keine Verschwendung, auch wenn es manchmal den Anschein hat. Unsere Anweisungen lagern sich mit der Zeit zuverlässig in ihren Köpfen ab.

Dreizehn Jahre lang, von seinem vierten bis zu seinem siebzehnten Lebensjahr, ließ Nils seine schmutzigen Kleider auf dem Fußboden seines Zimmers liegen. Aber eines Tages konnte Nils' Vater seine schmutzige Wäsche nicht finden.

«Nils, wo ist deine schmutzige Wäsche?»

«Im Waschkorb.»

«Wo?»

«Im Waschkorb. Ja. Was ist los? Gehört sie da nicht hin?»

«Aber Nils, das hast du noch nie in deinem Leben gemacht.»

«So?»

Von diesem Tag an tat Nils seine schmutzige Wäsche fast immer in den Waschkorb. Was war geschehen? Warum tat er es schließlich doch? Weil es ihm immer wieder gesagt worden war und er daher wußte und auch glaubte, daß er sie dahin bringen sollte. Er war eben erst jetzt – im Alter von siebzehn Jahren – reif genug dazu.

Busineß-Eltern

Aber Ermahnen – das immerwährende Wiederholen einer Forderung – entspricht nicht Ihrem Rat, etwas nur einmal zu sagen. Schlimmer noch: Spielt es nicht dem Baby-Selbst in die Hände? Sie haben uns schließlich erzählt, daß es um so länger dableibt, je mehr es bekommt. Wieso funktioniert das Ermahnen dann doch?

Beim Ermahnen gibt es einen Trick. Was das Baby-Selbst füttert, ist die Reaktion der Eltern. Aber damit diese Reaktion für das Baby-Selbst schmackhaft wird, muß sie Emotionen enthalten. Das Baby-Selbst möchte Gefühle: Ärger, Betteln, Frustration, Verwirrung, alles. Was das Baby-Selbst überhaupt nicht mag, sind kalte Eltern, die wie Roboter funktionieren.

«Justus, ich möchte, daß du jetzt dein Zimmer aufräumst.»

«Mach ich später. Ich verspreche es.»

«Justus, ich möchte, daß du dein Zimmer jetzt aufräumst.»

«Warum? Es ist nicht unordentlich.»

«Justus, bitte räum jetzt dein Zimmer auf.»

«Du willst immer irgendwas von mir. Nie habe ich Zeit für mich. Nie.»

«Justus, bitte räum jetzt auf.»

Unerschütterlich. Unnachgiebig. Kalt. Gefühllos. Überhaupt nicht schmackhaft. Der tödliche Feind des Baby-Selbst. *Eltern business-like.* Wenn die Eltern so business-like sind, dann gibt es für das Baby-Selbst nichts, woran es sich halten kann. Nichts zu futtern. Das Baby-Selbst haßt Eltern, die business-like sind.

Das sind nämlich überhaupt keine Eltern. Das ist eher wie die Abwesenheit von Eltern – ersetzt durch einen Roboter, der einfach nicht weggeht, bevor das Zimmer nicht aufgeräumt ist. Die perfekten Eltern sind dem Baby-Selbst ein angemessener Widersacher.

Eine heimliche Waffe: Nicht reagieren

Auch perfekte Eltern werden sich nicht immer durchsetzen, aber doch in den meisten Fällen, denn sie haben eine heimliche Waffe entwickelt: Sie reagieren nicht – das bedeutet, daß das Baby-Selbst keine Reaktion erhält.

Vor ein paar Jahren habe ich einmal in einer Bank folgende Szene beobachtet:

Ein zweijähriges Mädchen kritzelte fröhlich auf die Einzahlungsbelege, während ihre Mutter in der Schlange wartete. Nachdem sie alles erledigt hatte, griff sie nach ihrer Tochter und ging Richtung Ausgang. Sofort brach ihre Tochter in Tränen aus. Sie wollte ihre Einzahlungsbelege nicht zurücklassen. Die Mutter des Mädchens reagierte nicht auf das Weinen. Ihre weinende Tochter tragend, ging sie einfach weiter auf den Ausgang der Bank zu. Als sie an die Tür kamen, wandte das Mädchen den Kopf, um zu sehen, was außerhalb der Bank vor sich ging. Sie hörte auf zu weinen. Dann fragte sie ihre Mutter etwas, was ich nicht hören konnte. Sie verließen die Bank und gingen auf die Straße hinaus. Das Mädchen weinte nicht mehr.

Nicht zu reagieren ist ein nützliches Mittel bei der Kindererziehung. Denn es bleibt nicht ohne Wirkung auf die weniger wünschenswerten Seiten des Baby-Selbst. In vielen Situationen kann die eine oder andere Reaktion zu einem positiven Ergebnis führen. Doch der Einsatz der Nichtreaktion gleicht einer Kunst. Einmal vervollkommnet, gleicht seine Wirkung einem Wunder.

Nicht zu reagieren bedeutet nicht, das Kind zu ignorieren. Das Geheimnis dieser Kunst liegt darin, einfach so weiterzumachen, als ob das unerwünschte Verhalten einfach nicht geschehen würde. Besonders wirkungsvoll ist das, wenn man es bei einigen der unerfreulichsten Verhaltensweisen von Kindern einsetzt: bei Schmollen, Quengeln, Wutanfällen – Themen, die ich besonders in Kapitel 4 behandeln werde.

In diesem Kapitel möchte ich Ihnen ein paar Beispiele dafür geben, wie die Kunst der Nichtreaktion bei verschiedenen Gelegenheiten eingesetzt werden kann, wenn sich das Baby-Selbst meldet. Jedes Beispiel enthält zwei Formen der elterlichen Reaktion: Bei einer wird das Baby-Selbst im Kind angesprochen, bei der anderen nicht. Wenn Sie sich die Beispiele laut vorlesen, können Sie den Unterschied auch fühlen.

Das Baby-Selbst wird angesprochen:

«Dieser Auflauf ist zu salzig. Ich kann das nicht essen.»

«Nun, Liebling, das ist das, was es zum Mittagessen gibt.»

«Aber ich kann das nicht essen.»

«Das ist nun mal das, was es gibt.»

«Aber ich kann das nicht essen. Ich möchte etwas anderes.»

«Ich werde dir nichts anderes machen. Du mußt lernen, auch Sachen zu essen, die du nicht magst.»

«Aber ich kann das nicht essen. Es ist einfach zu salzig. Ich muß mich gleich übergeben. Ich möchte etwas anderes.»

«Ich werde dir nichts anderes machen.»

«Aber ich habe Hunger. Ich hasse diesen Auflauf.»

Das Baby-Selbst wird nicht angesprochen:

«Dieser Auflauf ist zu salzig. Ich kann das nicht essen.»

«Das tut mir leid, daß du ihn nicht magst, Liebes.»

«Aber ich kann ihn nicht essen.»

«Oh, ich nehm an, daß du ihn dann wohl nicht essen wirst.»

«Aber ich möchte was anderes. Ich kann das nicht essen.»

«Wenn du etwas anderes findest – natürlich keine Snacks –, dann ist das in Ordnung, Liebes.»

«Aber es ist nichts anderes da. Mach mir etwas.»

«Oh, ich glaube, du hast keine andere Wahl, als diesen furchtbaren Auflauf zu essen.»

«Aber ich kann ihn wirklich nicht essen. Ich hasse ihn.»

«Nun, dann wirst du wohl hungrig bleiben.»

Das Baby-Selbst wird angesprochen:

«Mama, Julia kitzelt mich dauernd.»

«Hör auf, sie zu kitzeln, Julia.»

«Ich kitzel sie gar nicht. Carla lügt.»

«Doch, sie kitzelt mich. Guck.»

«Julia, hör auf, deine Schwester zu ärgern.»

«Ich mach ja gar nichts. Sie lügt.»

«Tu ich nicht. Sie hat mich gekitzelt.»

Das Baby-Selbst wird nicht angesprochen:

«Mama, Julia kitzelt mich dauernd.»

«Oh.»

«Sag ihr, daß sie aufhören soll.»

Schweigen.

«Sag ihr, daß sie aufhören soll.»

Schweigen.

«Ich kitzel sie zurück.»

Weiteres Schweigen.

Das Baby-Selbst wird angesprochen:

«Mama, ich weiß nicht, wo meine Schuhe sind.»

«Hast du sie gesucht?»

«Ja, ich kann sie nicht finden.»

«Wo hast du sie zuletzt gelassen?»

«Weiß ich nicht mehr. Ich kann mich nicht erinnern.»

«Jenny, in zehn Minuten müssen wir gehen. Geh und versuch, deine Schuhe zu finden.»

«Ich weiß nicht, wo sie sind.»

«Jenny, ich hab wirklich die Nase voll. Wir müssen in zehn Minuten gehen, und jetzt soll ich dir noch deine Schuhe suchen.»

«Ich weiß nicht, wo sie sind.»

«Ich werde sie dir demnächst an die Füße kleben.»

«Nein, das tut weh.»

«Ich mach nur Spaß, Jenny.»

«Das tut aber weh.»

Das Baby-Selbst wird nicht angesprochen:

«Mama, ich weiß nicht, wo meine Schuhe sind.»

«Oh, du kannst deine Schuhe nicht finden.»

«Ich weiß nicht, wo sie sind.»

«Oh, das ist ein Problem. Wir gehen gleich.»

«Ich kann sie nicht finden.»

«Ich bin sicher, daß du sie noch findest, bevor wir gehen müssen.»

Das Baby-Selbst wird angesprochen:

«Mama!»

«Was ist denn, Liebes.»

«Warum ist dieser Finger länger als der andere?»

«So bist du eben gemacht.»

«Aber warum ist dieser länger?»

«Das ist einfach so. Ich weiß auch nicht genau, warum. Das ist bei jedem Menschen so. Guck, bei mir ist das nämlich auch so.»

«Aber warum ist das so?»

«Was glaubst du denn?»

«Ich weiß nicht, warum das so ist. Deshalb frage ich dich. Warum ist das so?»

«Ich weiß es nicht, Liebes. So sind die Menschen eben gemacht.»

«Aber warum? Guck, dieser ist kürzer als der andere.»

«Ich weiß nicht, was ich sagen soll, Willie. So ist das eben.»

«Aber warum?»

«Ich weiß es nicht, Liebes. Vielleicht ist es besser so, wenn man alle Finger benutzt.»

«Das versteh ich nicht. Was meinst du damit, das es besser so ist, wenn man alle Finger benutzt.»

«Willie, ich hab langsam keine Lust mehr.»

«Ich will es ja nur wissen.»

Das Baby-Selbst wird nicht angesprochen:

«Mama!»

«Ja, Liebes.»

«Warum ist dieser Finger länger als der andere?»

«So bist du eben gemacht.»

«Aber warum ist dieser hier länger?»

«So ist das eben. Ich weiß es auch nicht. Das ist bei jedem Menschen so. Guck, bei mir ist es auch so.»

«Aber warum ist das so?»

«Ich weiß es wirklich nicht, Liebes.»

«Aber was glaubst du, warum es so ist?»

«Ich weiß es einfach nicht.»

Schweigen. Willie geht weg.

Das Baby-Selbst wird angesprochen:

«Mama, Becky hat einen von den Kuchen gegessen, die wir für die Party gekauft haben.»

«Becky, komm her.»

Und dann nimmt sich die Mutter Becky vor (während das Baby-Selbst ihrer Schwester sich den Mund leckt).

Das Baby-Selbst wird nicht angesprochen:

«Mama, Becky hat einen von den Kuchen gegessen, die wir für die Party gekauft haben.»

Verbotenes Wissen. Solange etwas nicht wirklich gefährlich ist, ist das ein unerlaubter Beweis gegen Becky, selbst wenn es stimmt.

«Oh, das ist nicht schön.»

«Sie hat den Kuchen gegessen. Du hast gesagt, daß wir das nicht sollen.»

«Das stimmt.»

«Nun, Becky hat einen davon gegessen.»

«Das sollte sie nicht.»

«Wirst du sie bestrafen?»

«Ich hoffe, daß sie keinen weiteren ißt. Und ich hoffe, daß du keinen davon ißt.»

«Aber ich hab das nicht getan. Das war Becky.»
«Das ist wirklich nicht schön.»
«Aber sie sollte das nicht.»
«Ja.»

Das Baby-Selbst wird angesprochen:
«Eduard, ich habe dir gesagt, daß du nicht an mein Werkzeug gehen sollst.»
«Das war ich nicht. Maria hat das getan.»
«Eduard, lüg mich nicht an.»
«Ich war es nicht. Maria hat es benutzt. Warum sagst du immer, daß ich es war?»
«Weil du immer derjenige bist, Eduard. Maria geht nie an mein Werkzeug.»
«Doch, das tut sie doch.»
«Hör auf zu lügen, Eduard.»
«Ich lüge nicht. Ich hab dein Werkzeug nicht genommen. Ich weiß nicht, wer das war.»
«Eduard, willst du in dein Zimmer gehen, bis dir wieder einfällt, wer das Werkzeug benutzt hat?»
«Ich hab es nicht genommen. Ich bin nicht immer derjenige, der alles macht. Ich lüge nicht. Wirklich nicht.»
Das Baby-Selbst wird nicht angesprochen:
«Eduard, ich habe dir gesagt, daß du nicht an mein Werkzeug gehen sollst.»
«Ich war es nicht. Das war Maria.»
«Eduard, du sollst nicht an mein Werkzeug gehen.»
«Aber ich war es nicht. Maria war's. Warum sagst du immer, daß ich es war?»
«Ich möchte nicht, daß du wieder an mein Werkzeug gehst.»
«Ich war es nicht.»
«Du hast gehört, was ich gesagt habe, Eduard.»
Und Eduards Vater geht.

Frank und Kirsten haben zwei unterschiedliche Spielzeugfiguren in ihren Schokoladeneiern gefunden.

Das Baby-Selbst wird angesprochen:

«Kirstens Figur ist besser als meine, und sie will nicht tauschen. Das ist nicht fair.»

«Das tut mir leid, daß dir deine Figur nicht gefällt, Frank.»

«Aber das ist nicht fair. Ihre Figur ist schöner.»

«Nun, wir werden nicht noch ein Ei kaufen.»

«Aber das ist nicht fair.»

«Nun, manchmal ist etwas nicht so, wie du möchtest.»

«Aber das ist nicht fair. Ihre Figur ist viel schöner.»

«Es ist nicht immer alles fair, Frank. Du mußt das lernen. Das nächste Mal hast du die schönere Figur.»

«Nein, bestimmt nicht. Ich finde meine scheußlich. Richtig scheußlich.» Frank wirft sie auf den Boden.

«Wenn sie verlorengeht, bekommst du keine neue, Frank.»

«Ist mir doch egal. Sie ist scheußlich.»

Das Baby-Selbst wird nicht angesprochen:

«Kirsten hat eine schönere Figur als ich, und sie will nicht tauschen. Das ist nicht fair.»

«Da hast du wirklich Pech.»

«Aber das ist nicht fair. Ihre ist viel schöner.»

«Ja, mich würde das auch ärgern.»

«Aber ich möchte eine andere. Das ist nicht fair.»

«Ich weiß nicht, was ich sagen soll, Liebes.»

«Du mußt mir noch ein Ei kaufen.»

«Bist du sicher, daß deine dir nicht gefällt?»

«Das ist nicht fair. Ich will eine andere.»

Schweigen.

Frank starrt mißmutig auf die Figur seiner Schwester, aber er sagt nichts mehr.

Der Unterschied zwischen diesen beiden Arten der Reaktion läßt sich vielleicht am besten folgendermaßen beschreiben: Bei den Reaktionen, die dazu neigen, das Baby-Selbst anzusprechen, hat man das Gefühl, daß die Eltern sich in Richtung der Kinder bewegen, sie irgendwie zu fassen kriegen und etwas mit ihnen machen wollen. Bei den Reaktionen, die das Baby-Selbst nicht ansprechen, scheinen die Eltern ihre Kinder loszulassen oder abzulenken. Stellen Sie sich einmal vor, ein großer Wasserball würde auf Sie geworfen werden. Sie können ihn fangen, zusammenpressen, untersuchen oder draufschlagen. Oder Sie können sich von ihm einfach treffen lassen und ihn dann abschütteln, ohne sich Gedanken darüber zu machen, und mit dem weitermachen, was Sie zuvor getan haben. Oder Sie können den Ball jedesmal, wenn er kommt, sanft zurückstoßen. Bei den Dialogen, die ohne Absicht das Baby-Selbst ansprechen, hat das Kind etwas, was es emotional ausspielen und worauf es aufbauen kann. Bei den Dialogen, die das Baby-Selbst nicht ansprechen, läßt die elterliche Reaktion die Luft aus der emotionalen Fütterung des Baby-Selbst, und das Kind erreicht nichts, wenn es weitermacht. Die eine Art der Reaktion pumpt praktisch Luft hinein, die andere läßt die Luft ab. Wenn Sie sie erlernen können, dann wird die Kunst der Nichtreaktion auf das Baby-Selbst zu Ihrer verläßlichsten und wichtigsten Erziehungsstrategie.

Ihre eigene Selbstbeherrschung

Ein Problem bei der Nichtreaktion besteht darin, daß sie manchmal schwer durchzuhalten ist. Sie entspricht nicht unserer natürlichen Veranlagung, mehr zu sagen oder zu tun, als wir sollten. Das bedeutet, daß zu einer wirkungsvollen Erziehung auch Selbstbeherrschung gehört. Ein gutes Beispiel dafür ist das Zuhören. Gut zuhören zu können erfordert sowohl Geschicklichkeit als auch Selbstbeherrschung.

Gutes Zuhören

Wir haben über die Situationen gesprochen, in denen es besser ist, nicht zuzuhören. Aber es gibt viel mehr Situationen, in denen die Eltern ihren Kindern zuhören und *nichts* anderes als zuhören müssen. Das Zuhören ist ein wichtiger Teil der Erziehung. Es ist deshalb so wichtig, weil es den Kindern eine Möglichkeit gibt, den Raum mit sich selbst zu füllen, mit dem, was sie denken, was ihnen wichtig ist, mit ihren Meinungen und Geschichten. Wenn ihnen zugehört wird, haben sie das Gefühl, daß sie wichtig sind. Und das ist etwas, was ihnen Selbstbestätigung gibt.

Die Kunst des Zuhörens besteht darin, daß man bei dem bleibt, was sie erzählen, und es nicht in eine andere Richtung lenkt, auch dann nicht, wenn wir das Gefühl haben, daß es hilfreich wäre. Carl Rogers, in den fünfziger und sechziger Jahren ein wichtiger Psychotherapeut, war ein Meister des Zuhörens. Seine Reaktion auf seine Patienten war eine verkürzte, manchmal leicht veränderte, aber oft auch identische Version dessen, was gerade gesagt worden war. Ein typischer Dialog sah z. B. so aus:

«Ich ging in das Geschäft, und es war ganz schrecklich. Ich konnte nichts von dem finden, was ich wollte.»

«In dem Geschäft erging es Ihnen ganz schrecklich. Sie konnten nicht finden, was Sie wollten.»

«Ja, das stimmt. Ich hatte das Gefühl, daß es sich nicht lohnt, irgendwohin zu gehen. Man erreicht nie etwas.»

«Sie haben das Gefühl, daß es eine Zeitverschwendung ist, wenn Sie irgendwohin gehen, weil Sie doch nichts erreichen.»

«Ja, genau, so ist es. Es macht einen manchmal richtig depressiv.»

«Sie haben das Gefühl, daß es Sie manchmal richtig depressiv macht.»

«Ja, das tut es auch. Als ich letzten Donnerstag mit Harold ...»

Ich habe einen Film mit Carl Rogers gesehen, in dem er genau das zurückgab, was die Patientin gerade gesagt hatte. Es scheint banal zu sein, aber – wie jeder Psychotherapeut weiß – es stimmt tatsächlich: Es ist ungeheuer wirkungsvoll, wenn man jemanden das sagen läßt, was er zu sagen hat. Das Ergebnis ist sehr wohltuend: Man hat das Gefühl, angehört worden zu sein.

Unsere elterliche Erziehungslust kann uns oft daran hindern, gut zuzuhören. Unsere angeborenen elterlichen Instinkte kommen uns manchmal ins Gehege, wenn unsere Kinder die Möglichkeit haben sollten, im Mittelpunkt zu stehen. Manchmal wollen wir ihnen helfen, wenn sie gar keine Hilfe brauchen.

Karola zu ihrer Mutter:

«Mama, ich finde Christine Wohlmeyer blöde.»

«Warum, Liebes?»

«Sie ist einfach doof. Sie läßt mich nie an die Reihe kommen. Sie hat mich nie an ihre Schaukel gelassen.»

«Hast du sie denn freundlich gefragt?»

«Ja. Aber sie hat mich einfach nicht schaukeln lassen. Sie ist rücksichtslos.»

«Nun, vielleicht hättest du nur etwas länger warten müssen.»

«Nein, sie wird mich nie dranlassen. Sie ist einfach blöde.»

«Nun, es ist ihre Schaukel. Vielleicht mußt du warten, bis sie für eine Weile nicht mehr schaukeln will, und sie dann fragen, ob du mal schaukeln darfst.»

«Sie ist eine blöde Kuh. Sie läßt mich nie drankommen.»

«Nun, vielleicht nicht. Manchmal möchte man etwas nicht teilen, auch wenn der andere fragt.»

«Sie ist eine blöde Kuh.»

«Manchmal mußt du weggehen und etwas anderes machen.»

«Nicht mit dieser blöden Christine Wohlmeyer.»

Was Karolas Mutter gesagt hat, war alles gut und hilfreich. Sie hat ihr erklärt, wie sie mit einer frustrierenden Situation umgehen kann. Aber Karola wollte ihrer Mutter nur sagen, was für eine blöde Kuh Christine Wohlmeyer ist. Am Ende ihres Gesprächs war Karola mit dem Ergebnis nicht zufrieden.

«Mama versteht nicht, was für eine blöde Kuh Christine Wohlmeyer ist.»

Besser wäre gewesen:

«Ich finde Christine Wohlmeyer blöde.»

«Wirklich.»

«Ja. Sie ist eine blöde Kuh.»

«Warum? Was hat sie getan?»

«Sie läßt mich nicht drankommen. Sie läßt mich nicht schaukeln.»

«Das ist wirklich nicht nett.»

«Ja, sie ist eine Kuh. Ich würde ihr das am liebsten ins Gesicht sagen.»

«Du bist wütend.»

«Ja, und wie. Sie ist wirklich die blödeste Kuh auf der Welt.»

«Du bist ja wirklich wütend.»

«Ja. Was gibt's zum Abendbrot?»

Karola war wütend, weil Christine Wohlmeyer sie nicht an ihre Schaukel ließ. Sie wollte ihrer Mutter das erzählen. Indem sie ihrer Mutter *ihre* Geschichte über Christine erzählte, konnte Karola etwas von sich zeigen, etwas, was ihr passiert war und worüber sie nachdachte. Nachdem sie es ihrer Mutter erzählt hatte, hatte Karola erreicht, was sie wollte. Sie hatte das Gefühl, daß man ihr zugehört hatte, und nun mußte sie sich nicht länger damit beschäftigen. Ihre Mutter hatte ihre Geschichte angehört, sie verstanden und ihre Zustimmung signalisiert. Karola war zufrieden.

Um gut zuhören zu können, müssen wir als Eltern uns selbst zurücknehmen und nur zuhören. Karola wollte nicht, daß ihre Mutter ein Problem löst. Denn es gab kein Problem, das gelöst werden mußte. Wenn es ein Problem gegeben hätte, hätte sie es so ausgedrückt: «Wie kann ich Christine Wohlmeyer dazu bringen, daß sie mich auch an die Schaukel läßt?»

Überlebenstraining

Nicht zu reagieren ist in vielen Bereichen der Erziehung nicht nur eine Kunst, die dabei hilft, Dinge einfacher zu gestalten, sondern eine Notwendigkeit. Denn wir können nicht alle Dinge im Leben unserer Kinder regeln. Damit sie wachsen und reifer werden, muß vieles von ihnen selbst getan werden.

In dem Maße, in dem unsere Kinder größer werden, müssen wir lernen, ihnen Raum zu geben, damit sie lernen, mit dem umzugehen, was sie im täglichen Leben erfahren. Kinder brauchen Mitgefühl und Verständnis, wenn sie ernstlich durcheinander oder enttäuscht sind. Aber bei kleineren Enttäuschungen und Problemen müssen sie sich selbst einen Weg durch ihre schlechten Gefühle bahnen.

Das schaffen sie auch. Aber sie brauchen Übung. Das läßt sich vielleicht als ein frühkindliches Äquivalent zu dem Überlebenstraining vorstellen, bei dem man auf einer verlassenen Insel zurückgelassen wird und nur ein Taschenmesser und eine Schachtel Streichhölzer zur Verfügung hat, um eine Woche lang zu überleben. Dieses Überlebenstraining soll einem guttun, es soll das Vertrauen stärken, daß man – auf sich selbst gestellt – überleben kann, unabhängig von dem, was passiert. Kinder, die auf sich selbst gestellt sind, durchlaufen ein bestimmtes und sehr wichtiges Überlebenstraining. Sie lernen – solange sich ihre Eltern nicht in den Prozeß einmischen –, daß sie in emotionaler Hinsicht auch allein überleben können. Sie lernen, daß sie in ihren kleinen Körpern über die Mittel verfügen, die schlechten Gefühle zu vertreiben. In relativ kurzer Zeit sind sie in der Lage, ihre ganzen schlechten Gefühle selbst durchzuarbeiten. Sie müssen nicht mehr tun, als eine Weile zu warten, und dann geht es von selbst.

Damit Kinder das lernen, müssen Eltern dabei zusehen, wie ihre Kinder leiden. Das wollen Eltern natürlich nicht, denn oftmals sind sie die Ursache des Leidens. Selbst bei den bescheidensten und sanftesten Kindern ist es unvermeidlich, daß ihr Wille mit Ihren Wünschen von Zeit zu Zeit in Konflikt gerät. Dann sind Sie die Ursache des Leidens und der schlechten Gefühle. Doch unsere Kinder müssen irgendwie lernen, ohne uns zu überleben – wenigstens eine Zeitlang.

«Nein, du kannst jetzt kein Fernsehen mehr gucken. Es ist Schluß damit.»

«Aber das ist nicht fair. Warum darf ich das nicht? Warum?»

«Nein. Ich möchte nichts mehr davon hören.»

«Aber das ist nicht fair. ES IST EINFACH NICHT FAIR.»

«Verschwinde, Karl.»

«Nein. Du bist nicht fair. Ich hasse dich.»

Der schreiende Karl wird dann in sein Zimmer gebracht. Selbst zwei Räume weiter und bei geschlossenen Türen kann Karls Mutter ihn noch hören. Aber wenn sie nichts unternimmt und ihn allein in seinem Zimmer läßt, solange er schreit, passiert etwas Komisches.

«DU BIST NICHT FAIR. ICH HASSE DICH. ICH HASSE DICH WIRKLICH.»

Ich hasse Mama. Ich tue das wirklich. Ich hasse sie. Sie ist nicht fair. Sie ist nie fair. Ich hasse sie. Ich wünschte, ich hätte andere Eltern. Bloß sie nicht. Sie ist gemein. Es ist ihr vollkommen egal, wie ich mich fühle…

Allen ist es egal, wie ich mich fühle. Nur mir nicht. Niemand kümmert sich um mich. Niemand. Mir passiert niemals etwas Gutes. Immer nur Schlechtes…

Frank Niemann soll etwas Schlechtes passieren. Er bekommt immer, was er will. Sein Fahrrad ist besser als meins. Ich wünschte, ich könnte bei ihm zu Hause leben…

Nein, ich wünschte, ich könnte in einem Palast leben. Und alles bekommen, alles nur für mich. Und ich hätte einen Tiger als Haustier. Der würde alle fressen, die ich nicht mag. Was Tiger wohl fressen – abgesehen von Menschen? Ob sie Müsli essen? Ich glaube, ich habe Hunger. Aber nicht auf Müsli. Was es wohl zum Abendbrot gibt?

MAMA, was gibt's zum Abendbrot?»

Und wahrscheinlich nicht einmal fünfzehn Minuten nachdem der schreiende und weinende Karl in sein Zimmer gebracht wurde, kommt er gut gelaunt wieder heraus, so als ob nichts passiert wäre. Wenn seine Mutter nicht weiter interveniert hat.

Es ist für Kinder außerordentlich wichtig, diese Fähigkeit zu erlernen. Zu lernen, mit ihren schlechten Gefühlen allein zurechtzukommen, ist eine der Grundlagen für geistige Gesundheit. Kinder, die das nicht können, sitzen fest. Sie können nicht mit Enttäuschungen umgehen, müssen Situationen immer weiterführen, suchen nach Lösungen, die sie niemals erreichen können, und sind nicht in der Lage, einen Verlust hinzunehmen und weiterzugehen. Oder sie werden vollkommen abhängig von anderen, wenn sie mit solchen Gefühlen umgehen müssen. Als Jugendliche und Erwachsene sind sie wesentlich anfälliger für alle Fluchtmöglichkeiten, die das Leben zu bieten hat. Dazu gehören Alkohol und Drogen. Sie sollen dabei helfen, die schlechten Gefühle loszuwerden. Zum Glück entwickeln die meisten Kinder diese Fähigkeiten unabhängig von dem, was ihre Eltern tun.

Weil es so wichtig ist, daß Kinder derartige Situationen – bei denen sich Eltern und Kinder direkt gegenüberstehen – erfahren und lernen, damit zurechtzukommen, möchte ich davor warnen, als Eltern zu versuchen, alles zu verstehen und immer Trost zu spenden. Eltern sollten nicht in alles eingreifen und alle schlechten Gefühle besänftigen, besonders dann nicht, wenn sie ein Ergebnis der täglichen Auseinandersetzungen sind. Eltern müssen vorsichtig sein. Manchmal ist es durchaus angebracht, sich seinen Kindern gegenüber wie ein Menschenfresser zu verhalten – wenn das Verbrechen darin besteht, sich ihren Wünschen zu widersetzen. Kinder müssen lernen, mit ihren schlechten Gefühlen selbst zurechtzukommen. Aber damit unsere Kinder das und viele andere alltägliche Fähigkeiten lernen, müssen wir sie üben lassen, und das heißt, daß wir sie auch loslassen müssen.

Als Nick, unser Ältester, gerade geboren war und aus dem Krankenhaus kam, schlief er die ersten Tage in einem kleinen Bettchen in unserem Schlafzimmer. Aber dann beschlossen wir, daß er in seinem eigenen Zimmer schlafen sollte, das von unserem Schlafzimmer nur durch einen kleinen Flur getrennt war. In dieser Nacht brachten wir den schlafenden Nick in sein Zimmer und gingen zu Bett. Das war ein großer Schritt, denn bis dahin hatten wir uns – mit Ausnahme von wenigen Minuten – noch nie von ihm getrennt. Konnte er überleben?

Ich erinnerte mich daran, daß ich um drei oder vier Uhr morgens aufstand, um ihn zum Stillen zu holen. In den vier Stunden, die dazwischen lagen, war er ruhig gewesen. Meiner Erinnerung nach dachte ich damals, als ich in das Zimmer kam, nicht: «Lebt er noch?», sondern ich war mir sicher, daß mein Sohn mittlerweile tot sei.

Neugeborene sind zerbrechlich. Wenn sie unserer Pflege anvertraut werden, haben sie noch nicht lange gelebt. Ihre Geburt liegt noch nicht lange zurück, und wir können nicht anders, als das Gefühl zu entwickeln, daß sie vielleicht noch gar nicht richtig am Leben sind. Und wenn wir anfangen, für sie zu sorgen, bemerken wir, daß sie – wenn wir bei ihnen sind und auf sie aufpassen – tatsächlich in der Lage zu sein scheinen, am Leben zu bleiben.

Immer wenn ich anfangs in Nicks Zimmer kam, glaubte ich, er sei tot, weil wir uns von ihm getrennt hatten. Aber er hatte die vier Stunden in einem anderen Zimmer überlebt, während wir schliefen. Doch obwohl dieses Gefühl noch eine Zeitlang anhielt, begann ich die Möglichkeit in Betracht zu ziehen, daß Nick tatsächlich – wenn auch nur durch einen glücklichen Zufall – bedeutende Zeiträume überstehen konnte, ohne daß seine Mutter oder ich direkt neben ihm war.

Das ist ein wichtiger Punkt, denn dieses Gefühl hält an. Sollen wir unser Kind der Pflege eines anderen Menschen anvertrauen?

Vertrauen wir unser Kind jemandem an, den es nicht kennt, z. B. einem Babysitter? Und wenn das Kind älter wird, wird diese grundlegende Frage – Kann mein Kind ohne mich überleben? – zu einer der wichtigsten in der Erziehung. Darf ich meinem Kind erlauben, etwas zu erfahren, worüber ich keine Kontrolle habe? Soll ich ihm erlauben, mit dem Fahrrad um den Block zu fahren? (Ich erinnere mich daran, wie ich mit stockendem Herzen das erste Mal zusah, wie Nick sich auf dem Fahrrad außer Sichtweite entfernte, und dann ergeben auf das Martinshorn des Unfallwagens wartete. Ich wäre nicht erstaunt gewesen, wenn er von einem Auto angefahren worden wäre.) Soll ich ihn zu seinem Freund nach Hause gehen lassen, obwohl ich nicht viel über dessen Eltern weiß? Soll ich ihn allein in seinem Zimmer lassen, wenn er böse ist? Soll ich ihn unbeaufsichtigt auf den Spielplatz lassen, oder wird er dann mit irgendwelchen Leuten mitgehen? Kann ich darauf vertrauen, daß die Welt nicht so gefährlich ist, daß er nicht so verletzlich ist, daß seine Urteilskraft ausreichend entwickelt ist, so daß ich ihn nicht ständig beaufsichtigen muß? Wird er jemals allein überleben können? Eltern zu sein erfordert Vertrauen – Vertrauen in sich selbst und die eigenen Kinder.

Wir müssen darauf vertrauen, daß unsere Kinder ausreichend versorgt sind, wenn wir selbst gute und liebevolle Eltern sind. Trotz der Tatsache, daß das Baby-Selbst – das immer alles will – oft dafür sorgt, daß es nicht so zu sein scheint.

Und wir müssen darauf vertrauen, daß die Risiken, die wir eingehen, nicht zu groß, sondern absolut notwendig sind.

Der erste Teil der Elternschaft besteht in der notwendigen Versorgung. Aber der zweite Teil besteht darin, loszulassen.

[illegible]

[illegible]

[illegible]

[illegible]

TEIL 2

Klassische Probleme von Eltern und Kindern

KAPITEL 4

Tagein – tagaus

Dieser Teil des Buches handelt von dem, was täglich geschieht. Er handelt von den realen Situationen, mit denen Eltern konfrontiert sind. In diesem Teil möchte ich Ihnen zeigen, daß sich vieles leichter gestaltet, wenn Sie die empfohlenen Regeln anwenden.

Quengeln und Jammern, Schmollen und Wutanfälle

Schon im letzten Kapitel haben wir darüber gesprochen, welche Macht die Nichtreaktion hat. Doch nirgends in der Kindererziehung ist die Macht der Nichtreaktion so klar und absolut wie bei den beliebtesten Verhaltensformen von Kindern: Weinen, Schmollen und Wutanfälle. Sehen Sie selbst.

Quengeln und Jammern

«Mama, ich krieg meinen Ärmel nicht zugeknöpft», jammert Darius.

Als Reaktion auf Quengeln und Jammern haben Sie drei Möglichkeiten:

1. Reagieren Sie so, als ob Ihr Kind nicht mit jammernder Stimme, sondern normal sprechen würde.
   «Komm her, Darius. Ich helfe dir.»
2. Sie können das Kind anweisen, nicht zu jammern bzw. zu quengeln.
   «Hör auf zu jammern! Du weißt, daß ich das hasse.»

«Solange du nicht aufhörst zu jammern, hör ich dir nicht zu.»
«Sag es bitte nicht in so einem quengeligen Ton. Dann helfe ich dir vielleicht.»

Oder:

3. Sie ignorieren das Jammern, als ob das Kind überhaupt nicht sprechen würde.

Bei den Reaktionen 1 und 2 bleibt das Quengeln und Jammern als Teil des kindlichen Verhaltens erhalten. Bei der Reaktion 3 werden die Kinder – wenn sie absolut und ohne Ausnahme eingehalten wird – dazu erzogen, nicht zu quengeln. So einfach lautet die Regel zu Quengeln und Jammern.

Die Nichtreaktion ist so wirkungsvoll, weil das Quengeln und Jammern direkt vom Baby-Selbst kommt. Da das Baby-Selbst seine Eltern als Nahrungsquelle benutzt, ist es ihm nicht egal, ob die Eltern reagieren oder nicht. Wenn sie auf Quengeln und Jammern nicht reagieren, wird das Kind von selbst damit aufhören. Alle Eltern, die bisher ohne Erfolg versucht haben, ihren Kindern das Quengeln abzugewöhnen, werden die Macht der Nichtreaktion zu schätzen wissen.

Schmollen

Robert möchte zu McDonald's gehen. Jennifer möchte aber lieber zu Burger King. Robert schmollt während des ganzen Essens bei Burger King. Er sagt wenig und dreht sich mit seinem Sitz so, daß er den Tisch hinter sich ansehen kann. Seine Eltern versuchen ihr Bestes, aber Roberts Laune bessert sich einfach nicht.

Robert hört nicht auf, als sie Burger King verlassen haben. Eine gute Stunde nachdem sie nach Hause gekommen sind, schmollt er immer noch. Er hört erst auf, als seine Lieblingssendung im Fernsehen kommt.

Die meisten Leser erkennen in der obigen Geschichte das typische Schmollen. Sein Ziel ist es, zu provozieren bzw. eine intensive emotionale Betroffenheit der Eltern zu erreichen. Eine Betroffenheit, die für das Baby-Selbst außerordentlich schmackhaft – wenn auch nicht besonders nahrhaft – ist.

Keine guten Reaktionen auf Roberts Schmollen wären:

1. Böse werden, ihm einen Vortrag halten oder ihm drohen.
   «Hör auf zu schmollen, Robert, sonst werde ich dir einen Grund zum Schmollen geben.»
   «Ich habe die Nase voll davon, daß du dich immer wie ein Baby benehmen mußt. Wenn du deinen Willen nicht bekommst, fängst du an zu schmollen. Du wirst aber langsam älter.»

Wie alle Eltern wissen, führen diese Reaktionen nur dazu, daß Robert noch mehr schmollt.

2. Versuchen, Robert aufzuheitern.
   «Nun komm schon, lächle doch mal. Nun mach schon.»

Das ist eine direkte Aufforderung, mit dem Schmollen auf gar keinen Fall aufzuhören. Vielleicht lächelt das Kind tatsächlich kurz – weil es nicht anders kann –, aber dann wird es seine Anstrengungen verdoppeln, bloß nichts anderes zu tun, als zu schmollen.

Oder:

3. Versuchen, verständnisvoll zu sein.
   «Was ist, Robert? Ich weiß, daß du böse bist. Aber du kannst nicht immer deinen Willen bekommen. Ich weiß, daß dir das nicht gefällt.»

Diese Reaktion kann in der Tat gut sein. Denn Robert könnte antworten:

«Aber das ist nicht fair. Jennifer kriegt immer alles, was sie will. Du machst nie das, was ich will. Nie. Immer nur, was Jennifer will.»

Und wenn Roberts Eltern ihm erlauben, ärgerlich zu sein, und jede weitere Form der Reaktion vermeiden, wenn sie Robert seine Enttäuschung ausdrücken lassen (es *ist* eine Enttäuschung, wenn man zu McDonald's wollte und zu Burger King muß) und sich auf keinen

Streit mit ihm einlassen, dann schwindet Roberts Enttäuschung unter Umständen, und er hört auf zu schmollen.

Das einzige Problem dabei ist, daß es nicht immer funktioniert. Robert bleibt unter Umständen ärgerlich und hört nicht auf zu schmollen. Oder – und das ist bei professionellen Schmollern oft der Fall – er möchte nicht, daß man mit ihm spricht – gleichgültig, wie verständnisvoll Sie reagieren. Wenn er weiter schmollen möchte, wird er das auch tun.

Wenn Eltern Verständnis mit einem Schmoller zeigen wollen, dürfen sie – falls ihre Strategie nicht funktioniert – nicht zu viele Anstrengungen unternehmen, um das Schmollen zu beenden. Sie dürfen dem Schmoller nicht vorhalten, daß alle ihre Versuche, nett zu sein, keinen Erfolg haben.

Einige Eltern versuchen, schmollende Kinder zu ignorieren. Doch auf das Baby-Selbst nicht zu reagieren heißt nicht, das Kind zu ignorieren. Das Kind zu ignorieren ist keine gute Taktik. Das wird deutlich, wenn die Eltern aus Rache für das Schmollen zum Gegenangriff übergehen.

«Nun, zu dem Spiel gehören zwei. Du willst ja schmollen. Okay, wir werden sehen, wie du dich fühlst, wenn ich dich ignoriere.» (Das muß nicht unbedingt laut gesagt werden.)

Das funktioniert nicht. Es führt nur zu einer emotionalen Auseinandersetzung mit dem Schmoller, und das ist natürlich genau das, was die Eltern nicht wollen. Alle bisher dargestellten Reaktionen haben einen Haken. Sie geben dem Schmoller etwas, worauf er reagieren kann. Da das einzige Ziel des Schmollens darin besteht, Betroffenheit zu erregen und zu erhalten – «Ich will, daß sie sich schlecht fühlen. Ich will, daß sie mich um Vergebung bitten» –, versorgen alle bisher dargestellten Reaktionen das Baby-Selbst mit weiterer Munition. Es ist wirklich so, daß jede Reaktion auf das Schmollen den Schmollenden dazu ermuntert, darauf mit noch mehr Schmollen zu antworten. Was sollten Eltern also tun?

Sie sollten auf Roberts Schmollen bei Burger King gar nicht reagieren. Sie sollten ihm erlauben zu schmollen. Sie sollten sich so verhalten, wie sie es gegenüber ihrem geliebten Kind normalerweise tun, auch wenn es zur Zeit gerade schlechte Laune hat und nicht mit ihnen reden will.

«Robert, hat es dir bei Tante Martha gefallen? Du hast sie ja eine Zeitlang nicht gesehen.»

Schmollen.

«Mir ja. Ich hatte einen schönen Nachmittag.»

«Robert, könntest du mir mal den Pfefferstreuer reichen?»

Schmollen.

«Nun, ich glaube, ich muß mich rüberbeugen und ihn mir selbst holen.»

«Robert, weißt du, ob wir den Fernseher abgeschaltet haben, bevor wir losgefahren sind?»

Schmollen.

«Nun, das werden wir ja sehen, wenn wir nach Hause kommen.»

«Robert, kannst du von deinem Platz aus die Uhr sehen?»

Schmollen.

«Oh, ich kann sie sehen, wenn ich mich vorbeuge.»

Wenn Sie von dem Schmollenden nicht unbedingt eine Antwort brauchen, zwingen Sie ihn nicht dazu, eine zu geben. Entscheiden Sie statt dessen selbst, und zwar so, wie Sie meinen, daß er sich entschieden hätte. Er hat die ganze Zeit die Möglichkeit, sich mit seiner Stimme zu Wort zu melden, wenn er etwas dagegen hat.

«Was möchtest du essen, Robert?»

Schmollen.

«Nun, ich hole dir einen Whopper mit Käse, eine kleine Portion Pommes und eine mittelgroße Cola. Ist das in Ordnung? Wenn du etwas anderes willst, laß es mich wissen.»

Das ist besser als:

«Was möchtest du essen, Robert?»

«Nun, ich glaube, du möchtest gar nichts essen.»

Sie bekommen darauf vielleicht eine Antwort, z. B.: «Ich möchte einen Whopper mit Käse.» Aber vielleicht auch nicht. Der Kampf würde weitergehen, und Robert wäre seinen Eltern böse, weil sie ihn zwängen, etwas zu sagen, obwohl er es nicht will. Eltern sollten einem Schmollenden erlauben zu schmollen und so weitermachen, wie sie es auch sonst tun würden.

Sie können z. B. zu ihm sagen:

«Du kannst so lange schmollen, wie du willst. Ich habe nichts dagegen. Ich liebe dich so wie immer. Ich werde nicht versuchen, deine schlechte Laune zu ändern, aber ich werde dich auch nicht mehr beachten als sonst. Wenn du den Gang des Geschehens damit irgendwie ändern willst, kann ich dir nur sagen, daß das nicht geschehen wird.»

Unser Verhalten sagt dann:

«Du hast vielleicht schlechte Laune, aber ich nicht. Statt auf deine schlechte Laune zu reagieren, möchte ich lieber meine gute behalten. Wenn du schmollen möchtest, dann ist das in Ordnung. Ich werde so weitermachen wie immer, und dazu gehört auch, daß ich dich sehr liebe.»

Wutanfälle

Alex' Vater holt eines Samstagmorgens die schmutzige Wäsche aus dem Zimmer seines Sohnes, um sie in die Waschmaschine zu stekken.

«Nein, nicht das T-Shirt mit dem Hund. Ich möchte es heute tragen.»

«Tut mir leid, Alex, aber es hat eine Wäsche dringend nötig.»

«Aber ich möchte das T-Shirt mit dem Hund anziehen.»

«Tut mir leid, Alex. Es muß dringend gewaschen werden, und ich mache heute die Wäsche. Du mußt etwas anderes anziehen.»

Alex' Vater geht mit der schmutzigen Wäsche aus dem Zimmer. Alex folgt ihm.

«Laß mein T-Shirt hier! Ich möchte mein T-Shirt.»

Alex versucht, sein T-Shirt aus dem Bündel herauszuziehen, das sein Vater in den Händen hält.

«Nein, Alex», sagt Alex' Vater und hebt das Bündel so hoch, daß Alex es nicht mehr erreichen kann. «Das geht heute nicht. Es muß gewaschen werden.»

Alex fängt an zu schreien und an seinem Vater herumzuziehen: «Ich will das T-Shirt mit dem Hund. Ich will es!»

«Nein, Alex.»

Alex fängt an, zu schreien und zu treten.

«Ich will das T-Shirt mit dem Hund! Ich will das T-Shirt.»

So etwas nennt man einen Wutanfall. Wutanfälle sind für Kinder etwas, womit sie ausdrücken können: «Ich bekomme meinen Willen nicht. Ich bin damit nicht zufrieden, und ich will, daß sich das sofort ändert!»

Wenn Sie darüber nachdenken, merken Sie, daß die Tatsache, daß ein Kind einen Wutanfall bekommt, überhaupt kein schlechtes Zeichen ist. Wutanfälle sind normalerweise ein Zeichen dafür, daß die Eltern gute Arbeit geleistet haben. Sie haben eine angemessene Grenze gesetzt und deshalb – wenn auch nicht mit Absicht – das Kind frustriert. Der Wutanfall ist das Zeichen dafür, daß das Kind diese Grenze bemerkt hat und seine Unzufriedenheit damit ausdrückt.

Was man bei Wutanfällen nicht tun sollte

Eltern müssen bei ihren Reaktionen auf Wutanfälle außerordentlich darauf achten, daß sie einen Sieg nicht in eine Niederlage verwandeln. Eltern irren sich ernsthaft, wenn sie meinen, daß sie einen Wutanfall beenden müßten. Denn ihre Versuche führen nur allzuleicht dazu, daß sie das Baby-Selbst mit neuer Nahrung versorgen. Statt den Wutanfall zu beenden, verschlimmern sie ihn und sorgen dafür, daß er sich wiederholt. Die falschen Versuche, einen Wutanfall zu beenden, können eine Reihe von Formen annehmen:

1. Sofort nachgeben.
Dies ist nur akzeptabel, wenn – wie schon besprochen – eine besondere Situation oder die eigene Stimmung eine schnelle Kapitulation ratsam erscheinen läßt. Aber Eltern sollten nicht zulassen, daß Wutanfälle oder Drohungen sie regelmäßig dazu veranlassen, schnell nachzugeben. «Ich lasse ihn noch eine halbe Stunde auf. Er wird immer so wütend, wenn ich das nicht mache.»

2. Ärger oder Drohungen.
«Du hörst besser sofort damit auf, bevor du großen Ärger bekommst.»

Ärger und Drohungen sind die *schlimmsten* Reaktionen auf einen Wutanfall. Sie zahlen Ärger mit mehr als derselben Münze zurück und heizen den Wutanfall nur an. Die Kinder haben dann vielleicht nicht erreicht, daß ihre Eltern ihre Meinung ändern, aber sie haben erreicht, daß sie heftig auf sie reagieren. Ihr Wutanfall war ein Erfolg. Aus diesem Grund werden die Wutanfälle weitergehen, und sie werden nicht gering ausfallen.

3. Argumentieren.
«Alex, ein Wutanfall nützt dir gar nichts. Ich ändere meine Meinung nicht. Das T-Shirt mit dem Fisch hast du doch auch immer sehr gemocht, und das ist sauber. Wenn du es anziehst, hast du bestimmt ebensoviel Spaß.»

Das ist eine gute Reaktion, aber sie funktioniert oft nicht. Wie Sie mittlerweile schon wissen, ist das Baby-Selbst nicht unbedingt an Lösungen interessiert, es ist vor allem interessiert daran, daß die Auseinandersetzung weitergeht.

«Aber ich hasse das T-Shirt mit dem Fisch.»

«Bisher hast du immer gesagt, daß es dir gefällt.»

«Es gefällt mir aber nicht. Ich will das mit dem Hund.»

«Alex, hör zu, du kannst es haben, sobald es gewaschen und trocken ist. Heute nachmittag.»

«Ich will es aber jetzt.»

«Aber Alex, es ist wirklich sehr schmutzig.»

«Das ist mir egal. Ich will mein T-Shirt.»

Solange er von den Eltern eine Reaktion bekommt, hört er nicht auf. Der Wutanfall hatte Erfolg, und das hat ihn auf den Appetit gebracht.

4. Zuneigung.
«Komm her, Liebling, soll ich dich in den Arm nehmen?»

Das ist wirklich eine ausgezeichnete Reaktion. Manchmal – besonders dann, wenn es müde ist – reagiert ein wütendes Kind auf eine Umarmung und benutzt den liebevollen Kontakt, um sich selbst zu beruhigen. Aber das Zeigen von Zuneigung hat auch seine Grenzen. Und umarmt zu werden ist oft nicht das, was ein wütendes Kind möchte. Daher sollten Zuneigungsbekundungen immer so angeboten werden, daß dem Kind deutlich wird, daß seine Eltern auch Verständnis dafür haben, wenn es sie ablehnt.

Aber füttert eine Umarmung nicht das Baby-Selbst und belohnt so den Wutanfall?

Wahrscheinlich tut sie das, aber auf gute Weise. Und Umarmungen sprechen in der Praxis – wenn sie akzeptiert werden – den Teil des Baby-Selbst an, der Zuneigung *braucht*, der wirklich versorgt wird, und nicht den Teil, der alles will, es aber nicht braucht.

5. Verständnis.
«Ich weiß, daß du enttäuscht bist, Liebes. Du willst wirklich das T-Shirt mit dem Hund anziehen. Und du bist traurig und ärgerlich, daß das nicht geht. Aber du kannst es viele andere Male anziehen.»

Das ist eine ausgezeichnete Reaktion. Alex weiß, daß ihm zugehört wurde, und das ist manchmal alles, was er will und braucht. Der Wutanfall ist vorbei.

«Ich wollte es anziehen. Ich wollte es wirklich anziehen. Ich habe es so gern. Wirklich. Es ist mein Lieblings-T-Shirt. Ist das mit dem Fisch sauber?»

Aber oft funktioniert das nicht. Verständnis ist wie Zuneigung:

Es sollte einem wütenden Kind nur angeboten werden, weil es immer gut ist, einem Kind Verständnis zu bieten. Aber auch hier sollten die Eltern darauf vorbereitet sein, daß sie damit vielleicht keinen Erfolg haben.

6. Eine Ausnahme von der Regel – physische Einschränkung. «Nein, Alex, ich lasse mich von dir nicht treten.» Und Alex sollte – wenn möglich – so lange entfernt oder festgehalten werden, bis er aufhört zu treten. (Bei größeren und älteren Kindern wird das natürlich auch zu einem größeren Problem.) Und noch einmal: die Eltern sollten nicht aktiv versuchen, einen Wutanfall zu beenden. Nur seinen gewalttätigen Anteil davon.

Was man bei Wutanfällen tun sollte

Wutanfälle sind gesund und notwendig, aber wenn man in der Nähe ist, sind sie natürlich nicht angenehm. Da Wutanfälle so wirkungslos wie möglich gemacht werden müssen, ist es am besten, sie zu ignorieren. Leider sind sie oft zu unangenehm, oder sie halten zu lange an, um sie zu ignorieren. Dann ist Trennung – so lange, bis der Wutanfall vorüber ist – eine angemessene Reaktion. Eine gute Regel ist es, sobald man ärgerlich wird, einen Abstand zwischen sich und dem Kind zu schaffen. Das bedeutet oft, daß man ein wütendes Kind packen und in sein Zimmer oder in einen anderen Raum tragen muß. Wenn Eltern dies schnell und regelmäßig tun, gehen Kinder oftmals schon von selbst und müssen nicht mehr dorthin gebracht werden. Denn sie wissen, daß sie sonst dorthin getragen werden würden.

«Tschüs, Kevin», und Kevin geht – immer noch weinend – in sein Zimmer. Er weiß, daß er sofort dorthin getragen werden würde, wenn er nicht von selbst ginge. Das ist eine wichtige Grenze in der Erziehung: Wenn ein Wutanfall zu unangenehm wird, um ihn zu ignorieren, müssen Kinder und Eltern unvermeidlich und früh voneinander getrennt werden, freiwillig oder unfreiwillig.

Trennung ist jedoch keine Strafe. Sobald der Wutanfall vorbei ist, kann das Kind wieder zurückkommen. Wenn es dann weiterhin Unruhe stiftet, wird es erneut entfernt, bis der Wutanfall wirklich vorbei ist. Damit drücken die Eltern aus: «Du kannst einen Wutanfall haben, aber nicht in meiner Nähe.»

Weise Eltern sagen auch: «Du kannst einen Wutanfall haben, aber damit erreichst du nichts. Ich werde meine Meinung nicht ändern, und ich werde dich auch nicht mehr beachten als sonst. Aber ich werde deinen Wutanfall auch nicht gegen dich verwenden. Wenn du einen Wutanfall hast, erreichst du nichts, und du verlierst nichts.»

Wenn Wutanfälle wirkungslos bleiben, treten sie weniger oft auf, halten weniger lange an und werden weniger intensiv. Sie verschwinden jedoch nicht vollständig, denn sie sind ein Teil von dem, was es heißt, ein Kind zu sein.

Wenn Kinder auf ihre Eltern böse sind

«Ich hasse dich»

Tanja zu ihrer Mutter:

«Ich hasse dich, und ich hasse Papa, und ich hasse dieses Haus. Ich hasse jeden. Ich mache keinen Spaß. Ich will hier nicht mehr leben.»

«Sieh zu, daß du hier raus und in dein Zimmer kommst, bevor ich dich dorthin trage.»

«Ich hasse *dich.»*

Allein in ihrem Zimmer, denkt Tanja vielleicht sehr schlecht über ihre Mutter. «Sie ist die gemeinste Mutter auf der Welt. Ich hasse sie. Ich würde sie am liebsten richtig ins Gesicht schlagen, vielleicht bekommt sie dann eine blutige Nase. Ich wünschte, sie wäre nicht meine Mutter. Ich wette, sie ist es auch nicht. Ich habe eine *richtige* Mutter, und die würde mich nicht so behandeln wie sie.»

Wenn die Zeit vergeht und Tanjas Mutter sie in Ruhe läßt, verschwindet der Ärger langsam, bis Tanja schließlich nicht mehr böse auf ihre Mutter ist. Aber auch wenn ihr Ärger verschwunden ist, so macht sich Tanja doch Sorgen, ob er Folgen hat.

Ist jetzt alles wieder gut und normal? Ist etwas passiert, weil ich so böse auf Mama war?

Kinder sorgen sich darum. Sie haben Angst vor den Folgen ihrer eigenen Wut.

Ich würde Mama am liebsten ins Gesicht schlagen. Geht es Mama gut?

Oder noch schlimmer: Tanja hat Angst, daß ihre Mutter sie ablehnen könnte, weil sie so böse Sachen gesagt hat.

Du hast gesagt, daß du mich haßt, Tanja? Dann glaube ich, daß du hier nicht mehr leben kannst. Hast du Bettinas Mutter lieber? Dann kannst du von jetzt an dort leben. Ich ruf sie gleich an.»

Das sind keine geringfügigen Fragen. Kinder müssen das Gefühl haben, daß ihr Ärger gegenüber den Eltern nichts Gefährliches ist. Sie können auf ihre Eltern böse werden, aber weil sie so klein sind und ihre Bindung an ihre Eltern so sicher ist, hat das keine schlimmen Folgen. Das ist eine gute und versichernde Lektion. Sie bestärkt in ihnen das Gefühl, daß sie und ihr Ärger Teil der kleinen Welt der Kindheit sind und die große Welt der Erwachsenen nicht ernstlich bedrohen kann, von der sie selbst so vollkommen abhängig sind. Das Gegenteil wäre wirklich zu furchterregend.

Ich meine, ich bin nur ein kleines Kind. Manchmal möchte ich woanders leben, aber nicht richtig. Ich möchte meine Mama und meinen Papa. Was würde ich machen, wenn ich sie nicht hätte?

Ebenso wichtig ist es, daß Eltern verstehen, daß der Ärger ihrer Kinder keine große Angelegenheit ist. «Ich hasse dich» und «Ich will hier nicht mehr leben» sind ungezogene Worte. Und wenn die Eltern sie sich zu sehr zu Herzen nehmen, dann fühlen sie sich einsam und zurückgewiesen. Und obwohl man weiß, daß es nicht lange dauert, so schmerzt es doch. Eltern neigen manchmal dazu, eine scheußliche Situation aufrechtzuerhalten, weil die Worte zu sehr schmerzen und sie zur normalen und warmherzigen Beziehung zurückkehren möchten. Sie möchten zurück zu «Mama liebt dich, und du liebst Mama». Tanjas Mutter geht vielleicht in Tanjas Zimmer und unternimmt einen Versöhnungsversuch.

«Bist du mir immer noch böse, Tanja? Ich weiß, daß du mich liebhast. Und du weißt, daß ich dich nicht böse machen wollte.»

Aber wenn ihre Mutter versucht, die Dinge festzulegen, lernt Tanja, daß ihr Ärger ihre Mutter beunruhigt, daß er mächtig und daher furchterregend ist. Ihr Baby-Selbst lernt, daß dies ein ausgezeichnetes Mittel ist, um ihre Mutter zu manipulieren. Nichts davon hilft Tanja oder ihrer Mutter.

Aber vielleicht hat Tanja es nicht so gemeint. Ich tue alles für Tanja. Es ist mir wichtig, daß sie glücklich ist. Wie kann sie so etwas nur sagen? Will Tanja tatsächlich woanders leben?

«Nein, natürlich hasse ich Mama nicht. Ich werde nur manchmal ziemlich ärgerlich. Weil sie manchmal gemein zu mir ist. Aber ich liebe sie. Ich möchte keine andere Mutter. Mama weiß, daß ich ärgerlich bin, wenn ich solche Sachen sage. Mama weiß das, nicht wahr?»

Wenn Sie die Hauptbezugsperson sind, dann hat Ihr Kind eine tiefe Bindung zu Ihnen – zu niemand anderem. Es ist ein Fehler, das zu vergessen. Sie sind die Person, die es liebt – und immer lieben wird.

Wir machen einen großen Fehler, wenn wir die gemeinen Kommentare von Kindern persönlich nehmen. Das gilt auch für Kommentare, die unsere Gefühle ernstlich und berechtigt verletzen würden, wenn sie von einem Erwachsenen gesagt würden. Aber Kinder sind keine Erwachsenen. Sie sind Kinder, unsere Kinder, die keine Angst vor uns haben und sich unserer Liebe sicher sind, wenn sie auf uns böse werden und das sagen, was ihnen gerade in den Kopf kommt. Das ist nicht das, was sie tatsächlich meinen. Meistens dauert es nur kurze Zeit, bis sie uns das auch mitteilen.

«Ich hasse dich nicht, Mama. Ich hab dich lieb. Hast du mich auch noch lieb?»

«Du hast mich nicht lieb»

«Du hast mich nicht lieb», schluchzt Paul. Er steht an der Tür zum Wohnzimmer, und die Tränen rollen ihm übers Gesicht.

«Wie kannst du so etwas sagen?» sagt sein Vater. «Du weißt, daß ich dich liebhabe.»

«Du hast mich nicht lieb», schluchzt Paul noch einmal und erstickt fast an seinen Tränen.

Die große Mehrheit der Kinder – wenn nicht alle – sagt das genau deshalb, weil sie wissen, daß ihre Eltern sie liebhaben. Sie sagen das im Bewußtsein dieser Liebe und weil sie gelernt haben, daß ihre Eltern betrübt sind, wenn sie sagen: «Du hast mich nicht lieb.» Und das ist in diesem Moment genau das, was sie erreichen wollen – weil sie böse sind.

Die besondere Ironie dieses «Du hast mich nicht lieb» besteht darin, daß Kinder, die zu irgendeinem Zeitpunkt tatsächlich glauben, daß ihre Eltern sie nicht mehr liebhaben, dies *niemals* sagen würden. Für ein Kind ist schon allein der Gedanke, daß seine Eltern es nicht mehr lieben könnten, zu schrecklich, um ihn jemals direkt äußern zu können.

Daher heißt «Du hast mich nicht mehr lieb» in Wirklichkeit:

«Ich weiß, daß du mich liebhast. Und deshalb sage ich das Gegenteil, weil ich weiß, daß es dich betrübt machen wird. Und das ist das, was ich will, denn ich bin böse auf dich.»

Kinder sagen alle möglichen Dinge, wenn sie auf ihre Eltern böse sind. Aber das bedeutet nicht, daß sie das auch wirklich meinen. Wenn Eltern von den Worten ihres Kindes ernstlich betroffen sind, dann sollten sie sie fragen – zu einem neutralen Zeitpunkt. Doch es bleibt die Tatsache, daß Kinder – wie wir – zu Zeiten das sagen, was sie gerade denken, daß das aber auf keinen Fall heißt, daß sie – oder wir – das die ganze Zeit über denken.

Zeit, schlafen zu gehen

Was ist das für ein Geräusch? Das klingt so, als ob da jemand wäre. Mama sagt, daß sei das Haus. Ich weiß nicht genau, was sie damit meint. Ich meine, ich weiß, daß da wirklich niemand ist. Kein Räuber, kein Monster.
Ob Opa, der gestorben ist, bevor ich geboren wurde, mich wohl sehen kann?
Vielleicht ist es sein Geist, der immer wieder zurückkommt? In mein Zimmer? Wie jetzt? Wenn es dunkel ist?
Ob Maike Wilhelms mich wohl morgen wieder ärgern wird? Ich hasse es, wenn sie das macht. Ich wünschte, sie wäre tot. Nein, ich möchte doch nicht, daß sie tot wäre. Das ist nicht schön, jemand zu wünschen, er solle tot sein. Uh, vielleicht passiert mir jetzt was Schlimmes.
Ich kann einfach nicht einschlafen. In wünschte, Mama wäre hier.
Hat sich da etwas bewegt?
«Mama, ich habe Durst.»

Die Schlafenszeit ist für Kinder eine der wichtigsten Zeiten, in denen sie allein sind, und daher eine entscheidende Zeit der Trennung von den Eltern. Allein im Bett zu liegen bedeutet, verletzlich zu sein und sich Sorgen zu machen. Ohne daß die Eltern da sind. Eine schlechte Zeit für das Baby-Selbst. *Eigentlich will ich lieber nicht.*

«Mama, liest du mir noch was vor.»
«Papa, mein Zahn tut weh.»

Schlafen zu gehen heißt, die Sicherheit der Eltern zu verlassen und sich in unbekannte und unendliche Schrecken fallenzulassen.

Und wenn ich nun sterbe, bevor ich wieder aufwache?
«Mama, ich brauche ein Taschentuch.»

Aber obwohl die Trennung zur Schlafenszeit von dem Baby-Selbst verabscheut wird, ist dieselbe Trennung wichtig für die Eltern. Denn für viele Eltern ist dies die einzige Zeit, in der sie zu zweit zusammen sein oder das tun können, was sie möchten. Es kann sein, daß es die einzige Zeit für *ihr* Baby-Selbst ist. Diese Zeit verdienen und brauchen sie. Wenn sich das Kind in diese Zeit drängt, kann das für die Eltern sehr schwer werden.

«Wie oft muß ich dir noch sagen, daß du deinen Pyjama anziehen sollst? Du solltest schon lange im Bett liegen. Morgen sprechen wir darüber, ob du ein Kaninchen haben darfst.»

Es ist nützlich, die Kinder zu einer festgelegten Zeit ins Bett zu schicken, obwohl man auch flexibel sein kann.

«Kann ich nicht noch aufbleiben, nur dieses eine Mal, um den Film im Fernsehen zu sehen?

«Okay.»

Wichtiger ist, daß die Eltern einen Zeitpunkt festlegen. Wenn er gekommen ist, müssen die Kinder ins Bett.

Aber wann ist Schlafenszeit?

Was für eine Frage? Schlafenszeit ist, wenn meine Kinder im Bett sind und das Licht aus ist. Wenn wir nicht mehr reden.

Das ist eine mögliche Definition der Schlafenszeit. Aber wenn sie ihre Kinder leicht ins Bett kriegen wollen, dann müssen sie die Schlafenszeit anders definieren. Schlafenszeit ist, wenn die versorgenden Eltern das Zimmer endgültig bis zum nächsten Morgen verlassen haben und nur noch die roboterhaften Busineß-Eltern übrig sind.

«Geh schlafen, Stefan.»

«Aber ich kann nicht schlafen. Ich denke immer an Schlangen.»

«Stefan, geh schlafen.»

Antworten sie nicht, wenn die Kinder rufen.

«Mama. Mama. Mama. Mama. Mama.»

Wenn niemand kommt und ihnen niemand antwortet, hören sie auf.

Aber was ist, wenn …

Wenn es wirklich etwas Wichtiges ist – wenn sie ernsthaft krank sind, es wirkliches Blut gibt, tatsächlich Rauch in ihrem Zimmer ist –, dann wissen sie das auch.

In den anderen Fällen ruft nur das Baby-Selbst, daß keine Lust hat, sich zu trennen.

«Papa, Papa. Ich kann meinen Teddy nicht finden.»
Und wenn sie wieder aufstehen, schicken Sie sie zurück ins Bett.

«Geh schlafen, Stefan.»

Wenn sie noch mal ins Bad müssen, dürfen sie das natürlich. Aber warum brauchen sie dafür eine Erlaubnis?

«Mama, Mama, ich muß noch mal.»

Und wenn sie noch klein sind und wieder aufstehen, dann stekken Sie sie schnell wieder ins Bett.

«Hallo», sagt der vierjährige Jan und kommt ins Zimmer.

«Geh schlafen, Jan.»

«Ich will aber nicht schlafen.»

Schon zu diesem Zeitpunkt sollten Jans Eltern ihn nehmen und zurück in sein Bett bringen. Wenn die Kinder zu groß sind, um sie noch zu tragen, oder einen Kampf anfangen könnten, sagen Sie ihnen nur, daß sie ins Bett gehen sollen. Sagen Sie nicht mehr als:

«Geh ins Bett, Stefan.»

Wenn er das nicht tut, behandeln Sie ihn als Persona non grata. Schenken Sie ihm nicht mehr Aufmerksamkeit als einem Möbelstück. Schreien Sie ihn nicht an, diskutieren Sie nicht mit ihm, und erteilen Sie ihm keine Lektionen. Wenn die Interaktion mit den Eltern, nachdem die Kinder im Bett liegen sollten, der mit einem Ding gleicht, das nur aussieht wie Mutter oder Vater, verliert das Aufbleiben für Kinder seinen Reiz. Sie kommen seltener.

«Geh ins Bett, Irina.»

«Aber das pikt so.»

«Geh ins Bett, Irina.»

Sagen Sie nicht:

«Da ist Sand in meinem Bett. Das pikt so.»

«Dann bürste ihn weg.»

Das können sie selbst herausfinden.

Einigen Eltern mag das etwas zu hart klingen. Sie glauben, daß ihre Kinder sie vielleicht brauchen, um durch die Zeit des Alleinseins zu kommen, daß sie ihnen bei diesem Übergang helfen müssen, bis sie schließlich sicher in den Armen des Schlafs angelangt sind. Aber dies ist eine der Zeiten, die Kinder, die mit allem ausreichend versorgt sind, allein bestehen können. Sie haben dann ein «Ich bin okay» verinnerlicht, das sie über diese Zeit hinwegbringt. Wenn sie es brauchen, können sie auf Teddy, Decke, Puppe oder ihren Daumen zurückgreifen, bis sie schließlich einschlafen.

Kinder brauchen ihre Eltern nachts. Es ist notwendig, daß sie für ihre Kinder da sind, zur Verfügung stehen und auf sie aufpassen. Aber sie brauchen sie nicht direkt neben sich. Und sie müssen nicht bei ihnen sein und mit ihnen reden. Wenn die Schlafenszeremonie einmal vorbei ist, ähnelt das, was Kinder von ihren Eltern brauchen, vielleicht dem Mond. Er steht da oben, paßt auf alles auf, er ist freundlich, aber er macht nicht viel.

Das hindert Kinder nicht daran, mehr zu wollen.

«Papa, Papa, ich glaube, in meinem Bett ist ein Käfer.»

«Gute Nacht»

Wie lange sollten Sie neben Ihren Kindern sitzen und ihnen gute Nacht sagen? Wie viele Geschichten sollten Sie ihnen vorlesen? So lange, wie Sie Spaß daran haben, so lange, wie Sie möchten. Aber wenn Sie entscheiden, daß es gut ist und die Kinder nun schlafen müssen, dann ist es auch Zeit, schlafen zu gehen. Die Zeit der Trennung von Eltern und Kind ist gekommen – die Interaktion ist bis morgen vorbei.

«‹Und Bunny Hopkins legte seine Gartenwerkzeuge beiseite und kam herein. Würden die Bonbons, die er gepflanzt hatte, schon morgen einen Sproß zeigen? Er hoffte es von ganzem Herzen.› Gute Nacht, Liebling. Schlaf gut!»

«Bitte, Mama, noch ein bißchen weiter. Nur noch ein bißchen?»

«Gute Nacht, Liebes. Schlaf gut!»

Und Sie verlassen das Zimmer.

Die normalen vier Küsse und Umarmungen sind schon lange vorbei.

«Bitte, bitte, noch einen Kuß.»

«Gute Nacht, Jessica.» Und Sie gehen aus dem Zimmer.

«Nur noch einen, bitte, bitte. Nur heute abend.»

Aber was ist, wenn die Kinder nicht gleich einschlafen, sondern statt dessen noch aufbleiben? Was ist, wenn sie das Licht anmachen? Wenn sie aufstehen und spielen?

Wenn die Schlafenszeit als eine Zeit definiert ist, in der die Interaktion zwischen Eltern und Kindern beendet ist, dann müssen die Eltern dabei bleiben. «Eva, mach das Licht aus, und geh ins Bett» ist eine Form der elterlichen Interaktion. Es ist ganz offensichtlich, daß Eva davon viel bekommen kann, wenn sie das Licht immer wieder anmacht oder wieder aus ihrem Bett kommt. Eltern müssen sich entscheiden, was Schlafenszeit heißen soll.

Wenn die Kinder beim Spielen laut werden, dann müssen die Eltern intervenieren. Oder wenn sie einen Fernseher in ihrem Zimmer haben und man nicht möchte, daß sie, nachdem sie ins Bett gebracht worden sind, noch fernsehen. Dann müssen Sie sagen: «Wenn du noch Fernsehen guckst, nachdem du ins Bett gegangen bist, kommt der Fernseher aus deinem Zimmer.» Oder wenn Geschwister so laut reden, daß man sie auch außerhalb des Zimmers hören kann. Dann müssen Sie sagen: «Ruhe, ihr beiden.»

Einige Kinder scheinen tatsächlich weniger Schlaf zu brauchen als andere. Was ist so schlimm daran, Kinder bis zum Einschlafen ruhig in ihrem Zimmer spielen zu lassen, wenn sie niemanden stören?

Kinder bei den Eltern im Bett

Wenn Eltern und Kinder tatsächlich dasselbe Bett teilen müssen, weil es nicht genug Raum gibt, dann ist das kein Problem. Aber es entstehen viele Probleme, wenn sie das Bett teilen, *damit die Kinder einschlafen*. Das ist schlicht nicht notwendig.

Kinder möchten gern, daß ihre Eltern mit ihnen zusammen zu

Bett gehen, so daß sie nicht allein und wach im Bett liegen müssen. Aber Eltern begehen einen großen Fehler, wenn sie ihrem Kind die Möglichkeit nehmen, zu lernen, daß sie mit derartigen Dingen zurechtkommen.

Heute nacht werden mich diese Monster auffressen. Ich kann sie schon riechen. Sie warten nur darauf, daß ich einschlafe. Heute nacht kommen sie ganz bestimmt...

Das wirklich Großartige an den Monstern unter dem Bett ist, daß sie nicht existieren. Die Tatsache, daß das schreckliche Monster Nacht für Nacht doch nicht erscheint, wird zu einer mächtigen Versicherung – der besten, die es gibt –, daß nichts passiert, wenn Kinder allein im Bett liegen. *Ich kann überleben. Ganz allein.*

Doch wann können die Kinder das lernen, wenn die Eltern mit Absicht für diese Brücke sorgen, indem sie im selben Bett schlafen, bis die Kinder eingeschlafen sind? Wenn man niemals ohne Eltern von Angesicht zu Angesicht mit einem Monster gestanden hat, lernt man nicht, daß man das kann.

Aufstehen und das Haus verlassen

«Ich kann es einfach nicht mehr ausstehen. Um zehn vor acht, wenn ich die Kinder endlich aus dem Haus habe, bin ich dem Nervenzusammenbruch nahe. Und normalerweise fühle ich mich so schuldig. Es gibt so ein Durcheinander am Morgen, daß sie immer mit schlechter Laune in die Schule gehen.»

«Sie kennen meinen Sohn Robert nicht. Er hat das Trödeln zu einer Kunstform entwickelt. Immer wieder muß ich in sein Zimmer gehen, und – wenn das noch möglich ist – jedesmal ist er ein bißchen weiter ausgezogen. Er liegt auf dem Boden und spielt mit seinen blöden Autos. Dabei müssen wir in zehn Minuten das Haus verlassen. Er benimmt sich so, als ob er auf dem Mond wäre.»

«Mit meiner Tochter Caroline gibt es jeden Morgen eine Schreierei. Bei allem bekommt sie einen Anfall. Sie kann ihre Unterhosen nicht

finden. Ihr T-Shirt hat einen Fleck. Der Toast ist zu dunkel. Wenn sie endlich geht, bin ich kurz davor, sie zu strangulieren.»
Morgens aufzustehen und das Haus zu verlassen widerspricht allem, was das Baby-Selbst will. Es haßt das. Der Morgen ist nicht seine Lieblingszeit, weil eine Umstellung vom Baby-Selbst auf das reife Selbst notwendig ist. Und das wird das Baby-Selbst niemals zulassen. Kinder tun alles Mögliche, um zu trödeln und sich an Mama und Papa zu hängen. Das Baby-Selbst erfindet unendliche Probleme und Beschwerden, es führt Debatten über alles und nichts.

«Aber warum darf ich meinen Basketball nicht mit zur Schule nehmen?»

Eltern müssen sich entscheiden, ob sie an dem ganzen Prozeß ihrer Kinder, fertig zu werden, aktiv teilnehmen wollen.

«Nun mach schon, Sybille. Du hast keine Zeit mehr zu essen?»

«Wo ist dein anderer Schuh, Arved? Mit einem kannst du nicht zur Schule gehen. Was hast du mit deinem anderen Schuh gemacht?»

Oder Sie müssen – wenn das notwendig ist – bis zum allerletzten Moment warten, bis Sie sich in die Auseinandersetzung einmischen. Die erste Möglichkeit ist nicht nur weitaus anstrengender, sie arbeitet auch gegen Sie. Sie kämpfen gegen das Baby-Selbst, und diesen Kampf verlieren Sie bestimmt.

Meine Kinder haben mich gelehrt, wie man morgens handeln muß. Sie haben wiederholt demonstriert, daß ihre Fortschritte beim Aufstehen und Anziehen sich proportional genau umgekehrt zu meinen Versuchen verhielten, sie dazu anzuhalten. Meine Gegenwart – allein mein wiederholtes «Nun komm schon, Nick; zieh dein Hemd an» – inspirierten sie geradezu zum Trödeln, statt sie dazu anzuhalten, schneller fertig zu werden.

Am Ende habe ich gelernt, mich irgendwo anders aufzuhalten. Normalerweise war ich in der Küche, um das Frühstück zu machen. Statt in ihre Zimmer zu gehen, habe ich sie aus der Ferne ermahnt.

(Wo war Mary Alice? Sie sagt, daß sie – und nicht ich – normalerweise dafür gesorgt hat, daß sie aufgestanden sind und gefrühstückt haben.)

«Bist du angezogen?»

«Ja.»

«In zehn Minuten gehen wir.»

«Du brauchst nicht so zu schreien. Ich bin fast fertig.»

Und normalerweise wurden sie rechtzeitig fertig.

Das Geheimnis des Morgens besteht darin, nicht allzuviel zu unternehmen. Halten Sie die Interaktion auf einem Minimum – alles, was nicht angenehm ist, führt zu nichts. Am Morgen führt das ständige Erinnern zu nichts. Alles, was Sie damit erreichen, ist, daß Ihre Kinder noch mehr trödeln und debattieren und daß Sie wütend werden. Bei Trödlern, besonders bei ernsthaften Trödlern, die einfach nicht fertig werden und die am Morgen richtige Probleme schaffen können, haben Sie zwei Möglichkeiten: Sie können sie bei jedem Schritt überwachen, zur Eile anhalten, ihnen drohen oder gut zureden – aber das führt zu nichts. Oder Sie können etwas tun, was funktioniert.

1. Stellen Sie sicher, daß sie wach sind, und sagen Sie: «Gut, es ist Zeit, aufzustehen und sich anzuziehen.»
2. Rufen Sie ihnen in Abständen fröhlich etwas zu wie: «Es ist fünf vor halb acht.» – «Du möchtest doch heute nicht dein Frühstück auslassen. Es gibt Honey-Smacks – dein Lieblingsfrühstück.»
3. Tun Sie nichts, bevor die letzten zehn Minuten gekommen sind. An diesem Punkt rufen Sie – egal, was Ihre Kinder gerade tun, und wenn sie noch vollkommen nackt auf ihrem Bett liegen und Punkte an der Decke zählen: «Fünf Minuten!» (Sie reservieren sich fünf Minuten extra für Schritt 4.)
4. Wenn die fünf Minuten um und Ihre Kinder immer noch nicht erschienen sind, gehen Sie dorthin, wo sie sich aufhalten, ziehen Sie sie schnell und nicht besonders liebenswürdig an. (Es ist sehr wichtig, daß Sie genug Zeit haben, um zu vermeiden, daß *alle* zu

spät kommen.) Geben Sie ihnen das, was sie für die Schule brauchen, und wenn sie bis dahin kein Frühstück gegessen haben, geben Sie ihnen etwas als Frühstück in die Hand, und schieben Sie sie aus der Tür. (Das ist ein perfekter Ort für Busineß-Eltern.) Wenn Sie das so machen, wie eben geschildert, sagen Sie zu Ihren Kindern: Du kannst den ganzen Morgen vertrödeln, wenn du willst. Aber schließlich bist du angezogen und aus der Tür. Wenn du es willst, mache ich es so, wie ich es für richtig halte. Aber du kannst es auch so machen, wie du es willst. Das ist deine Entscheidung.

Die meisten Kinder ziehen sich – wenn sie vor diese Wahl gestellt werden – selbst an und frühstücken morgens, ohne daß Sie sie ständig daran erinnern müssen. Sie tun es wahrscheinlich immer noch in der allerletzten Minute, aber sie tun es, weil sie wissen, daß Sie, wenn Sie sagen «noch fünf Minuten», die Wahl haben, sich entweder selbst anzuziehen oder von Ihnen angezogen zu werden. Alle größeren Anstrengungen – z. B. sie zur Schule zu fahren – führen zu nichts.

«Ich mach das später»

«Richard, könntest du bitte die nassen Handtücher draußen auf die Leine hängen?»

«Wenn ich hiermit fertig bin», antwortet Richard, der gerade damit beschäftigt ist, seine Fußballkarten zu sortieren.

«Richard, ich habe dich gebeten, die Handtücher aufzuhängen.»

«Mache ich auch», sagt Richard, der jetzt Fernsehen guckt. «Wenn die Sendung zu Ende ist.»

«Richard, wie oft soll ich dir noch sagen, daß du die Handtücher aufhängen sollst.»

«Du brauchst mich nicht so anzuschreien. Ich mach es ja gleich», sagt Richard und guckt weiter Fernsehen, diesmal eine andere Sendung.

«Nein, Richard, du tust das jetzt.»

«Später» ist keine gute Idee, es sei denn, wir sind als Eltern bereit, mit der außerordentlich großen Wahrscheinlichkeit zu leben, daß es nie passieren wird.

Mahlzeiten

Als ich ein Kind war, saß meine Familie jeden Abend zum Essen um einen großen Tisch herum. Ich erinnere mich an diese Abende nicht, weil ich glaube, daß sie ein besonders wertvoller Teil meiner Kindheit waren (obwohl ich außerordentlich gern aß und ein ziemlich dicker Junge war). Meine Erinnerung an diese Abendessen ist – neben dem Essen –, daß meine ältere Schwester Ellen und ich diese Zeit dazu benutzten, ungezogene Dinge zu unserer jüngeren Schwester Mary zu sagen. «Oh, ich habe heute unsere Schwester gesehen», fing ich lässig, an Ellen gewandt, an, was Mary dazu veranlaßte loszuschreien. Ich wollte darauf hinaus, daß Mary, die einzige Blonde in der Familie, im Krankenhaus vertauscht worden und kein natürliches Kind unserer Eltern sei. Wie oft wir diese Masche auch wiederholten, sie hatte immer Erfolg.

Die Arbeitszeiten von Mary Alice und mir ließen es oft nicht zu, daß wir abends alle zusammen aßen. Meistens saßen wir während des Essens vor dem Fernseher, was mir persönlich sehr gefällt. Ich gehöre nicht zu denjenigen, die das gemeinsame Essen der Familie für heilig erklären. Aber das Essen kann natürlich in vielen Familien eine gemeinsame Zeit sein, die alle genießen. Aber Essenszeiten sollten keine Prüfung sein, die man durchstehen muß.

Die siebenjährige Lynn benimmt sich jeden Tag beim Abendessen scheußlich.

«Warum können wir niemals das essen, was ich gern mag. Iiih, das ist ja schrecklich. Das ist viel zu fett.»

«Du brauchst es nicht zu essen, wenn du es nicht magst», sagt ihre Mutter.

«Nimm deine Finger von meinem Teller», sagt Lynn und schlägt ihrem jüngeren Bruder auf die Hand, die überhaupt nicht in ihrer Nähe war.

«Hör auf, Mark zu schlagen. Er hat dir gar nichts getan», sagt der Vater.

Woraufhin Lynn anfängt, mit den Füßen gegen die Tischplatte zu treten.

«Hör auf, gegen den Tisch zu treten», sagt ihre Mutter.

Daraufhin fängt Lynn an, mit dem Stuhl hin- und herzuschaukeln.

«Ich hasse mein Abendessen. Ich hasse es. Es ist einfach scheußlich. Scheußlich.» Auf diese Weise begleitet sie ihre Schaukelei mit dem Stuhl.

Wenn ein Familienmitglied anfängt, das Essen derart unangenehm für die anderen zu machen, muß es vom Tisch verbannt werden. Wenn jemand sich am Tisch so ungezogen verhält und es scheint, als ob er nicht die Absicht hätte, damit aufzuhören, gibt es keinen Grund dafür, warum er weiterhin am gemeinsamen Essen teilnehmen sollte. Kinder verletzen sich nicht, wenn sie an einem anderen Ort oder zu anderer Zeit essen.

«Tschüs, Lynn.»

«Nein, ich mach ja gar nichts.»

«Tschüs, Lynn.»

Wenn sie vom Tisch verbannt wird – denken Sie an die Regel für die Trennung –, ist sie jederzeit wieder willkommen, wenn sie sich entsprechend benimmt. Wenn das gemeinsame Essen einer Familie angenehm ist, dann wird ein abwesendes Kind zurückkommen wollen – solange es nicht wirklich schlechter Laune ist. In diesem Fall wird es nicht zurückkommen wollen. Und in diesem Fall werden wir es auch nicht unbedingt zurück am Tisch haben wollen. Ansonsten führt diese Regel nicht nur dazu, daß sich Kinder zusammennehmen, um zurückkommen zu können, sondern auch dazu, daß sie lernen, auf ihr Verhalten bei Tisch mehr zu achten.

Regeln für die Mahlzeiten

1. Entscheiden Sie, wieviel Chaos bei Tisch für Sie noch akzeptabel ist.
2. Ignorieren Sie, was an Unruhe und Albernheiten noch innerhalb der akzeptablen Grenzen ist. Das heißt, verbessern Sie Ihre Kinder nicht ständig. Wenn Sie mit menschlichen Kindern zusammen essen, müssen Sie mit nicht ganz perfektem Verhalten rechnen.
3. Wenn ein Kind anfängt, den anderen die Mahlzeit zu verderben, dann sollte es schnell vom Tisch verbannt werden, bis es sich wieder vernünftig und angenehm verhält.

Familiäre Mahlzeiten sollen angenehme Zeiten sein, von denen alle Familienmitglieder zeitweise ausgeschlossen sein können.

«Tschüs, Eduard.»

«Aber ich bin der Vater. Ich soll nicht vom Tisch verbannt werden.»

«Tschüs, Eduard.»

«He, einen Moment noch. Erwachsene hat er nicht gemeint.»

«Tschüs, Eduard.»

«Genau, Mami. Zeig es ihm.»

«Erwachsene hat er damit nicht gemeint, Ruth.»

Kinder, die am Essen mäkeln

«Du hast gesagt, daß ich Nachtisch essen darf, wenn ich auch grüne Bohnen esse. Wie ist es mit sechs?»

«Acht.»

«Sieben.»

Er ißt Erdnußbutter und Nutellabrote, manchmal auch rohe Karotten, manchmal Würstchen. Das ist alles. Und natürlich auch noch Süßigkeiten, Hamburger und Pommes.

Als Eltern möchten wir, daß unsere Kinder jeden Tag eine ausreichende Menge an nahrhaftem und gesundem Essen in ihren Magen bekommen. Das sollte selbstverständlich sein, aber das Eßverhalten von Kindern kann einen verrückt machen.

«Konrad, könntest du bitte aufhören, mit dem Essen zu spielen, und es einfach essen.»

«Aber ich habe keinen Hunger, und die Haut auf dem Hähnchen ist weich.»

«Dann schneide sie ab.»

«Nein, das geht nicht. Sie ist schon an das Hähnchen gekommen.»

Aber das Essen ist *das* Thema, über das wir überhaupt keine Auseinandersetzungen führen sollten, denn Auseinandersetzungen tragen emotionale Fragen in den Bereich des Essens hinein. Wir möchten ohne Emotionen essen. Wir wollen es nicht mit Auseinandersetzungen über Kontrolle oder Liebe kontaminieren.

«Iß diese acht Bohnen für mich.»

«Macht dich das glücklich?»

«Ja, das macht mich glücklich.»

«Dann esse ich sie nicht.»

Was sollten Eltern also tun? Die wichtigste Regel ist, nicht zu versuchen, die Kinder zum Essen zu *zwingen*, und zwar weder in allgemeiner Form – «Nun komm schon, Simone, du mußt etwas essen» – noch in spezifischer – «Iß die grünen Bohnen».

Ein Kind zum Essen zu zwingen funktioniert vielleicht im Moment. Aber auf die Dauer führt es dazu, daß der Ärger jedesmal größer wird, wenn Sie es versuchen. Kinder lernen dadurch, daß sie das Essen als ein Mittel benutzen können, um ihre Eltern zu quälen; und sie werden das auch tun.

Die Regeln für die Mahlzeiten sollten eindeutig und bekannt sein, bevor sie sich überhaupt zu einer Mahlzeit an den Tisch setzen. Es gibt keine täglich neuen Verhandlungen, es gibt keine Diskussionen.

Wenn Sie ein Kind haben, das überhaupt nicht viel zu essen scheint, halten Sie die Mahlzeiten ab, und machen Sie ihm das Essen zugänglich. Diskutieren Sie *nicht* während des Essens darüber, ob es ißt oder nicht ißt. Wenn es in seinem Essen nur herumstochert, statt es zu essen, begrenzen Sie die Mahlzeit. Wenn die Mahlzeit vorbei ist, darf das Kind den Tisch verlassen. Lassen Sie Ihr Kind nicht so lange am Tisch sitzen, bis es die Menge gegessen hat, die Sie für angemessen halten.

Bei mäkeligen Essern sollten Sie sich überlegen, ob dem Kind auch noch Essen zur Verfügung stehen soll, wenn es den Tisch verlassen hat, ob Sie ihm eine Alternative gewähren (Nutellabrot oder Müsli), unter welchen Bedingungen es Nachtisch haben darf usw. Das ist Ihre Entscheidung, und welche Entscheidung Sie auch immer fällen, sie ist in Ordnung, und sie wird zur Regel. Über diese Regel wird nicht verhandelt. Es ist jedoch keine gute Entscheidung, besondere und andere Mahlzeiten für das Kind zu bereiten. Das gleicht einer Einladung dazu, beim Essen eine besondere Behandlung zu erwarten.

Wenn Sie sich Sorgen machen, daß Ihre Kinder zu wenig essen, erkundigen Sie sich beim Arzt, ob sie gesund sind. Was für ein Problem mit dem Essen gibt es, wenn sie gesund sind? Wenn es tatsächlich ein Problem gibt, wird der Arzt Ihnen das sagen. Kinder, die in einem Zuhause leben, in dem es genug zu essen gibt, sind nur sehr selten unterernährt. Die meisten Kinder essen so viel, wie sie für ihre Ernährung brauchen, besonders dann, wenn das Essen keinen emotionalen Gehalt hat.

Sich aufspielen in der Öffentlichkeit

Unangenehmes Verhalten im Einkaufszentrum

Die Familie des siebenjährigen Matthias hat eine Reihe von Dingen im Einkaufszentrum zu erledigen. Doch sobald sie dort angekommen sind, fängt Matthias an, sich fürchterlich zu benehmen. Alle Versuche, sein Verhalten zu verbessern, schlagen fehl.

Wenn Kinder sich in der Öffentlichkeit immer wieder schlecht benehmen, fällt die Entscheidung, was man tun soll, relativ leicht. Denn es gibt nicht viel, was Sie tun können. Nehmen wir einmal an, daß härtere oder vernünftigere Methoden alle nichts bewirkt haben, z. B.:

«Komm, Matthias, laß uns mal gucken, welches Geschäft die schönste Schaufensterdekoration hat.»

Oder:

«Bitte, Matthias, wir haben viel zu erledigen. Ich weiß, daß du keine Lust dazu hast, aber es würde mir und Mama wirklich guttun, wenn du keinen Wutanfall bekämst.»

Sogar:

«MATTHIAS, DU HÄLST JETZT BESSER DEN MUND!»

Was bleibt dann noch übrig? Wenn Sie mit einem ungezogenen, aufsässigen, fordernden oder wütenden Kind in der Öffentlichkeit sind und nichts zu funktionieren scheint, dann sollten Sie versuchen, die unangenehme Zeit durchzustehen – so gut Sie können. Und in solchen Fällen müssen Sie in der Tat zäh sein.

Sie meinen, wenn mein Kind anfängt, sich in der Öffentlichkeit aufzuspielen, und es nichts hilft, wenn ich nett oder vernünftig bin, und auch Anschreien ohne Wirkung bleibt (was Eltern natürlich selten tun), *dann gibt es nichts, was ich noch tun kann? Ich muß es einfach aushalten, solange wir noch unterwegs sind?*

Ja. Das ist nicht nur alles, was Sie tun sollten, sondern bei Wutanfällen gibt es auch vieles, was Sie nicht tun sollten. Dazu gehört:

1. Das Kind einmal oder wiederholt rügen.

«Matthias, warum mußt du immer deinen Willen haben? Du verdirbst uns alles. Du mußt lernen, daß...»

Das ist eine vernünftige und angemessene Form der Reaktion, aber wie wir schon zuvor in diesem Buch beschrieben haben, führt sie nur dazu, daß das Baby-Selbst noch mehr Appetit bekommt. Dann wird alles noch schlimmer.

2. Nach Hause gehen.
Diese Reaktion stört die Pläne der restlichen Familie ernsthaft. Nach Hause zu gehen ist den anderen gegenüber nicht fair. Normalerweise ist es auch sehr unpraktisch, und es gibt dem ungezogenen und wütenden Kind sehr viel Macht. *Meine Wutanfälle haben Einfluß auf das, was wir tun. Du kannst davon ausgehen, daß ich sie noch lange haben werde.*

3. Belohnungen oder Bestechungen anbieten.
«Wenn du dich den Rest der Zeit gut benimmst, kauft Papa dir etwas Schönes.»
Wie schon gesagt, ich persönlich mag Belohnungen nicht, aber besonders ungeeignet finde ich sie als Mittel, um schreckliche Kinder zu beruhigen. Wenn Sie Ihrem Kind eine Belohnung versprechen, ist es vielleicht eine Zeitlang ruhig, aber ich bin überzeugt davon, daß Sie damit auf lange Sicht nichts Gutes erreichen.

4. Strafen androhen.
«Wenn du dich nicht benimmst, Matthias, darfst du heute nachmittag nicht mit Frank spielen.»
Das ist schlimmer, als wenn Sie Ihrem Kind eine Belohnung versprechen. Obwohl es manchmal funktionieren mag, tun Sie damit nichts, um das Verhalten Ihres Kindes in der Öffentlichkeit im allgemeinen zu verbessern. Meistens verlängern und verstärken Sie das schlechte Benehmen Ihres Kindes damit, denn Sie lösen eine neue Folge von Aufregungen aus. Deshalb gehört es zu den unangemessenen Reaktionen.

«Aber warum? Warum darf ich nicht mit Frank spielen?»

«Du weißt, warum.»

«Aber du hast das versprochen. Du hast gesagt, daß Frank zu uns kommen könnte. Das ist nicht fair.»

«Ich habe dich gewarnt. Du hattest die Möglichkeit, dich anders zu benehmen. Aber du konntest dich einfach nicht zusammennehmen.»

«Aber das ist nicht fair. Ich mache das ja. Ich verspreche es.»
Und so weiter. Und nicht nur das: Sie haben damit wahrscheinlich einer ganzen Serie von weiteren Wutanfällen den Weg bereitet, und dann müssen Sie die Strafen verschärfen.

Was können Sie also tun? Nicht sehr viel. Und das kann manchmal bedeuten, daß sie ein wutschnaubendes Kind durch das Einkaufszentrum ziehen, wenn Sie Ihre Besorgungen machen. Normalerweise, aber nicht immer, fängt ein wütendes Kind, das keine Reaktion bekommt, nach einer Weile statt dessen an zu schmollen.

Wenn Sie wollen, können Sie – wenn Sie wieder im Auto oder zu Hause sind – Ihre unangenehmen Gefühle ausdrücken.

«Matthias, ich bin sehr enttäuscht. Du warst schrecklich, als wir im Einkaufszentrum waren. Du hast allen eine furchtbare Zeit bereitet. Das war wirklich sehr selbstsüchtig von dir. Ich hoffe, daß du dich nächstes Mal besser benimmst.»

Mehr als das muß nicht gesagt werden, und leider haben Sie keine Garantie dafür, daß sich Ihr Kind das nächste Mal besser benimmt. Wenn ein Kind sich in der Öffentlichkeit wiederholt schlecht benimmt, sollten die Eltern sich überlegen, ob sie es mitnehmen müssen oder ob es Alternativen dazu gibt. Aber es ist nicht immer möglich, das Kind nicht mitzunehmen, und Eltern sitzen oft in der Öffentlichkeit mit einem sich schlecht benehmenden Kind fest, ohne daß sie dieselben Möglichkeiten wie zu Hause haben. Die wichtigste Option, sich mit einem schrecklichen Kind auseinanderzusetzen – Trennung –, steht nicht zur Verfügung.

«Okay, Matthias. Wenn du Theater machen willst, bitte. Wir kommen zurück und holen dich hier vor dem Kaufhaus in einer halben Stunde wieder ab. Tschüs.»

Das ist bestimmt keine Möglichkeit. Für ein Kind ist das einfach zu schrecklich, und natürlich birgt es auch ein großes Risiko, ein Kind in der Öffentlichkeit allein zurückzulassen.

In der Kindererziehung ist es eine Tatsache:

Manche Situationen sind schlimm, und es gibt nichts, was Sie tun können, um sie zu verbessern. Aber es gibt vieles, was Sie machen können, um sie zu verschlimmern. Das Beste ist, sie halten sie aus.

Die Eltern kritisieren

Im Supermarkt. Christina, sieben, und ihre Mutter warten in einer langen Schlange vor der Kasse – vor und hinter ihnen stehen Leute.

«Mama, kaufst du mir das?»

Christina hat sich ein kleines gelbes Plastikei mit einem niedlichen Entchen drauf ausgesucht. Auf dem Preisschild steht 1,49 DM.

«Nein, Christina, ich kaufe dir nichts, wenn wir im Supermarkt sind.»

«Aber Mama, die ist so niedlich. Bitte.»

«Tut mir leid, Christina. Ich kaufe dir kein Spielzeug, wenn wir im Supermarkt sind.»

«Bitte, Mama, bitte.»

«Nein, Christina.»

«Aber warum nicht, Mama? Bitte. Sie ist so süß.»

Christinas Tonfall ist langsam immer weinerlicher und schriller geworden, und die Leute drehen sich um und schauen Christina und ihre Mutter an – nicht gerade freundlich.

«Bitte, bitte, bitte, Mama. Bitte, bitte. Warum nicht, Mama? Bitte, bitte, bitte. Warum nicht, Mama?» Und Christina fängt an zu schluchzen. «Bitte, bitte, bitte!»

«Christina, ich habe nein gesagt.»

Nachdem sie diese Haltung einmal eingenommen hat, sagt Christinas Mutter nichts weiter. Aus Erfahrung weiß sie, daß es ein Fehler wäre, wenn sie Christina jetzt nachgeben würde. Das würde sich bei vielen zukünftigen Einkäufen im Supermarkt wiederholen. Christinas Mutter will es durchstehen. Aber Christina hört nicht auf zu schluchzen.

Nun gucken alle Leute in der Schlange. Ihre Gesichter sagen deutlich: «Können Sie nicht etwas tun, damit das Kind endlich aufhört? Geben Sie ihr das dumme Ei. Schlagen Sie sie. Tun Sie, was

Sie wollen. ABER SORGEN SIE DAFÜR, DASS SIE AUFHÖRT.»

Christinas Mutter, ein wütendes Kind zu ihren Füßen und feindliche Supermarkteinkäufer vor und hinter sich, fühlte sich ungefähr so wie jemand, der bei starkem Verkehr versucht, nach links abzubiegen, aber keine Öffnung findet, so daß die Autofahrer, die hinter ihm warten müssen, anfangen zu hupen.

Um dem allen noch die Krone aufzusetzen, dreht sich die Frau vor ihr in der Schlange um. Sie hat sich entschlossen, hilfreiche Ratschläge zu erteilen.

«Wissen Sie, wenn das mein Kind wäre, würde ich ihr nicht erlauben, sich so zu benehmen.»

An diesem Punkt kann sich Christinas Mutter nicht entscheiden, welche der drei folgenden Alternativen sie am liebsten täte. Alle sind gleich attraktiv:

1. Die Dame vor ihr zu würgen.
2. Christina zu würgen.
3. Das attraktivste von allem – ein Loch zu suchen und sich darin zu verkriechen und zu sterben.

Eine andere Geschichte:

Karin ist mit Lena, Anna und Paulchen bei ihrer Mutter zu Besuch.

«Weißt du, Karin, du und Thomas, ihr habt euch niemals so benommen. Dein Vater und ich hätten es nicht zugelassen, daß ihr euch so benehmt.»

«Mutter, das verstehst du einfach nicht. Heutzutage sind die Dinge anders. Es ist nicht mehr so, wie es war, als Thomas und ich Kinder waren.»

«Ja, natürlich. Du hast recht, Liebling.»

Es ist nicht leicht, Kinder aufzuziehen. Aber was es besonders anstrengend machen kann, ist, daß wir es nicht in einem Vakuum tun. Da gibt es all diese Leute, die sehen, was wir tun, sich darüber ihre eigenen Gedanken machen und machmal etwas sagen. Diese Leute sind oft unsere Verwandten, deren Ansichten uns wichtig sind – ob uns das nun gefällt oder nicht.

Es macht alles noch schlimmer, daß wir nicht nur versuchen müssen, herauszufinden, was für uns und unsere Kinder gut ist, sondern daß wir uns auch noch Sorgen darüber machen müssen, was andere Leute denken. Wir können nichts dagegen tun. Das ist ein Teil des Menschseins. Das kann ein Problem werden, denn es kann unser Vertrauen unterminieren, daß wir mit unseren eigenen Kindern zurechtkommen können.

Wir denken:

Sie verstehen das nicht. Sie sind nicht jeden Tag da. Sie kennen meine Kinder nicht – nicht so, wie ich sie kenne. Sie wissen nicht, wer ich bin. Was bei mir funktioniert. Sie wissen nicht, was ich versuche zu machen. (Obwohl sie manchmal auch mitfühlend und verständnisvoll sind, eigene Kinder haben und oft, sehr oft in ähnlichen Situationen gewesen sind.)

Auf diese Weise versuchen wir, eine Erklärung zu finden. Aber wir scheinen sie nicht zu überzeugen. Doch es gibt eine Lösung. Sie besteht darin, daß Sie für sich selbst eine Reihe von Fragen beantworten:

– Wer sollte die täglichen Entscheidungen im Leben eines Kindes treffen?
– Wer weiß mehr über mein Kind?
– Wer kümmert und sorgt sich am meisten um mein Kind?
– Wer muß mit den Folgen dessen leben, was ich mit meinem Kind mache?
– Von wem wünsche ich mir am meisten, daß er die Entscheidungen – ob falsch oder richtig – trifft, die das Leben meines Kindes betreffen?

In Wahrheit haben wir die Wahl. Wir können das tun, was wir für unsere Kinder für am besten halten, was für uns am bequemsten ist. Wir können uns auch danach richten, was andere sagen, was sie davon halten. Was ist mir am wichtigsten – ich und meine Kinder oder das, was andere sagen oder denken? Wenn Eltern sich in den schlimmsten Momenten diese Fragen stellen, haben sie es leichter, mit der richtigen Antwort aufzuwarten.

Christinas Mutter wartet im Supermarkt den Sturm ab – so unangenehm das auch ist. *Dies ist mein Kind, nicht das ihre. Es tut mir leid, daß es Kinder gibt, die die Zeit im Supermarkt unangenehm machen. Aber ich habe nun mal eins von diesen Kindern.*

Gegenüber denen, die wir lieben, sehen die Dinge, wenn wir einmal eine Haltung eingenommen haben, schon viel leichter aus.

«Tut mir leid, Mutter, aber ich mache das nun mal so.»

«Aber Helena, du verwöhnst ihn. Du wirst dafür zahlen müssen. Das wirst du noch sehen.»

«Mutter, ich möchte nicht darüber sprechen. Ich mache das nun mal so.»

«Du mußt dich nicht gleich so aufregen. Ich habe nur versucht, dir zu helfen.»

«Ich weiß, Mutter. Aber ich muß die Dinge so machen, wie ich es will und kann.»

«Nun, deshalb brauchst du mich nicht so zu verletzen.»

«Tut mir leid, Mutter.»

Wenn man dabei bleibt, fangen die anderen überraschend schnell an, die eigene Autorität zu akzeptieren, auch wenn sie manchmal noch vor sich hin grummeln. Schließlich ist das Ihr Kind und nicht das ihre.

«Sie verwöhnt das Kind wirklich.»

Wenn Sie einmal damit angefangen haben, empfinden Sie bald Stolz darüber, daß Sie stark genug sind, um gegen diese Stimmen anzugehen, die Ihnen das Gefühl geben, schwach zu sein.

Ich habe vielleicht nicht immer recht, aber als Mutter oder Vater meines Kindes liebe ich es mehr als jeder andere Mensch auf der Welt. Ich tue, was ich für richtig und am besten halte. Mehr kann ich von mir nicht verlangen. Und wer oder was sollte oder wollte ich sonst sein, um alle die Entscheidungen in ihrem Leben zu treffen?

Die Kinder kommen mit Problemen zu Ihnen

«Kevin hat gesagt, er wird mich verprügeln»

Der sechsjährige Konrad sagte eines Tages nach der Schule zu seinem Vater:

«Kevin hat gesagt, daß er mich verprügeln wird. Weil ich gesagt habe, er ist ein Fettsack. Ich habe aber gar nicht gesagt, daß er ein Fettsack ist, aber er glaubt mir nicht, und jetzt sagt er, daß er mich verprügeln wird.»

«Nun Konrad, weißt du, manchmal sagen Kinder Sachen, um selbst das Gefühl zu haben, daß sie stark sind. Aber das heißt nicht unbedingt, daß sie das dann auch wirklich tun.»

«Er hat aber gesagt, er wird mich verprügeln.»

«Wenn du wirklich Angst davor hast – was meinst du, was ich tun sollte?»

«Ich weiß nicht.»

«Nun, denk darüber nach.»

«Ich weiß nicht, was man tun kann. Ich möchte nicht verprügelt werden.»

«Vielleicht kannst du es Frau Schilling erzählen und sie bitten, mit euch beiden gemeinsam zu sprechen. So könnt ihr vielleicht euren Streit beilegen.»

«Glaubst du, das würde gehen?»

«Ich bin nicht ganz sicher, Konrad. Aber du kannst es ja mal versuchen.»

«Okay, ich versuche es.»

Ein Vater hilft seinem Sohn bei einem Problem. Aber wieviel wollen wir bei den täglichen Problemen im Leben eines Kindes tatsächlich helfen? Sollen wir wie Konrads Vater Lösungsvorschläge machen? Sollen wir mit ihnen zusammen versuchen, eine Lösung zu finden, wie es Konrads Vater ursprünglich beabsichtigt hatte? Oder sollen wir gar nicht erst versuchen zu helfen? Sollen wir nur zuhören?

«Kevin hat gesagt, er wird mich verprügeln. Weil ich gesagt

habe, er ist ein Fettsack. Ich habe aber gar nicht gesagt, daß er ein Fettsack ist, aber er glaubt mir nicht, und jetzt sagt er, daß er mich verprügeln wird.»

«Nun, das klingt wie ein Problem.»

«Ja. Ich will nicht, daß er mich haut.»

«Ich hoffe auch, daß du nicht verprügelt wirst.»

«Aber ich weiß nicht, was ich machen soll.»

«Ja, das ist wirklich ein Problem.»

«Du mußt mir helfen. Kevin wird mich verprügeln.»

«Nun, ich weiß nicht, was ich sagen soll, Konrad. Ich hoffe wirklich, daß ihr das auch ohne Prügeln lösen könnt.»

«Aber was ist, wenn das nicht geht?»

«Das wäre nicht gut.»

«Aber du mußt mir helfen.»

«Nun, manchmal lösen sich Dinge auch von allein, und wenn es wirklich ein großes Problem wird, helfe ich dir natürlich.»

«Aber Kevin hat gesagt, er schlägt mich morgen. Das ist ein großes Problem. Aber du bist überhaupt keine Hilfe. Wenn er das macht, ist das deine Schuld.»

«Nun, ich hoffe, daß er das nicht tut.»

«Ich werde die ganze Nacht daran denken müssen.»

«Ich hoffe nicht.»

«Doch, werde ich.»

Was kann tatsächlich passieren?

1. Vielleicht wird Kevin ihn verprügeln. Und wenn das zu einer regelmäßigen Angelegenheit wird, wird Konrads Vater wahrscheinlich intervenieren wollen. Aber will er auch intervenieren, um zu verhindern, daß Konrad einmal von einem gleichaltrigen Klassenkameraden geschlagen wird?
2. Es stellt sich heraus, daß Kevin – aus welchem Grund auch immer – ihn doch nicht verprügelt.
3. Konrad findet von selbst eine Lösung – vielleicht nicht unbedingt eine, die uns gefällt.

«Kevin.»

«Was ist?»

«Ich hab dich nicht Fettsack genannt. Das war Matthias. Ich habe es gehört. Es stimmt.»

«Dann verprügel ich ihn.»

«Gut. Er verdient es auch.»

Die Frage ist: Was sollen wir hinsichtlich der täglichen Probleme unserer Kinder am besten tun?

Ihnen Lösungen vorschlagen? Ihnen ein Modell zeigen, wie sie Probleme lösen können?

Oder es ihnen überlassen?

Die beiden ersten Möglichkeiten sind gut, aber lassen Sie mich noch etwas über das Gute an der dritten Möglichkeit sagen. Denn sie ermöglicht eine wichtige Lektion. Den Kindern das Problem zurückzugeben setzt sie der Belastung aus, mit der sie leben müssen, ringen müssen. Sie erfahren die Unannehmlichkeit, die Auseinandersetzung, die Unsicherheit, die mit einem Problem einhergehen. Vielleicht finden sie eine Lösung, vielleicht auch nicht. Durch diese Erfahrung lernen Kinder, daß tägliche Probleme, selbst größere, vorbeigehen, sich von allein lösen und nicht so schlimm sind, wie sie sich vorgestellt haben. Sie können vom Jetzt zum Dann kommen – die Lücke überbrücken, die ein unlösbares Problem zu sein scheint – und auf der anderen Seite immer noch ganz und vollständig wieder herauskommen.

«Ich hab Langeweile»

«Oh, hallo, Jakob.»

«Ich hab Langeweile.»

«Oh.»

«Ich hab Langeweile. Es gibt nichts, was ich tun kann.»

«Wie wär's mit Malen?»

«Malen ist langweilig.»

«Aber manchmal findest du Malen gut.»

«Nein, tu ich nicht. Malen ist langweilig. Es gibt nichts zu tun. Kannst du nicht was mit mir spielen?»

«Ich kann im Moment nicht, Jakob. Ich bin beschäftigt. Du mußt dir selbst überlegen, was du tun kannst.»

«Aber es gibt nichts zu tun.»

«Was ist mit den Lego-Steinen? Damit hast du schon lange nicht mehr gespielt. Erinnerst du dich daran, wie du das letzte Mal so eine schöne Burg gebaut hast. Ich wette, du könntest dir auch noch etwas anderes ausdenken.»

«Ich hab keine Lust dazu. Ich will, daß du etwas mit mir spielst.»

«Das geht nicht, Jakob. Ich bin beschäftigt.»

«Aber es gibt nichts, was ich tun kann. Ich hab Langeweile.»

Auch der Zustand der Langeweile läßt sich mit dem Überlebenstraining auf einer verlassenen Insel vergleichen. Irgendwie muß man eine bestimmte Zeit allein auf sich gestellt überleben. Wenn Kinder nicht üben, die entsprechende Zeit durchzustehen, werden sie in dieser Hinsicht vollkommen abhängig von anderen. Wer weiß, was für eine Lösung sie finden? Aber wenn sie sich selbst überlassen sind, finden sie schon eine Lösung. Die Zeit wird vorbeigehen.

«Oh, hallo, Jakob.»

«Ich hab Langeweile.»

«Oh.»

«Ich hab Langeweile. Es gibt nichts, was ich tun kann.»

An dieser Stelle kann Jakobs Vater – wenn er will – mit einem Lösungsvorschlag kommen. Aber er kann das Problem auch schon an dieser Stelle an Jakob zurückgeben.

«Nun.»

«Ich hab solche Langeweile. Kannst du nicht mit mir spielen?»

«Nein, ich bin beschäftigt. Du mußt selbst etwas finden, was du machen kannst.»

«Aber es gibt nichts, was ich tun kann. Was kann ich machen? Ich hab solche Langeweile.»

«Na, das ist aber wirklich schlimm.»
«Kannst du nicht etwas mit mir spielen?»
«Tut mir leid, Jakob. Ich muß jetzt mit meiner Arbeit weitermachen.»
«Aber das geht nicht. Du mußt mit mir spielen. Ich hab solche Langeweile. Was soll ich denn tun? Ich langweile mich so. Wirklich.»

Wenn Jakobs Vater sich wirklich nicht überreden läßt, wird Jakob für sich selbst sorgen und etwas finden, was er machen kann. Das ist vielleicht nicht das, woran sein Vater gedacht hat.

«Warum heult die Katze, Jakob?»
«Ich fand das mit dem Bauen eine gute Idee. Ich hab Mimi einen Käfig aus Kartons gemacht.»

Mürrische Kinder

Ich hatte am Morgen und beim Frühstück wirklich viel zu tun. Ich bin morgens normalerweise guter Laune (wahrscheinlich der Kick des Koffeins). Nick und Margaret kamen dagegen normalerweise mißmutig zum Frühstück. Aber ich hatte gute Laune. Das war der Wettstreit der Stimmungen. Da ich gute Laune hatte, weigerte ich mich, mich ihrer schlechten anzuschließen. Ich wollte weiterhin fröhlich sein; das war meine Stimmung, und es war schön, guter Laune zu sein.

Was folgte, war ein Duett. Ein unharmonisches. Sie sangen ihre mürrische Melodie, und ich sang meine fröhliche. Seitdem habe ich mir solche Situationen immer als «widerstreitende Melodien» vorgestellt.

Ein hypothetisches Beispiel:

Klaus' Vater hat das Frühstück gemacht. Klaus' Schwester Karen sitzt schon am Tisch und ißt. Klaus kommt in die Küche und läßt sich vor sein hübsch zurechtgemachtes Brötchen mit Marmelade fallen.

«Ich hasse Brötchen mit Marmelade.»

«Guten Morgen, Klaus», sagt sein Vater.

«Guck, das ist schon ganz weich.»

Klaus' Vater kommt zu ihm, umarmt und küßt ihn, was Klaus irgendwie abwehrt. «Du bist mein großer guter Junge», sagt Klaus' Vater.

Klaus fängt an, sein Brötchen zu essen.

«Papa, Karen gibt mir die Milch nicht.»

Klaus' Vater sagt nichts, sondern umarmt und küßt ihn noch einmal, was Klaus wiederum abwehrt. «Ich hab dich lieb», sagt Klaus' Vater.

«Auah», sagt Klaus und läßt seinen Ellbogen absichtlich leicht auf den Tisch fallen.

«Ich finde Brötchen mit Marmelade einfach Klasse. Brötchen mit Marmelade sind einfach super», singt Klaus' Vater auf keine genaue Melodie.

«Papa, du bist wirklich ein unglaublicher Trottel», und diesmal lacht er. Der Rest des Frühstücks verläuft angenehm.

«Wir sollten in der Tat versuchen, die mürrische Laune von Kindern und ihren Versuch, uns da mit hineinzuziehen, zu ignorieren. Diskussionen wie die folgende führen zu nichts:

«Ich hasse Brötchen mit Marmelade.»

«Aber ich dachte, du magst sie.»

«Nein, tu ich nicht. Und dieses ist überhaupt nicht mehr frisch.»

«Nun, ich mache dir nichts anderes.»

«Ich esse das nicht.»

Und so weiter.

Statt dessen sollten wir wie Klaus' Vater versuchen, unsere fröhliche Melodie zu bewahren, die mit der schlechten der Kinder direkt konkurriert. Und wenn sie nicht *wirklich* schlechter Laune sind, werden sie sie irgendwann fallenlassen und sich uns anschließen. Und davon hat jeder etwas.

Das ist eine besonders angenehme und normalerweise erfolgreiche Möglichkeit, mit dem Baby-Selbst zurechtzukommen. Dazu müssen Sie in so guter Stimmung sein, daß es Ihnen gelingt, Ihre Kinder aus ihrer mürrischen Laune herauszuziehen. Aber meistens funktioniert das.

Diese Methode ähnelt der, die ich für schmollende Kinder beschrieben habe. Ein Kind möchte sich in seine Baby-Selbst-Haltung fallenlassen, aber die Eltern sollten sich davon nicht beeindrucken lassen und ihre eigene gute Stimmung bewahren. Sie sollten die Versuche des Baby-Selbst, sie mit seiner mürrischen Laune anzustekken, nicht beachten. Einige Beispiele:

Im Auto. «Mama, Joseph schubst mich immer.»

«Ich hab eine Idee. Laßt uns das Nummernschild-Spiel spielen.»

«Ich hab keine Lust dazu. Auah. Hör auf damit, Joseph. Mama, er hat das schon wieder gemacht.»

Schweigen. «Ich habe Hamburg und Berlin.»

«Mama, er schubst mich immer.»

Noch mehr Schweigen. «Hamburg, Berlin und Dresden. Das sind drei.»

«Das ist nicht fair. Du hattest einen Vorsprung. Oh, ich habe Hamburg und Bremen.»

Klemens kommt in die Küche.

«Aber warum darf ich kein Streifenhörnchen haben?» Er hat schon millionenmal gefragt und millionenmal eine Antwort bekommen.

«Oh, hallo, Klemens. Hast du Lust, mir zu helfen?»

«Aber warum? Warum darf ich kein Streifenhörnchen haben?»

«Ich schneide gerade Sellerie. Aber wenn du willst, kannst du das machen. Guck, so groß müssen die Stücke ungefähr sein. Sie kommen in den Salat.»

«Du gibst mir keine Antwort. Warum darf ich keins haben?»

«Die Zwiebeln habe ich auch noch nicht geschnitten. Hast du Lust dazu? Ich hole dir ein Messer und ein Brett.»

«Darf ich das große Messer nehmen?»

«Mama, kannst du mir meinen Tuschkasten holen?»

«Nein, tut mir leid, Peter. Ich hab jetzt wirklich keine Lust dazu.»

«Aber ich möchte jetzt meinen Tuschkasten haben.»

«Ich kann dir einen Kuß geben, wenn du möchtest.»

«Aber ich will keinen Kuß. Ich will meinen Tuschkasten.»

«Du kannst auf meinem Schoß sitzen, wenn du willst, und ich schmuse ein bißchen mit dir.»

«Aber ich will, daß du mir mit meinem Tuschkasten hilfst.»

«Mein Schoß wartet, wenn du willst.»

«Okay», und Achim klettert auf den Schoß seiner Mutter und fängt an, am Daumen zu lutschen.

«Mama, mein Bauch tut immer noch weh. Ich glaube nicht, daß ich morgen zur Schule gehen kann.» Er tut Sonntag abend immer weh, und sie sagt das jeden Sonntag abend.

«Was soll ich dir heute abend vorlesen?»

«Mein Bauch tut weh.»

«Was hältst du von ‹*Klaus und seine Lieblingspflaume*›. Was meinst du?»

«Mein Bauch tut weh.»

«Oder vielleicht ‹*Die Zauberschuhe*›. Das haben wir schon lange nicht mehr gelesen.»

«Nein, ich will ‹*Klaus und seine Lieblingspflaume*›.»

KAPITEL 5

Familienstreitigkeiten

Die Kunst der Elternschaft besteht darin, zu wissen, wann man sich einmischen und wann man sich zurückziehen muß. Dazu gehört eine Menge mehr, als man aus der Intuition weiß. Noch komplizierter kann es werden, wenn die Fragen nicht nur uns und unser Kind betreffen, sondern auch andere Familienmitglieder daran beteiligt sind. Wie wir sehen werden, ist die grundlegende Regel dieselbe. Aber in dem komplexen Gewebe des Familienlebens ist sie manchmal schwerer zu erkennen.

Vater und Mutter – wer ist an der Reihe

Die Eltern des sechsjährigen Hubertus sitzen nebeneinander auf der Couch. Hubertus zerschneidet alte Zeitungen mit der Schere und fängt an, ein ziemlich großes Durcheinander zu veranstalten.

«Das ist genug, Hubertus. Heb bitte die Zeitungen auf, und leg die Schere weg. Du machst zuviel Unordnung», sagt Hubertus' Vater.

«Aber ich möchte mit den Zeitungen spielen.»

«Hubertus, ich möchte, daß du sie jetzt wegräumst.»

«Aber ich hab keine Lust dazu. Ich mache gar keine Unordnung.»

«Doch, du machst Unordnung. Ich möchte, daß du jetzt aufräumst.»

«Aber das ist nicht fair. Ich mache gar keine Unordnung.»

«Hubertus, du hast gehört, was ich gesagt habe. Du suchst Streit.»

«Um Gottes willen, Jan-Uwe. Nun laß ihn doch mit den Zeitungen spielen. Er tut doch niemandem weh. Und jetzt ist er ganz betrübt», sagt Hubertus' Mutter, die wegen der sich entwickelnden Situation anfängt, nervös zu werden.

«Du hältst dich da raus, Angelika. Immer widersprichst du mir in Gegenwart des Kindes. Er weiß, daß er Unordnung veranstaltet, und du stellst dich immer auf seine Seite.»

«Das ist nicht wahr, Jan-Uwe. Du stellst nur diese unsinnigen Forderungen an ihn. Und dann habt ihr beide diese Auseinandersetzungen. Es ist wirklich schrecklich, zuhören zu müssen.»

«Nun gut, du brauchst mir nicht zuzuhören. Du hast gewonnen, Hubertus. Deine Mutter hat dich mal wieder gerettet.» Und Hubertus' Vater stürmt aus dem Zimmer.

Die grundlegende Regel für Erziehung, in die beide Eltern verwickelt sind, ist:

Wenn ein Elternteil eine Grenze setzt, sollte sich der andere heraushalten.

Solange er oder sie nicht befürchtet, daß eine wirkliche Verletzung droht, sollte der zweite Elternteil nicht intervenieren, auch dann nicht, wenn er oder sie das Gefühl hat, daß der andere etwas Falsches tut. Mischen Sie sich nur dann ein, wenn Sie darum gebeten werden.

«Könntest du dich darum kümmern, Angelika?» Und wenn Angelika das dann akzeptiert, ist *sie* jetzt an der Reihe.

Ein Elternteil sollte jedoch niemals intervenieren, wenn das Kind ihn darum bittet.

«Mama, ich kann doch weiterspielen, oder? Ich tu damit doch niemand weh?»

«Nun, Jan-Uwe, er fragt mich, und ich finde das okay.»

Angelikas Intervention auf die Bitte von Hubertus hin unterminiert nur die Autorität seines Vaters. Angelikas einzige Reaktion auf die Bitte von Hubertus sollte sein:

«Nein, dein Vater sagt nein.»

Oder vielleicht: «Das ist eine Angelegenheit zwischen dir und deinem Vater.»

Eltern *müssen* sich gegenseitig unterstützen.

Und solange sie nicht gebeten wird, die Angelegenheit zu übernehmen, muß Angelika der Situation ihren Lauf lassen, ohne sich daran zu beteiligen, ganz gleich, wie sie weitergeht.

«Du schreist mich an. Das ist alles, was du kannst.»

«Jetzt reicht es mir, Hubertus.»

Wie sich die Situation auch entwickeln mag, wenn Angelika sich einmischt und ihrem Mann widerspricht, gibt sie Hubertus damit deutlich zu verstehen: «Dein Vater ist nicht die letzte Autorität. Das bin ich.»

Und das erzeugt sofort eine Reihe von wirklichen Problemen, wie z. B.:

1. Einen Dissens zwischen den Eltern.
   «Warum kannst du dich nicht raushalten, wenn ich Hubertus etwas sage? Wie du weißt, ist er auch mein Kind.»
   «Das würde ich auch tun, wenn du nicht immer so unvernünftig wärst.»
2. Den unvermeidlichen Groll des zurechtgewiesenen Elternteils gegenüber dem Kind.
   «Er läuft immer zu ihr. Und natürlich ist sie auf seiner Seite.»
3. Das Übergehen eines Elternteils.
   «Mit Papa brauch ich mich nicht auseinanderzusetzen. Wenn mir etwas nicht gefällt, was er gesagt hat, dann brauche ich nur zu Mama zu gehen.»

Wenn Angelika die Autorität von Jan-Uwe wiederholt unterminiert, erleidet die Beziehung zwischen Jan-Uwe und seinem Sohn automatisch Schaden. Wenn sie sich nicht einmischt, können Jan-Uwe und Hubertus die Angelegenheit miteinander austragen und ihre Beziehung zueinander selbst bestimmen. Jan-Uwe hegt dann nicht mehr Groll gegen Hubertus, als aus der Situation selbst entstanden ist. Und die Beziehung zwischen ihnen hat wenigstens eine

Möglichkeit, sich zu entwickeln, ob nun zum Guten oder zum Schlechten. Aber das kann nur geschehen, wenn Hubertus und sein Vater ihre Beziehung ungehindert prüfen können.

Den größten Vorteil davon hat vielleicht Hubertus. Er lernt dadurch, in der Beziehung zu seinem Vater für sich selbst zu sorgen. Das ist ein schwieriges Gebiet für viele Väter und Söhne. Und solange sein Vater ihn nicht wirklich mißhandelt, wird er überleben. Hubertus wird seinen Vater dann wahrscheinlich mögen, und ihre Beziehung wird unter Umständen eine der wichtigsten seines Lebens. Es kann auch passieren, daß er seinen Vater nicht mag, aber es ist nicht unbedingt schlecht, einen Vater, der nicht nett ist, nicht zu mögen.

Ganz gleich, wie sich die Beziehung auf Dauer entwickelt, so wird Hubertus doch das Gefühl haben, daß er in diesem speziellen Reich zwischen Vater und Sohn sich allein helfen und sich dafür respektieren kann.

«Ich kann mich mit Papa auseinandersetzen. Ich kann mit ihm zusammensein, und was er auch anstellt, ich kann das aushalten und am Ende immer noch ich selbst sein. Ich habe keine Angst vor ihm. Manchmal macht er mir ein schlechtes Gefühl, aber ich kann damit umgehen. Ich bin stark.»

Bei physischen Mißhandlungen *muß* der andere Elternteil intervenieren, um das Kind zu schützen. Wenn eine derartige Einmischung die Beziehung zwischen dem Kind und dem mißhandelnden Elternteil beeinträchtigt, dann läßt sich das nicht ändern. Aber wenn die Mißhandlung nur in harten Worten besteht, ist eine Einmischung des anderen Elternteils nicht unbedingt notwendig. Auch verbale Mißhandlungen können Schaden anrichten, aber es ist sehr schwer herauszufinden, womit ein Kind umgehen kann und womit es überfordert ist. Dazu kommt, daß es bei jeder Entscheidung ein Risiko gibt: den Schaden des Kindes gegen den Schaden der Beziehung zu dem verbal mißhandelnden Elternteil.

Aber auch wenn ein Elternteil sich nicht direkt einmischt, kann er oder sie noch nützlich sein.

«Du kleines Schwein. Hast du denn wirklich nichts im Kopf?» sagt die Mutter zu Isabella.

«Papa, ich bin ein Schwein? Mama sagt immer, daß ich ein Schwein bin.»

«Nein, du bist kein Schwein. Mama sagt das nur, weil sie ärgerlich auf dich ist. Aber du bist kein Schwein.»

Diese wenigen Worte können sehr nützlich bei der Wiederherstellung der Selbstachtung sein. Dem Kind wird gegenüber dem verbal mißhandelnden Elternteil eine deutliche Unterstützung vom anderen Elternteil geboten, ohne daß er sich direkt einmischt.

«Ich bin kein Schwein. Sie *sagt* nur, daß ich ein Schwein bin. *Sie* ist ein Schwein, weil sie mich immer so nennt.»

Das kann viel von dem Stachel ziehen.

Einen Elternteil gegen den anderen ausspielen

«Papa hat gesagt, daß ich nicht nach draußen gehen darf», sagt David zu seiner Mutter. Das ist eine Lüge, aber sein Vater macht im Moment gerade eine Besorgung und kann das nicht korrigieren.

Wenn Kinder ihre Eltern absichtlich manipulieren, um ihren Willen durchzusetzen, benehmen sie sich wie normale Kinder. Kinder machen so etwas, aber Eltern brauchen sich keine Sorgen darüber zu machen, denn es gibt eine ziemlich einfache und wirkungsvolle Reaktionsmöglichkeit auf solche Unaufrichtigkeit.

1. Wenn der andere Elternteil nicht da ist, um die Behauptung zu überprüfen, dann muß Ihr Kind sich mit Ihnen auseinandersetzen.

   «Tut mir leid, David. Dein Vater ist nicht da. Ich möchte, daß du nach draußen gehst.»

   «Aber das ist nicht fair. Papa hat gesagt, daß ich das nicht muß. Warte, bis er nach Hause kommt. Das ist nicht fair.»

«Tut mir leid. Jetzt bin ich da, und ich möchte, daß du rausgehst.»

«Nein, das ist nicht fair.»

«Raus, David. Sofort.»

2. Wenn der andere Elternteil da ist, überprüfen Sie die Behauptung.

«Hast du gesagt, daß David nicht nach draußen gehen muß?»

«Ja, es ist ein bißchen regnerisch.»

Jetzt hat der zweite Elternteil die Möglichkeit, nachzugeben.

«Okay, David. Ich glaube, du mußt nicht nach draußen.»

«Toll, du bist super, Mama.»

Oder nicht zuzustimmen.

«Nein, ich finde, er sollte nach draußen. Sonst sitzt er den ganzen Tag drinnen und guckt Fernsehen.»

Die Eltern können darüber *kurz* verhandeln. Zu welcher Lösung sie kommen, ist unwichtig. Wichtig ist, daß sie sich an die elterlichen Entscheidungsregeln erinnern und sich schnell entscheiden.

«Nein, ich glaube, deine Mutter hat recht. Du solltest nach draußen gehen.»

«Nein, Papa. Gib ihr nicht immer nach. Halte auch mal deine Meinung durch. Du hast recht. Es regnet.»

«Nach draußen mit dir, David.»

«Ich hasse euch. (Hust. Hust.) Ich bekomme bestimmt eine Erkältung. Die wird bestimmt ganz schlimm.»

3. Wenn ein Kind sich mit seiner Lüge hat durchsetzen können und Sie das nachträglich herausfinden, konfrontieren Sie es mit seiner Schwindelei.

«Dein Vater hat nicht gesagt, daß du drinnen bleiben darfst. Du hast gelogen, David. Ich mag das nicht.»

«Ich hab nicht gelogen. Er hat das gesagt. Er hat es bloß vergessen.»

«Ich mag das nicht, wenn du so hinterlistig bist.»

Für David ist das wichtigste dabei, daß seine Eltern miteinander kommunizieren. Er sieht, daß seine Schwindeleien nicht immer Erfolg haben können. Aber die Eltern sollten aus solchen Schwindeleien und Unaufrichtigkeiten auch keine großen Angelegenheit machen. Doch dies ist ein größeres Thema, das ich in Kürze behandeln werde. Bei einer Schwindelei wie der oben beschriebenen sollten sich die Eltern, so gut sie können, darüber hinwegsetzen. Und wenn David mit so einer kleinen Lüge mal Erfolg hat und nicht ertappt wird, ist es schließlich auch nicht so schlimm.

Auseinandersetzungen zwischen den Eltern

Was ist, wenn Eltern sich streiten? Können ihre Auseinandersetzungen schlecht für Kinder sein? Vielleicht, aber wahrscheinlich nicht. Auseinandersetzungen zwischen den Eltern sind ein unvermeidlicher Teil der Kindheit. Und auch wenn sie zu viel Lärm führen, sind sie nicht schlimm, solange:

1. die Auseinandersetzungen nicht in Gewalt ausarten;
2. sie nicht zu einer Trennung führen und ein Elternteil auszieht;
3. nicht dauernd stattfinden;
4. nicht den einen oder anderen Elternteil erniedrigen;
5. die Kinder nicht als Schlichter oder Teilnehmer in den Streit hineingezogen werden.

«Mama, Mama, bitte hör auf zu streiten, bitte. Bitte laß dich nicht scheiden. Bitte hör auf zu streiten», schluchzt die kleine Adriane. Und ihre Eltern, die sehen, wie sehr ihr Streit ihre kleine Tochter mitnimmt, hören auf zu streiten.

Die eben geschilderte Szene ist nicht in Ordnung. Wenn Eltern streiten, müssen sich Kinder machtlos fühlen. Sie können den Fortgang des Geschehens nicht beeinflussen oder den Streit beenden. Sie müssen das Gefühl haben, daß er auf einer Ebene stattfindet, die von ihnen entfernt ist, über ihnen liegt, in der großen Welt der Erwachsenen, zu der sie keinen Zutritt haben. Obwohl der Eintritt in die Welt der Erwachsenen für das Baby-Selbst sehr verführerisches Futter ist (von der Sorte, die nicht nährt), ist er auch äußerst erschreckend. Wenn Kindern erlaubt wird, die Grenze zur Erwachsenenwelt zu überschreiten, wird ihnen eine Verantwortung aufgebürdet, der sie nicht gewachsen sind. Aber wenn sie wissen, daß das, was sie sagen, ihren Vater oder ihre Mutter nicht wirklich beeinflussen bzw. deren Haltung verändern kann, haben sie die Möglichkeit, sich wie Kinder zu fühlen – was sie ja auch sind.

«Geh raus, Adriane. Das ist eine Sache zwischen Mama und mir.»

«Aber ich habe solche Angst. Ich hasse es, wenn ihr euch streitet. Ich habe solche Angst.»

«Tschüs, Adriane.»

Adriane muß den Raum verlassen, solange ihre Eltern streiten, und die Zeit allein durchstehen. Sie wird das überleben. Sie ist sicher, und ihre Eltern sind da, wenn irgend etwas Ernsthaftes passieren sollte.

Wenn Eltern es schaffen, sich innerhalb der eben beschriebenen Grenzen zu streiten, werden ihre Kinder vielleicht das Gefühl haben, daß ihre Streitereien unangenehm und laut sind, aber für sie keine besondere Bedeutung haben. Wenn Eltern ihre Auseinandersetzungen innerhalb dieser Grenzen führen, lernen Kinder, daß Erwachsene sich streiten können, ohne daß etwas Schreckliches passiert. Die Menschen können sich streiten, und wenn es vorbei ist, sind die Dinge so wie vorher. Für Ihre Kinder sind Ihre Streitereien dann keine große Sache mehr.

«Ich wünschte, sie würden endlich aufhören zu streiten, so daß ich wieder ins Wohnzimmer gehen und Fernsehen gucken kann.»

«'tschuldigung.»

«Was ist, Adriane?»

«Könntet ihr euch bitte in der Küche streiten?»

Auseinandersetzungen zwischen Geschwistern

Der neunjährige Felix und der siebenjährige Daniel gucken Fernsehen im Wohnzimmer, als zwischen ihnen plötzlich ein Streit darüber ausbricht, wer sich auf dem Sofa zu breit macht. Kurz darauf rennt Daniel weinend aus dem Zimmer. Sein älterer Bruder folgt ihm. Daniel läuft direkt zu seinem Vater.

«Felix läßt mich nicht auf dem Sofa sitzen, und er schlägt mich immer und dreht mir richtig doll den Arm um, und ich glaube, er hat ihn gebrochen.»

«Danni lügt. Er hat mich dauernd getreten. Ich hab ihm nichts getan.»

«Hab ich nicht. Felix lügt.»

«Ich hau dir gleich eine runter, Danni.»

«Siehst du, Papa.»

An dieser Stelle sagt der perfekte Vater:

«Beruhigt euch, Jungs. Nun möchte ich, daß jeder von euch mir erzählt, was passiert ist. Einer nach dem anderen und ohne Unterbrechung. Zuerst du, Felix.»

Der Vater hört dann ruhig beide Seiten vollständig an. Nachdem er kurz überlegt hat, was sie gesagt haben, schlägt er eine Lösung vor, die beiden gerecht wird – obwohl beide ein bißchen nachgeben müssen. Dadurch bringt der Vater den Kindern bei, wie man zuhört und mit den täglichen Situationen auf gerechte und vernünftige Weise zurechtkommt. Er gibt ihnen damit nicht nur ein Modell für die Lösung des unmittelbaren Problems, sondern eins für Problemlösungen im allgemeinen.

Beide Jungen kehren ins Wohnzimmer zurück, um weiter fernzusehen. Sie haben das Gefühl, daß ihre Bedürfnisse erfüllt worden sind, daß ihnen zugehört wurde und daß sie mit der Lösung ihres Vaters leben können, obwohl sie nicht vollständig dem entspricht, was sie ursprünglich erreichen wollten.

Diese kleine Geschichte kann natürlich nur unter den Phalniern (90 Zentimeter großen, wespenähnlichen Geschöpfen) auf dem Planeten Trilgon III des Sternensystems Protus Alpha stattfinden. Nirgendwo anders im bekannten Universum könnte sie tatsächlich geschehen.

Meine Schwestern und ich

Ich erinnere mich an eine Autofahrt mit meiner Familie entlang dem Shenandoah Drive in Virginia. Wir waren schon über 400 Kilometer bei schwerem Nebel gefahren und hatten nichts sehen können. Ich erinnere mich auch, daß es auf diesen 400 Kilometern keine Rast gegeben hatte! (Ist das möglich?) Alle, die damals daran teilgenommen haben, stimmen darin überein, daß es die wirkliche Hölle auf Erden war. Aber es war trotzdem nicht schlimmer als der tägliche Morgen mit meinen beiden Schwestern Mary und Ellen. Zank, Streit, Geschrei, Verteidigungsanträge an meine Eltern und schlimme Wutanfälle waren notwendig und normal. Ellen und ich stritten uns nicht soviel, aber das lag nur daran, daß wir so damit beschäftigt waren, uns mit Mary zu zanken, dem Nesthäkchen der Familie, die immer den vierfachen Vorteil hatte, weil sie jünger, kleiner und dünner war und leicht weinen konnte. Wie bei vielen erwachsenen Geschwistern ist unsere Beziehung heute ziemlich gut, und wir zanken uns fast nie.

Ich habe die Streitereien zwischen uns dreien als Kinder erwähnt, weil sie bei mir zu dem Entschluß geführt haben, zumindest zu versuchen, mir etwas auszudenken, was bei meinen Kindern die wirklich garstigen und unablässigen Zankereien vermeiden könnte, an denen ich selbst teilgenommen hatte, obwohl unsere intelligenten und wirklich fürsorglichen Eltern ihr Bestes getan hatten. Ich wollte, daß meine Frau Mary Alice und ich immer das Gegenteil von dem taten, was meine Eltern getan hatten.

Was wir getan haben

Unser Plan – den wir gleich von Anfang an befolgten – war folgender: Solange wir nicht den Eindruck hatten, daß Nick oder Margaret in wirklicher Gefahr schwebte, wollten wir uns niemals zugunsten der einen oder anderen Seite einmischen. Wir wollten *niemals* zuhören, wenn sie mit einem Streit zu uns kamen. Und bei diesem Niemals-Zuhören waren wir besonders streng.

«Ich möchte nichts davon hören.»

Wenn wir intervenieren mußten, bekamen beide Kinder Ärger – ganz gleich, wie die Umstände auch immer sein mochten. Und wir mischten uns nur dann ein, wenn ein Kind das andere verletzen konnte. «Nein, du darfst sie nicht ins Auge stechen.» Das ist eine gute Botschaft. Das *einzige* Verbrechen, das dazu führt, daß einer öffentlich zur Schau gestellt wird, ist die Verletzung des anderen.

Aber unsere Interventionen sollten nur Verletzungen verhindern, keine Schmerzen.

«Nick hat mich geschlagen.»

«Ich möchte davon nichts hören.»

Und wenn das Risiko bestand, daß einer den anderen verletzte, wurde nicht gefragt, wer den Streit begonnen hatte.

«Du darfst Margaret nicht ins Auge stechen.»

«Aber sie hat mich getreten, und sie hat meine Fußballkarten durcheinandergebracht.»

«Du darfst sie nichts ins Auge stechen.»

Wir haben auch dann interveniert, wenn ihre Streitereien anfingen, uns ernsthaft zu stören. Aber dann hatten beide unter den Folgen zu leiden, was normalerweise hieß, daß sie ausgeschimpft wurden und – wenn sie nicht aufhörten zu streiten – beide an getrennte Orte verbannt wurden. Auch hier haben wir uns niemals danach erkundigt, wer den Streit begonnen hatte. Und wenn sie versuchten, uns ihren Fall vorzutragen, haben wir nicht zugehört.

Ich hatte eine Regel (aber ich bin nicht sicher, ob Mary Alice eine ähnliche Regel anwandte), daß ich nichts unternehmen würde, wenn einer über den anderen etwas erzählte – « Nick hat seine Milch in den Ausguß geschüttet » –, selbst dann nicht, wenn es etwas war, wofür Nick normalerweise ausgeschimpft worden wäre. Ich habe die Information – mit Rücksicht auf ihre Quelle – als einen unzulässigen Beweis angesehen.

Später hatte ich sogar eine Regel, daß derjenige, über den etwas erzählt wurde, fünfzig Pfennig bekam. Ich möchte diese Regel nicht verteidigen oder empfehlen – ich habe sie auch nur zweimal angewendet. Ich möchte nur sagen, daß sie mir und Nick und Margaret gefiel.

Mit der Zeit gaben es Nick und Margaret auf, uns zu erzählen, wer den Streit begonnen hatte und wer die Schuld an etwas trug, weil wir ihnen *niemals* zuhörten. Nick und Margaret haben sich wahrscheinlich ebensooft gestritten wie andere Kinder. Aber es gab kein dauerndes Zanken und keine dauernde Einmischung von uns in ihre Auseinandersetzungen – wessen Schuld es war, daß wir nicht gerecht seien, daß wir immer die Seite eines Kindes einnähmen. Und während ihrer ganzen Kindheit mußten Mary Alice und ich niemals diese Art von Zank ertragen. Das machte einen großen Unterschied. Mit den beiden zusammen zu sein hat fast immer Spaß gemacht.

Die Wahrheit über Streitereien zwischen Geschwistern

Die Wahrheit über Streitereien zwischen Geschwistern besteht darin, daß Sie Ihren Kindern entweder beibringen können, sie unter sich selbst auszutragen, oder daß sie sich auf einen Elternteil verlassen sollen, um die Dinge zu regeln. Wenn die Eltern den Streit schlichten, werden sie herausfinden, daß die Auseinandersetzungen selten gelöst werden können. Statt dessen finden sie sich selbst in einer nicht enden wollenden Kabbelei wieder, bei der klare und befriedigende Lösungen eine ungewöhnliche Ausnahme sind. Alles, was Sie damit erreichen, ist, daß Ihre Kinder zu Experten für Verteidigungsanträge werden.

Es gibt eine Lösung des Problems von Streitereien unter Geschwistern. Die Lösung verhindert keinen Streit, aber sie verringert seine Häufigkeit und Intensität. Und sie reduziert die Erschöpfungserscheinungen bei den Eltern erheblich. Und außerdem verändert sie die Gefühle zwischen Geschwistern deutlich zum Besseren.

Die Regeln für Streitereien unter Geschwistern

Die Regeln lauten wie folgt:

Solange keine wirkliche Gefahr besteht, daß ein Kind verletzt wird, sollten die Eltern nicht zugunsten der einen oder anderen Seite intervenieren – niemals.

Und da die Eltern nicht die eine oder andere Seite einnehmen, sollten sie bei Meinungsverschiedenheiten auch nicht als Richter fungieren – niemals.

Da die Eltern nicht als Richter fungieren, ist es sehr wichtig, daß sie nicht zuhören, wenn ein Kind in der Hitze eines Streits zu ihnen gelaufen kommen – niemals.

«Mark hat meine Lego-Burg kaputtgemacht. Und ich habe zwei Stunden gebraucht, um sie zu bauen.»

«Hab ich nicht. Carl hat mich gekniffen, da, wo ich jetzt den blauen Fleck am Arm habe.»

«Ich möchte nichts davon hören.»

«Aber mein Arm tut wirklich weh.»

«Ich hab seinen Arm nicht angerührt.»

«Ich möchte nichts davon hören.»

Ihre Kinder haben die Wahl

Ein Ergebnis dieser Praxis ist, daß Kinder lernen, ihre Angelegenheiten untereinander zu regeln. Wenn sie das nicht können, müssen die Eltern unter Umständen intervenieren. Aber dann gehören alle, die etwas damit zu tun haben, zu den Verlierern.

«Wenn ihr nicht fernsehen könnt, ohne euch zu streiten, dann guckt eben niemand Fernsehen.»

Die Kinder haben die Wahl: sich irgendwie zu einigen oder den elterlichen Zorn und seine Folgen zu riskieren. Diese Strategie bürdet den Kindern die Last auf. Irgendwie müssen sie es schaffen, daß die Dinge nicht so sehr aus dem Ruder laufen, daß alle darunter leiden. Und dadurch wird vermieden: «Wenn wir uns nicht einigen können, gehen wir zu Mama und Papa.» Wenn die Eltern sich zurückhalten, können Kinder ihre Angelegenheiten normalerweise selbst regeln. Auch wenn das Ergebnis nicht immer perfekt ist, lernen sie, welche Grenzen sie bei ihren Streitereien nicht überschreiten dürfen. Die Dinge laufen ohnehin viele Male aus dem Ruder, so daß die Eltern intervenieren müssen. Aber dies geschieht weniger oft, wenn Sie die Regeln der Intervention befolgen.

Ein Test für unsere Straegie waren die Zeichentrickfilme am Samstagmorgen. Zu der Zeit hatten wir nur einen Fernseher, und Nick und Margaret wollten – was unvermeidlich war – nicht dasselbe Programm sehen. Aber statt uns einzumischen und einen gerechten Plan auszuarbeiten (wogegen ich keine Einwände habe, wenn Eltern das tun wollen), beschlossen wir, sie sich selbst einigen zu lassen. Die einzige Regel war, daß sie überhaupt kein Fernsehen gucken durften, wenn sie sich so sehr zankten, daß wir uns gestört fühlten. Ich weiß nicht, wie sie sich einigten. Ich weiß nur, daß sie sich – mit einigen ganz seltenen Ausnahmen, einigten – weil sie jeden Samstagmorgen zusammen Fernsehen guckten. Wenn sie sich zankten, habe ich es nicht bemerkt.

Rivalität unter Geschwistern

Das wichtigste Ergebnis der obenbeschriebenen Praxis besteht vielleicht in seinen Auswirkungen auf die Gefühle zwischen Geschwistern. Wenn die Zankereien unter Geschwistern die Eltern in die Rolle des Richters ziehen, dann verändert sich die ganze Beziehung zwischen den Geschwistern. Das ist sehr einfach. Lassen Sie uns annehmen, daß sich Bruder und Schwester über die Auswahl des Fernsehprogramms streiten. Wenn sich die Eltern nicht einmischen und der Streit innerhalb der gesetzten Grenzen bleibt, was Lärm und Gewalt angeht, dann kann höchstens passieren, daß ein Kind nicht die Sendung ansehen kann, die es gern sehen möchte. Wenn die Eltern jedoch als Schiedsrichter fungieren, verändert sich alles. Zu dem Streit über das Fernsehprogramm kommt nun noch die Frage, welche Seite die Eltern einnehmen werden.

Das Problem besteht darin, daß es eine außerordentlich wichtige Frage für Kinder ist, welche Seite die Eltern einnehmen. Einfach gesagt, ist das ein direkter Ruf des Baby-Selbst nach Fütterung. Dieser Wunsch ist in der Tat so mächtig, daß im Vergleich dazu die ursprüngliche Frage, welche Sendung angeschaut werden soll, verblaßt. Die Konflikte unter Geschwistern verlassen dann ihre ursprüngliche Arena und werden zu Kämpfen um die elterliche Zuneigung. Die Wünsche des Baby-Selbst sind so viel mächtiger, daß sie die Auseinandersetzung zwischen Bruder und Schwester vertreiben. Dann bleiben nur zwei gefräßige Baby-Selbst übrig, die nichts anderes im Kopf haben als ihre nächste Fütterung. Zwei Baby-Selbst, die sich ständig duellieren.

«Ich hab das nicht getan, Mama. Er lügt.»

«Sie lügt, Mama. Sie hat es genommen. Sie ist diejenige, die immer lügt.»

Es gibt keinen Ausweg. Wenn die Eltern bei den täglichen Auseinandersetzungen zwischen Geschwistern Stellung beziehen, werden diese Auseinandersetzungen zu Fragen der elterlichen Zuneigung. Sie finden nicht über die Frage statt, welche Fernsehsendung gesehen werden soll – das sind Peanuts –, sondern es geht um die Unterstützung der Eltern. Und das ist wirklich eine große Angelegenheit. Die meiste echte Mißgunst unter Geschwistern ist ein direktes Produkt des ständigen Gegeneinanderausspielens bei der elterlichen Zuneigung.

Es ist ein verbreitetes Phänomen – und das ist auch meinen beiden Schwestern und mir passiert –, daß Kinder, die sich bitterlich durch die Kindheit schlagen und sich in dieser Zeit gegenseitig zutiefst hassen (zumindest ist das das einzige Gefühl, an das sie sich erinnern), dann, wenn sie das elterliche Zuhause verlassen, plötzlich herausfinden, daß sie sich ausgezeichnet vertragen. Denn nun gibt es keine Eltern mehr, um die sie sich streiten können. Und dies geschieht, obwohl ihre Rivalität die ganze Zeit über immens gewesen sein kann.

Streitereien unter Geschwistern und das Baby-Selbst

Eines der wichtigsten und erfolgreichsten Mittel des Baby-Selbst bei seinem immerwährenden Versuch, so viel und so leidenschaftliche elterliche Einmischung wie möglich zu bekommen, besteht darin, einen Streit unter Geschwistern zu provozieren. Um das zu erreichen, greift das Baby-Selbst zu den hinterlistigsten Methoden und ist immer schnell bei der Sache.

Oliver hat Langeweile und fängt an zu quengeln, daß er unbedingt einen «Mega Mann» braucht, aber in Wirklichkeit hofft er, daß er seine Mutter in eine ausgedehnte Auseinandersetzung verwickeln kann.

«Aber ich brauche einen ‹Mega-Mann›. Du mußt mir einen kaufen.»

«Nein, Oliver. Hör auf, mich ständig damit zu belästigen.»

Und Olivers Baby-Selbst, das einsehen muß, daß seine Provokation nichts eingebracht hat, wendet sich sofort seinem Bruder zu, der friedlich bei ihnen gespielt hat. Er fängt an, ihn zu ärgern.

«Mama, Oliver hat mein Blatt Papier zerrissen.»

«Hab ich nicht. Frederick wollte mir seinen Magic Marker nicht geben.»

«Oliver, laß Frederick in Ruhe.»

Olivers Baby-Selbst riecht einen möglichen Braten.

«Aber er teilt seinen Magic Marker nicht mit mir. Mama, das ist nicht fair.»

«Du sollst ihn in Ruhe lassen.»

«Aber Mama. ... Er teilt nie etwas mit mir.»

«Doch, ich teile mit dir», geht jetzt Frederick dazwischen. Zum großen Vergnügen von Olivers Baby-Selbst.

«Nein, Mama. Frederick lügt. Er teilt nie etwas.»

«Ihr beide müßt lernen zu teilen.» Bei Auseinandersetzungen zwischen Geschwistern und besonders bei denen um die «Fairneß» (wie schon beschrieben eine der am meisten geschätzten Waffen im Arsenal des Baby-Selbst) leistet das Baby-Selbst Großartiges.

Der Vater von Felix und Franziska hat eine Tüte M&M gerecht verteilt. Jedes Kind hat 36 bekommen, und der Vater hat das eine, das übrig blieb, gegessen.

«Das ist nicht fair. Felix hat mehr gelbe bekommen.»

Wenn wir Franziska in diesem Moment interviewen würden, ob es ihr wirklich etwas ausmacht, daß Felix mehr gelbe als sie bekommen hat, würde sie sagen: «Ja. Das ist nicht gerecht.» Und ihr Gesicht würde sich mit leidenschaftlicher Röte überziehen. Und unser Lügendetektor würde anzeigen, daß sie die Wahrheit sagt. Aber vor diesem Moment hat Franziska nicht einmal gewußt, daß sie die gelben M&Ms lieber mag.

In der Tat werden Eltern, die ernsthaft versuchen, gerecht zu sein, immer tiefer und tiefer in den Morast der geschwisterlichen Streitigkeiten hineingezogen, dorthin, wo am Ende nichts mehr gelöst wird und alle ärgerlich sind. Mit Ausnahme der Baby-Selbst, die gemeinsam bei einem Picknick das ausgezeichnete Essen genießen.

Wenn Kinder sich selbst überlassen bleiben, regeln sie ihre Angelegenheiten normalerweise allein. Die Grundlage ihrer Lösungen ist dann weitaus häufiger: «Womit kann ich leben?» als die absolute Gerechtigkeit. Ihre Lösungen sind nicht immer so wie die, die wir gefunden und bevorzugt hätten, aber sie sind nichtsdestotrotz notwendige Kompromisse und nützliche Regeln für das Leben.

«Im Grunde macht es mir nicht viel aus, wenn Kevin mich kneift. Solange ich ihn Idiot nennen kann.»

«Es ist mir egal, ob Sarah meine Kleider nimmt, ohne mich zu

fragen, und sie manchmal ruiniert, solange ich sie schlagen und zum Weinen bringen kann, wenn sie etwas kaputtmacht, was ich wirklich gern mag.»

«Ja, Sissy verprügelt mich manchmal. Aber ich brauche manchmal ihre Kleider.»

Es gibt einen Grund für die strengen Regeln der Fairneß in der Welt, aber normalerweise werden diese Regeln woanders erlernt.

Große Schläger, kleine Opfer?

Wenn Geschwister ihre Angelegenheiten untereinander selbst regeln und die Eltern sich nicht einmischen, wird dann nicht das größere und ältere Kind unvermeidlich das jüngere und kleinere tyrannisieren? Und wird das nicht schlechte Auswirkungen auf das kleinere Kind haben?

Das ist normalerweise die wichtigste Sorge bei den Regeln für geschwisterliche Auseinandersetzungen, die hier befürwortet werden.

Der neunjährige Franz ist größer und stärker als sein siebenjähriger Bruder Benjamin. Was kann Franz davon abhalten, Benjamin ständig zu tyrannisieren, wenn seine Eltern sich niemals einmischen – mit Ausnahme dann, wenn Franz seinen jüngeren Bruder verletzen könnte oder wenn die beiden zu viel Lärm machen?

«Das reicht, ihr beiden.»

«Aber Franz hat mich geschlagen.»

«Ich hab gesagt, ihr sollt aufhören. Sonst geht ihr in eure Zimmer.»

Warum sollte Franz seinen Bruder Benjamin bei dieser Regel nicht immer dann tyrannisieren, wenn ihm der Sinn danach steht. Warum sollte er nicht alles benutzen, ohne Benjamin um Erlaubnis zu fragen, und ihn durch körperliche Einschüchterung erpressen? Die Antwort ist einfach: Wenn die elterliche Zuneigung *wirklich* aus der Arena der geschwisterlichen Auseinandersetzungen herausgehalten wird, haben sie keinen großen Grund, einander nicht zu mögen. Sie werden sich streiten, gegenseitig ärgern, sich einander im Weg sein, aber es wird in der Beziehung auch immer Platz für Zuneigung und für den reifen Teil von ihnen geben – für ihren wirklichen Gerechtigkeitssinn und wirkliche Rücksicht.

Von Zeit zu Zeit wird Franz Benjamin tyrannisieren, er wird seine persönlichen Frustationen an seinem Bruder auslassen. Von Zeit zu Zeit wird Franz seine überlegene Größe und Stärke dazu benutzen, seinen kleineren Bruder einzuschüchtern. Aber wenn Benjamin niemals zu seinen Eltern rennt und schluchzt: «Franz hat mich geschlagen», und die Eltern Franz niemals ermahnen: «Wie oft muß ich dir das noch sagen: Hör auf, Benjamin zu ärgern!», wenn – falls Benjamin sich beschweren sollte – seine Beschwerde auf taube Ohren stößt, wenn sie für den Fall, daß ein Streit zwischen ihnen aus dem Ruder läuft und Franz seinen Bruder überwältigt, aber nicht *verletzt*, zwar ausgeschimpft werden, die Eltern kein Interesse daran haben, festzustellen, wer die Schuld trägt, wenn all das zutrifft, dann hat ein älteres Geschwister wenig Grund, sein jüngeres nicht zu mögen, und es wird sich normalerweise reifer verhalten. Wenn Franz versteht, daß sein jüngerer Bruder seine Eltern nicht automatisch nur deshalb auf seine Seite ziehen kann, weil er jünger und kleiner ist, kann er ihn mögen und sich ihm gegenüber zu Zeiten rücksichtsvoll verhalten.

Franz wird das Gefühl haben, daß er – wenn er es möchte – seine überlegene Größe und Stärke in der Beziehung zu seinem Bruder zu seinem Vorteil einsetzen kann, und das ist ein gutes Gefühl. Aber Franz *ist* älter, größer und mächtiger als Benjamin. Warum sollte man ihm dieses Gefühl nicht erlauben? Denn wenn Franz die Möglichkeit hat, sich mächtiger als Benjamin zu fühlen, hat er auch die Freiheit, sich seinem Bruder gegenüber gelegentlich großzügig zu zeigen.

Franz wird Benjamin von Zeit zu Zeit tyrannisieren. Aber er wird ihn auch mögen. Begrenzt – nicht gestoppt – wird seine Unterdrükkung durch die Zuneigung zu seinem kleinen Bruder und durch sein reifes Selbst, das sich von Zeit zu Zeit zeigen kann. Im wirklichen Leben funktioniert das tatsächlich so.

Aber was ist mit Benjamin? Ist er nicht das Opfer? Wird er nicht darunter leiden? Wird er keinen Schaden erleiden?

Nein. Benjamin ist nicht vollkommen wehrlos. Er wird Möglichkeiten finden, sich zu wehren. Wie die meisten jüngeren Geschwister wird er schnell herausfinden, wie er Franz ärgern kann. Obwohl er damit vielleicht das Risiko eingeht, von Franz geschlagen zu werden, wird er es trotzdem tun – möglicherweise dann, wenn gerade ein Elternteil zur Verfügung steht, zu dem er laufen und hinter dem er sich verstecken kann.

Dennoch wird Benjamin von Zeit zu Zeit tyrannisiert werden, ohne daß er die Möglichkeit hat, sich zu rächen. Gelegentlich wird er von der Gnade seines älteren Bruders abhängig sein. Es ist nicht schön, tyrannisiert zu werden. In manchen Augenblicken wird Benjamin seinen Bruder verzweifelt zum Teufel wünschen und die Tatsache verwünschen, daß er kleiner und schwächer ist. Aber Franz' Möglichkeiten, Benjamin zu tyrannisieren, sind begrenzt. Seine Eltern intervenieren, um Benjamin vor ernsthaften Verletzungen zu schützen. Die wirkliche Macht liegt natürlich bei den Eltern, und sie lehrt Beschränkung und Rücksichtnahme.

Obwohl Benjamin sich weniger mächtig als sein größerer Bruder fühlt, fühlt er sich von seinen Eltern nicht weniger geliebt. Das Gefühl, von seinen Eltern geliebt zu werden, gibt Benjamin mehr als alles andere ein Gefühl des Selbstwerts. Auch wenn er es von Zeit zu Zeit haßt, kleiner als Franz zu sein, hat er das Gefühl, in den Augen ihrer Eltern gleich zu sein. Sie werden beide geschätzt und geliebt.

Aber der wichtigste Grund dafür, daß es kein so großes Problem ist, von Zeit zu Zeit von einem älteren Geschwister tyrannisiert zu werden, liegt in der menschlichen Natur. Das ist ein Phänomen, das Eltern regelmäßig beobachten können. Die Kleineren tendieren dazu, ihre größeren Brüder und Schwestern zu idolisieren und zu lieben. Sie hassen es, wenn sie etwas von ihnen ertragen und wirklich leiden müssen, aber das scheint sie nicht davon abzuhalten, ihre größeren Geschwister trotzdem zu lieben. Sobald ein unangenehmer Vorfall beendet ist, scheint sie nichts davon abzuhalten, sich ihnen wieder zu nähern. Dies trifft besonders dann zu, wenn die größeren Geschwister nett sind und ihre kleineren Geschwister mögen. Und dies geschieht normalerweise immer dann, wenn das ältere Geschwister keinen tiefen Groll gegen den kleineren Bruder bzw. die Schwester hegt, wie z. B.: «Benjamin kriegt Mama immer auf seine Seite, weil er kleiner ist.»

Die meisten Eltern haben beobachtet, wie schnell ein jüngeres Geschwister sich von einem Streit und auch einer körperlichen Auseinandersetzung erholt und versucht, wieder mitzumachen.

«Franz, spielst du ein Spiel mit mir?»

Was Franz in der Tat oft tut. Nachdem er seinen kleineren Bruder nur Minuten vorher zum Weinen gebracht hat. Aber wenn er keinen wirklichen Groll gegen ihn hegt, kann er jetzt ohne weiteres wieder mit ihm spielen.

Werden die jüngeren davon traumatisiert oder nur durcheinandergebracht? Erleiden sie einen Schaden durch die gelegentliche Tyrannei, oder verabscheuen sie sie bloß? Kommen sie damit zurecht? Kann das wirklich von ihnen abprallen, ohne Schaden anzurichten? Wenn man Geschwister beobachtet, hat es wirklich den Anschein, als ob das der Fall sei.

Aber internalisieren sie dann nicht die Mißhandlung? Wird ihr Selbstbild dadurch nicht beschädigt?

Ingrid, neun, temperamentvoll, läßt ihre schlechte Laune oft an ihrer fünfjährigen Schwester Sonja aus.

«Das Bild ist wirklich scheußlich. Du mußt lernen, richtig zu malen. Du bist so dumm.»

Und bei solchen Gelegenheiten steckt Sonja – die von ihrer Mutter als «sanftes, kleines Wesen» beschrieben wird – einfach ein. Sie sitzt da und sagt nichts. Aber dann fängt ihre Unterlippe an zu zittern, und sie beginnt zu schluchzen.

«Es ist so traurig, wenn Ingrid sie so fertigmacht», sagt Sonjas Mutter, «denn Sonja bewundert Ingrid aufrichtig. Sonja nimmt sich das so zu Herzen.»

Nimmt sich Sonja das zu Herzen? Wird es zu einem Teil ihres Selbstbildes? *«Ich male schlecht. Ich bin dumm.»*

Oder ist es etwas anderes, wenn wir von einem Geschwister fertiggemacht werden? Gibt es einen Bereich geschwisterlicher Mißhandlungen, den Kinder letztlich nicht so ernst nehmen? Obwohl sie anfänglich von den Worten ihrer Schwestern sehr verletzt werden, lernen die Sonjas dieser Welt, daß das, was Schwestern sagen, selbst das, was idolisierte Schwestern sagen, oft nicht mehr ist als ein grundloser Versuch, sie durcheinanderzubringen. Es sind nicht die Charakterurteile eines wissenden Richters, sondern kleine Sticheleien. Sie ähneln einem kleinen Stoß oder einem An-den-Haaren-Reißen und haben darüber hinaus keine Bedeutung. Mit der Zeit lernen die Sonjas, für sich selbst zu sprechen.

«Ich male nicht schlecht. Du malst schlecht.»

Kinder lernen das mit der Zeit, wenn wir es sie lernen lassen. Sie entwickeln dabei eine gewisse Zähigkeit, eine Fähigkeit zurückzuschlagen, die es ihnen ermöglicht, mit Sticheleien umzugehen und nicht immer das Opfer zu sein, sich von den *normalen* unangenehmen Seiten des täglichen Lebens nicht verletzen zu lassen. Die Zähigkeit – sich nicht alles zu Herzen zu nehmen, nicht alles persönlich zu nehmen – ist notwendig, um in der täglichen Welt zurechtzukommen. Wir möchten gern, daß unsere Kinder für sich selbst stehen können, daß sie angesichts von Mißgeschick nicht in Verzweiflung geraten. Sonjas Mutter möchte alles tun, was in ihrer Macht steht, um diese Fähigkeit zu entwickeln. Sie möchte, daß Sonja das übt. Und welches Training wäre dafür besser als die verbale Abwehr einer mißhandelnden älteren Schwester?

«Sonja, du riechst aus dem Mund.»

«Du riechst schlimmer.»

Selbst wenn die Auseinandersetzungen zwischen Geschwistern zu keinen physischen Verletzungen führen, müssen Sie intervenieren, wenn sie anfangen, dem einen oder anderen ernsthaft zu schaden. Aber solange sie das nicht tun, lernen Geschwister, damit umzugehen, denn das alles findet in dem Bereich von zwei Baby-Selbst statt, die einander eins auswischen. Und beide Baby-Selbst wissen, daß nichts davon zählt, daß nichts wirklich ernst ist.

«Dein Gehirn ist butterweich.»

«Deins ist butterweich.»

Wenn die Eltern nicht da sind:
Eine beobachtete Szene und eine Frage

Als ich an diesem Teil des Buches arbeitete, begannen drei Kinder in meinem Hotel, Billard zu spielen – zwei ungefähr zwölf Jahre alte Mädchen und ein neunjähriger Junge, offenbar der Bruder der beiden Mädchen. Die Eltern waren nicht in der Nähe.

«Zeig mir, wie man spielt», sagte der Junge.

«Nein, guck zu, dann lernst du es», sagte seine Schwester.

«Zeig es mir», sagte der Junge.

«Guck einfach zu.»

Mit der Antwort nicht zufrieden, griff sich der Junge eine der Kugeln.

«Na schön, dann spielen wir eben ohne ihn. Du bist wirklich ein Baby.»

Der Junge nahm die Kugel und setzte sich in der Nähe. Die Mädchen fingen an zu spielen.

«Ihr *müßt* es mir zeigen», sagte er.

«Guck einfach zu, dann wirst du es lernen», sagte seine Schwester.

Der Junge warf den Ball in Richtung seiner Schwester.

«Fang.»

Er setzte sich dann neben den Billardtisch und sah den Mädchen beim Spielen zu.

Zehn Minuten später bemerkte ich sie erneut. Die Mädchen hatten offensichtlich gespielt, und der Junge hatte ihnen zugesehen.

«Ihr habt gesagt, drei Runden, und dann bin ich dran. Jetzt habt ihr vier gespielt.»

«Nein, haben wir nicht.»

«Doch, habt ihr. Dies ist die vierte.»

«Die erste war zum Aufwärmen. Dies ist die dritte», sagte seine Schwester.

Der Junge, der ihr das nicht abnahm, erhob sich von seinem Stuhl, nahm vier der Kugeln und rannte mit ihnen weg. Dabei rief er: «Ich geb sie euch nicht zurück.»

Dann drohte er, sie in den Swimmingpool fallen zu lassen.

«Du kriegst Ärger.»

Der Junge ließ die Bälle nicht fallen, aber er starrte seine Schwestern an. Die Mädchen gingen weg. Der Junge stand mit seinen Bällen da und sah ihnen zu.

Die Mädchen hielten an und drehten sich um.

«Gibst du uns die Bälle zurück?»

«Noch eine Runde, und dann ist Schluß», sagte der Junge und gab ihnen die Kugeln.

Die Frage lautet: Was wäre passiert, wenn die Eltern in der Nähe gewesen wären?

Ich überlasse die Antwort der Phantasie meiner Leser.

Scheidung

Ob es nun gut oder schlecht ist, wir leben in einer Welt, in der Ehen oft in einer Scheidung enden. Scheidung ist eine Tatsache im Leben heutiger Kinder. Was sollten Eltern tun, wenn sie sich scheiden lassen oder schon geschieden sind? Welche Folgen hat eine Scheidung für ein Kind? Das ist ein wichtiges und umfassendes Thema. Auf den folgenden Seiten kann ich mich nicht mit allen Fragen, die dadurch entstehen, beschäftigen. Ich habe mich daher auf das beschränkt, von dem ich glaube, daß es die wichtigsten Fragen behandelt, die entstehen, wenn sich die Eltern eines Kindes scheiden lassen.

Es ihnen sagen

Wenn Sie daran denken, sich scheiden zu lassen, aber bisher nur daran denken, sollten sie die Möglichkeit einer Scheidung nicht mit Ihren Kindern besprechen. Dadurch versetzen Sie sie nur in eine dauerhafte Sorge, die ihr tägliches Leben beeinflußt und auf die Ihre Kinder keinen Einfluß nehmen können. Nur wenn Eltern wissen, daß eine Scheidung oder Trennung stattfinden wird, sollten sie es ihren Kindern sagen.

Die Vorstellung, daß ihre Eltern sich scheiden lassen könnten, ist für Kinder außerordentlich erschreckend. Es ist, als ob der Boden aus ihrem Leben herausfällt; alles, was bisher stabil war, fängt an zu fallen. Scheidung ist die Auflösung der Welt, wie sie sie kennen. Daher müssen Kinder, wenn ihnen erzählt wird, daß ein derartiger Bruch zur Realität wird, wissen, wie dieser unbekannte Schrecken tatsächlich aussehen wird. Worum sich Kinder vor allem sorgen und was sie wissen müssen, ist:

Was wird geschehen? Was wird mit mir geschehen? Wo werde ich wohnen? Wo werden Mama und Papa wohnen? Werde ich sie sehen? Wo werden die Geschwister leben? Wann wird das sein?

Sagen Sie ihnen diese Dinge so genau wie möglich. Sagen Sie ihnen, was geschehen wird und wann es geschehen wird. Erzählen Sie ihnen, wie die neuen Arrangements aussehen werden. Sagen Sie ihnen, wann und wie sie ihre Eltern sehen werden. Und wenn Sie noch nicht genau wissen, wie die neuen Regelungen aussehen werden, sagen Sie ihnen folgendes:

«Wir lassen uns scheiden, aber wir wissen noch nicht genau, wie das hinterher aussehen wird. Wir müssen uns darüber noch einigen. Aber wir sagen es euch, sobald wir es wissen.»

Halten Sie die Gespräche mit Ihren Kindern darüber zu Anfang kurz, denn das, was sie hören, ist für sie überwältigend. Sie sollten ihnen nur die wichtigsten Dinge sagen und ihnen dann ermöglichen, darauf zu reagieren und die sehr verwirrenden Neuigkeiten so gut wie möglich zu verdauen.

Eltern sollten sich nicht auf eine ausgedehnte Diskussion darüber einlassen, warum sie sich scheiden lassen oder voneinander trennen. In den meisten Situationen sind kurze und einfache Gespräche ausreichend.

«Dein Vater und ich sind schon seit längerer Zeit nicht mehr gut miteinander ausgekommen. Und wir haben beide das Gefühl, daß es so das beste ist.»

«Du weißt, wie deine Mutter und ich uns immer gestritten haben. Wir haben beide das Gefühl, daß wir nicht mehr miteinander leben können.»

Eltern sollten ihre Kinder niemals in Diskussionen über das Warum und Wieso hineinziehen, die Kränkungen, Fehler, die Schuld, die Probleme, Unzulänglichkeiten und Unehrlichkeiten des anderen Elternteils. Eine Ausnahme sollten sie davon nur machen, wenn die Tatsachen offensichtlich sind.

«Hat Papa dich wegen Vera verlassen?» Es ist offensichtlich, daß ihr Vater sie wegen Vera verlassen hat.

«Ja. Aus diesem Grund.»

Aber nicht viele Einzelheiten. Gespräche und Antworten sollten immer ehrlich, einfach und geradeheraus sein. Bereiche, die nur Erwachsene angehen, sollten Sie – wenn möglich – nicht ansprechen.

Einige Kinder werden jedoch nach Möglichkeiten suchen, sich einzumischen, um alles über die inneren Gründe der Trennung ihrer Eltern zu erfahren.

«Verläßt Papa dich, weil wir nicht nett genug zu ihm waren?»

«Was geschehen ist, ist zwischen mir und eurem Vater geschehen.»

Es ist niemals im Interesse der Kinder, sie auf diese Ebene zu lassen. Scheidung hat ihren Sitz in der Welt der Erwachsenen und geht über das, womit Kinder umgehen können, hinaus. Trotz ihres zeitweise intensiven Interesses an der Welt stört eine Verwicklung ihr normales, gesundes Leben nur.

Aber bei einer Scheidung gibt es einige Dinge, die Kinder wissen müssen. Wenn sie keine Fragen stellen, sollten Sie sie fragen.

«Arthur, hast du manchmal das Gefühl, daß du etwas mit der Trennung von mir und deiner Mutter zu tun hast?»

Kinder machen sich darüber oft Sorgen, und sie übernehmen häufig die Verantwortung für das, was passiert ist, auch wenn es nicht der Wahrheit entspricht. Aber dafür gibt es meistens einen Grund.

«Ja, wir haben oft über dich gestritten. Aber das ist nicht der Grund dafür, daß wir uns scheiden lassen. Wir trennen uns, weil wir nicht mehr miteinander zurechtkommen. Papa und ich hätten unsere Probleme auch dann, wenn du perfekt wärst, was du auch gar nicht sein sollst.»

Wenn man das Thema anspricht, gibt man den Kindern die Gelegenheit, ihre Sorgen und Ängste auszudrücken. Das kann eine große Erleichterung sein. Sie müssen nicht länger das Geheimnis von Schuld bei sich tragen:

Ich war der Grund für die Scheidung meiner Eltern.

Im Verlauf der nächsten Tage, Wochen und Monate sollten Sie bereit sein, ihnen zuzuhören, wenn sie Fragen haben. Fragen auch Sie gelegentlich. Warten Sie nicht darauf, daß Ihre Kinder auf Sie zukommen. Denn einige werden das nicht tun.

«Mark, gibt es etwas bei der Scheidung, worüber du mit mir oder mit Papa reden möchtest?»

Fragen Sie sie regelmäßig, auch wenn sie nicht interessiert scheinen.

«Nein, nichts.»

Fragen Sie sie immer wieder, so daß sie das Gefühl haben, jederzeit sprechen zu können.

Im Idealfall lassen Sie sich Ihre Kinder nicht über längere Zeit wegen einer *möglichen* Scheidung ängstigen. Aber manchmal ist das unvermeidlich, z. B. dann, wenn Scheidung tatsächlich in Frage kommt und die Kinder einen großen Streit mitanhören, bei dem mit der Scheidung gedroht wird oder sie das Thema des Streits ist. Dann ist die Frage zu offensichtlich und zu real, um sie vor den Kindern zu verbergen.

«Nein, mach dir keine Sorgen, Liebes» wird eher zu noch größerer Angst führen. Kinder glauben ihren Eltern dann einfach nicht. Unter diesen Umständen ist es besser zu sagen:

«Ich weiß nicht. Ich hoffe nicht. Aber wenn wir das tun, brauchst du dir keine Sorgen zu machen. Du wirst immer bei einem von uns leben.»

Wenn sich Eltern scheiden lassen, sollten sie sich unter Umständen professionell beraten lassen. Die Beratung kann ihnen eine große Hilfe dabei sein, im Hinblick auf die Scheidung besser mit ihren Kindern zurechtzukommen. Es gibt dann auch eine neutrale Person, der gegenüber Kinder ihre Ängste und Sorgen ausdrücken können und die ihnen vielleicht helfen kann, sich auf eine schwierige Zeit in ihrem Leben einzustellen.

Die Kinder ergreifen Partei

Einige Eltern: «Mama sagt, du verläßt uns, weil du eine Affäre mit Petra hast, und wenn das nicht wäre, dann wärt ihr immer noch verheiratet.»

Ihre Mutter macht mich noch verrückt. Sie lügt einfach unglaublich. Ihre Affäre mit Frank vor drei Jahren hat sie nicht erwähnt. Sie hat auch nicht erwähnt, daß sie sich in den letzten beiden Jahren unserer Ehe geweigert hat, mit mir zu schlafen. (Ich meine, ich sollte das nicht sagen.) Aber sie erwähnt auch nicht, wie sie die ganze Zeit immer ärgerlicher und ärgerlicher mit mir wurde – wegen nichts – und daß das das eigentliche Problem war. Der Grund, warum wir uns trennen.

Ja, ich hatte eine Affäre mit Petra. Aber nicht bevor Maike und ich beschlossen hatten, uns zu trennen. Petra und ich hatten angefangen, uns auch vorher schon zu mögen, aber ja, auch damals war schon lange alles tot zwischen mir und Maike.

Ein anderes Elternpaar:

«Papa sagt, daß du oft nur deinen Spaß haben und nicht Mutter sein wolltest und daß ihr euch deshalb scheiden laßt. Er sagt auch, du solltest am Samstagabend nicht so oft ausgehen und uns mit dem Babysitter allein lassen.»

Dieser Widerling. Er hat sich niemals um die Kinder gekümmert – oder um mich. Alles, was ihn interessiert hat, war, daß es zu Hause aufgeräumt und sauber ist und die Kinder ruhig waren, wenn er nach Hause kam.

Kinder möchten keine Partei ergreifen. Sie möchten – und das ist für sie auch das Beste – frei bleiben, um die Vorstellung zu bewahren, daß beide Eltern sie lieben, gut sind und ihre Liebe verdienen. Wenn der eine oder andere Elternteil sie schlecht behandelt, werden sie sich ihr eigenes Urteil über ihre Beziehung zu dem Elternteil bilden: ich und mein Vater. Ich und meine Mutter.

Ich möchte Mama nicht erzählen müssen, was bei Papa los ist.
Ich möchte nicht das Gefühl haben, daß ich bei Mama aufpassen muß, was ich sage, weil Papa ausrasten würde, wenn er wüßte, daß ich es ihr erzählt habe.
Ich möchte es getrennt halten. Ich möchte nicht hören, was der eine über den anderen denkt. Ich möchte nicht Partei ergreifen müssen.

Es ist manchmal sehr schwer, der Versuchung zu widerstehen, unsere Kinder in unsere Auseinandersetzungen mit hineinzuziehen – besonders dann, wenn der andere Elternteil sich an diese Regel überhaupt nicht zu halten scheint. Man hat den starken Wunsch, die Rechnung gleichzuhalten. Aber Eltern sollten es vermeiden, ihr Kind in ihre Auseinandersetzungen hineinzuziehen. Wenn sie wirklich das Gefühl haben, daß sie reagieren müssen, dann sollten Sie die Behauptungen des anderen kurz richtigstellen:

«Nein, wir trennen uns nicht wegen der Sache zwischen Petra und mir.»

Aber besser ist es, es nicht soweit kommen zu lassen.

«Es tut mir leid, daß deine Mutter das Gefühl hat, es sei so.»

«Aber laßt ihr euch wegen der Sache zwischen Petra und dir scheiden?»

«Das ist nichts, worüber ich mit dir sprechen möchte.»

Eltern finden es oft seltsam, daß Kinder das akzeptieren. Aber sie tun es. Es ist ihnen gleichgültig, ob ihr Vater eine Affäre mit Petra hatte, bevor sich die Eltern scheiden lassen. Sie beschäftigt nur die Frage, ob die Eltern sich scheiden lassen oder ob sie wieder zusammenfinden. Schuld ist nichts, was sie beschäftigt. Wenn ihr Vater deutlich macht, daß sie wenigstens bei ihm «herausgehalten» werden, dann werden sie die Abweisung gern und dankbar akzeptieren und sich wieder den Fragen ihrer Kindheit zuwenden.

Kinder wollen auch keine Nachrichtenüberbringer sein und Informationen zwischen den Eltern hin- und hertragen. Denn dann werden sie wieder in die Beziehung zwischen ihren Eltern hineingezogen.

«Mama hat gesagt, daß die Unterhaltszahlung diesen Monat spät kommt, aber am Fünfzehnten solltest du sie haben.»

Es gibt einen eindeutigen Trost für diejenigen, die es schaffen, ihre Kinder aus ihrer Trennung herauszuhalten. Bei den meisten Scheidungen kommt der Tag der Abrechnung, und das ist normalerweise dann, wenn die Kinder Teenager oder junge Erwachsene sind. Sie fangen an, das, was geschehen ist, mit veränderten, erwachsenen Augen zu sehen. Und aus dieser Perspektive sehen die Dinge dann oftmals ganz anders aus.

«Ich verstehe jetzt, daß du der Stärkere warst. Du warst derjenige, der mich aus der ganzen Angelegenheit zwischen dir und Mama heraushalten konnte. Ich habe es gehaßt, da hineingezogen zu werden. Ich ärgere mich immer noch darüber, daß sie es getan hat. Vielleicht fühle ich mich für sie schlecht. Aber ich respektiere es, daß du mich da rausgehalten hast.»

Bei dem anderen Elternteil

Ihr Vater ist niemals erwachsen geworden. Er ist vollkommen unverantwortlich. Wenn er die Kinder hat, weiß ich nicht, was geschieht. Ich weiß nicht, wie er sie beaufsichtigt. Und ich habe gehört, wie die Kinder einige der Leute beschrieben haben, die bei ihm verkehren. Ich mache mir die ganze Zeit Sorgen, wenn sie bei ihrem Vater sind.

Ein anderer Elternteil:

Seit der Scheidung ist ihre Mutter sehr religiös geworden. Wenn die Kinder bei ihr sind, will sie, daß sie wie sie alle religiösen Regeln befolgen. Und sie hält ihnen Predigten – viel Zeugs, was ich überhaupt nicht glaube, und ich möchte auch nicht, daß sie das Gefühl haben, daß sie es glauben müssen.

Ein wirkliches Problem bei der Scheidung kann darin bestehen, daß der andere Elternteil Ihrer Kinder jemand geworden ist, von dem Sie nicht mehr gut denken. Aber diese Person ist immer noch ein ganz legaler Elternteil *Ihrer* Kinder. Und es gibt Zeiten (wenn er oder sie die Kinder zugesprochen bekommen hat, dann ist das meistens der Fall), in denen Ihre Kinder bei dem anderen Elternteil sind oder vollkommen unter seiner Kontrolle und seinem Einfluß stehen. Und Sie haben das Gefühl, daß der andere Elternteil Ihrem Kind vielleicht Schaden zufügen kann.

«Mama, Papa hat gesagt, ich sei dumm, weil ich in Lesen eine schlechte Note bekommen habe.»

Die Versuchung, sich einzumischen und das zu verändern, ist groß.

«Harry, hast du gesagt, daß Karl dumm sei, weil er eine schlechte Note bekommen hat? Du weißt, daß die Lehrer gesagt haben, er hätte zuwenig Selbstwertgefühl.»

«Stimmt, Sabine. Ich bin froh, daß du mich daran erinnerst. Ich werde versuchen, mehr Rücksicht auf seine Gefühle zu nehmen.»

Im wirklichen Leben funktioniert das so nicht. Selbst Kommentare wie: «Dein Papa sollte so etwas nicht sagen» haben eine Kehrseite. Dem anderen Elternteil etwas Schlechtes nachzusagen zieht die Kinder in die Beziehung mit hinein. Besser ist:

«Findest du, daß du dumm bist?»

«Ich weiß nicht.»

«Nun, ich finde nicht, daß du dumm bist. Ich weiß, daß du dich bemüht hast. Und das ist das, was wichtig ist.»

Ob es Ihnen nun gefällt oder nicht, der andere Elternteil wird immer Einfluß auf Ihr Kind haben. Das läßt sich nicht ändern. Für beide Eltern besteht der beste Kurs darin, ihren Kindern in der Zeit, in der sie mit ihnen zusammen sind, gute Eltern zu sein.

Aber ihr Vater kann manchmal sehr grausam sein.

Solange Sie ihn nicht wirklich der Mißhandlung oder der echten Vernachlässigung verdächtigen, gibt es wenig, was Sie tun sollten oder könnten. Im anderen Fall müssen Sie versuchen, auf gesetzlichem Wege zu intervenieren.

Aber Oliver sagt immer, daß er nicht übers Wochenende zu seinem Vater und seiner Stiefmutter gehen mag. Daß sie ihn kaum jemals beachten. Daß er sich unglaublich langweilt. Und daß sie so streng sind.

Es ist oftmals schwer zu erkennen, was wirklich vorgeht. Auch aus dem, was das Kind erzählt. Versucht Oliver das zu sagen, von dem er glaubt, daß seine Mutter es hören will? Oder sucht er die Sympathie und zusätzliche Aufmerksamkeit seiner Mutter? Aber lassen Sie uns annehmen, daß Oliver immer wieder keine schöne Zeit hat, wenn er zu seinem Vater geht. Schadet diese Zeit bei dem anderen Elternteil einem Kind?

Die Regel ähnelt der bei einem Elternteil im Haus: Solange es keine wirklichen Mißhandlungen gibt, halten Sie sich zurück, und überlassen es Ihrem Kind, seine Wünsche auszuarbeiten. Wenn die Zeit ihm normalerweise unangenehm ist, wird es allein dadurch, daß es sie durchsteht, eine gewissen Unabhängigkeit und Stärke erreichen. Denken Sie an das Logo auf dem T-Shirt: Ich hab schon wieder ein langweiliges Wochenende bei Papa und der gemeinen Sylvia überlebt.

Andere Regeln, andere Haushalte

Aber ich bin nicht einverstanden mit dem, was er mit ihnen macht. Es gibt dort vollkommen andere Regeln, und dann erwarten Stephanie und Christian auch noch von mir, daß ich sie hier genauso behandele. Christian macht mich noch verrückt. «Papa hat gesagt, wir dürfen bis halb zehn aufbleiben. Warum dürfen wir das hier nicht. Du bist gemein.»

Das ist kein großes Problem. Die Regeln müssen für Kinder nicht überall gleich sein. Sie können von Person zu Person, von Ort zu Ort unterschiedlich sein. Kinder lernen, daß das eine Tatsache im Leben ist, und sie akzeptieren sie. Aber das heißt nicht, daß sie die Regeln nicht auch prüfen.

«Aber Papa sagt, wir sind alt genug, um bis halb zehn aufzubleiben.»

«Na, Christian. Das ist aber schön, daß du bei deinem Vater bis halb zehn aufbleiben darfst. Aber hier gehst du um halb neun ins Bett.»

«MAMA!»

Wenn der Versuch, die Mutter zu einer anderen Schlafenszeit zu überreden, ohne Erfolg bleibt, wird er nicht allzuoft stattfinden.

«Ich möchte bei Papa leben»

Peter hatte einen schlechten Abend. Zuerst hat ihn seine Mutter ausgeschimpft, weil er den Hund rausgelassen hat. Dann hat sie mit ihm geschimpft, weil er die Milch nicht wieder in den Kühlschrank gestellt hat. Und jetzt schimpft sie mit ihm, weil er sich immer noch nicht geduscht und zum Schlafengehen fertiggemacht hat. Sie ist auch hereingekommen und hat den Fernseher ausgestellt, mitten in der Sendung, die er sich gerade angeschaut hat.

«Es reicht, Peter. Geh ins Bad und dusch dich.»

Peter fängt an zu weinen. «Ich kann es hier nicht ausstehen. Ich möchte bei Papa leben. Ich will zu ihm.»

Das Baby-Selbst ist in Aktion, und es ist nicht gerecht. Es konzentriert sich gern auf die Gebiete, auf denen geschiedene Eltern besonders verwundbar sind: welcher Elternteil mehr gemocht wird, bei wem das Kind leben möchte oder auch welche Auswirkungen die Scheidung für das Kind hat.

«Deine Scheidung hat mein Leben ruiniert», sagt Peter noch und schluchzt weiter.

Alles, worauf ich hier hinweisen möchte, ist, daß man wie bei allen Beschwerden von Kindern darauf achten sollte, *wann* sie geäußert werden. Wenn sie nur ab und zu und vor allem dann auftreten, wenn das Kind ärgerlich ist oder seinen Willen nicht bekommen hat, dann haben diese Beschwerden keine große Bedeutung.

Aber was ist, wenn er es auch zu anderen Zeiten sagt, dann, wenn er damit eigentlich nichts erreichen kann und wenn er nicht gerade böse auf mich ist?

Kinder ziehen manchmal von einem Elternteil zum anderen, und das kann auch gut für sie sein. Aber diese Entscheidung darf nur getroffen werden, wenn berücksichtigt wird, was tatsächlich das Beste für das Kind zu sein scheint. Wären die Kinder tatsächlich glücklicher, wenn sie bei dem anderen Elternteil leben würden? Das ist eine ganz andere Frage, und sie hat ganz bestimmt nichts damit zu tun, daß Peter von seiner Mutter zum soundsovielten Mal ausgeschimpft wurde, weil er sein Zimmer nicht aufgeräumt hat und daraufhin anfängt zu schreien: «Ich hasse es hier. Ich will bei Papa leben.»

Aber vielleicht muß er – wenn er Glück hat – bei seinem Vater tatsächlich nicht sein Zimmer aufräumen.

Bei meinem Ex benehmen sie sich so gut

Es ist Sonntagabend, sechs Uhr. Patrick und Judith kehren nach einem Wochenendbesuch bei ihrem Vater zu ihrer Mutter zurück. Die Eltern der Kinder sind seit vier Jahren geschieden. Das Auto ihres Vaters fährt vor das Haus, um die Kinder abzugeben. Als sie aus dem Auto klettern, fangen Patrick und Judith an, sich gegenseitig anzuschreien.

«Hör auf damit. Hör auf, mich zu schubsen.»

«Hör du auf, du Blödmann.»

«Mama, Judith schubst mich immer.»

An ihrer Mutter vorbei, die in der Tür steht, um sie zu begrüßen, rennen sie ins Haus. Sie schreien immer noch. Wie gewöhnlich berichtet der Vater an der Tür kurz, was am Wochenende gewesen ist.

«Patrick hustet immer noch. Ich habe ihm die Medizin gegeben. Sie haben sich beide gut benommen. Wir hatten viel Spaß. Mittwoch abend komme ich zur üblichen Zeit. Tschüs, Elisabeth.»

«Tschüs, Ronald.»

Es stimmt, daß sie sich bei ihrem Vater ausgezeichnet benommen haben. Das machen sie immer so. Aber nach *jedem* Wochenende bei ihrem Vater hören Patrick und Judith für den Rest des Abends nicht auf, sich gegenseitig anzuschreien.

«Mama, sag ihm, daß er aufhören soll.»

Das ist ein Phänomen, das vielen geschiedenen Eltern bekannt ist. Bei dem anderen Elternteil benehmen sich die Kinder ausgezeichnet. Wenigstens kennen das die Eltern, bei denen die Kinder den meisten Teil der Zeit verbringen. Wenn sie dann bei dem anderen Elternteil sind, bei demjenigen, der sie nur für verhältnismäßig kurze Zeit sieht, verhalten sie sich ausgezeichnet. Manchmal benehmen sich dabei sogar Geschwister gut, die sonst ständig streiten.

«Nein, wenn sie bei mir sind, kommen Patrick und Judith gut miteinander aus.»

Nur wenn sie nach Hause zurückkommen – zu dem Elternteil, bei dem sie leben –, fangen sie sofort an zu regredieren. In dem

Moment, in dem sie das Haus betreten, sind sie besonders schlimm, und manchmal hält das noch bis in den nächsten Tag hinein an. Das kann einen zur Verzweiflung treiben, weil man leicht denkt:

Mit mir muß irgendwas nicht in Ordnung sein. Bei ihm benehmen sie sich immer so gut, aber bei mir nicht.

Oder:

Es muß schlimm für sie sein, wenn sie bei ihrem Vater sind, denn am nächsten Tag haben sie immer so einen Ausfall.

Aber natürlich ist das ein klassisches Beispiel für das Verhalten des Baby-Selbst. Dieses Verhalten kann sehr frustrierend sein, aber es ist ganz bestimmt *kein* Zeichen dafür, daß etwas falsch läuft.

Häufig gleicht sich die Situation irgendwann etwas aus. Lassen Sie uns annehmen, daß der Vater von Patrick und Judith sie einmal für längere Zeit bei sich hat, z. B. einen Monat lang im Sommer. Diese Zeit ist für die reifen Selbst zu lang, um durchzuhalten. Die Baby-Selbst der Kinder kommen heraus und fangen an, sich schrecklich zu benehmen. Dann erhält ihr Vater, der seine Kinder seltener sieht als ihre Mutter, eine Dosis von dem, was ihre Mutter die ganze Zeit über hat.

Alleinstehende Eltern

Suda, die neben dem Feuer bei ihren Kindern saß, schaute auf und sah, wie Og, ihr Partner, die Höhle betrat. Über seiner Schulter hing die vor kurzem erlegte Antilope. Og warf den Tierkörper auf den Boden der Höhle.

«Nush da [Koch sie]», sagte Og und ging wieder aus der Höhle, um mit seinen Kameraden die Jagd des Tages zu besprechen.

Suda bereitete das Essen und kümmerte sich gleichzeitig um ihre Kinder.

Og kehrte später zum Essen zurück, zu dem auch geröstete wilde Maiskolben gehörten. Nach dem Essen verlangte Og, daß man ihm seine Kinder brachte.

«Trandisḥ tara fan graka samban [Was hast du heute Wichtiges getan] ?» fragte er jedes seiner Kinder. Woraufhin sie kurz ein Ereignis ihres Tages beschrieben. Dann schickte Og seine Kinder fort und griff nach einer Kürbisflasche, die mit Faroo gefüllt war (einem alkoholischen Getränk, das aus den gegorenen Wurzeln der Lissa-Pflanze gewonnen wurde). Er trank viel. Dann fiel er in den Schlaf.

Mit dem Sonnenaufgang erhob sich Og und ging hinaus, um einen weiteren Tag auf der Jagd zu verbringen. Suba ging mit den anderen Frauen des Dorfes auf die Suche nach eßbaren Pflanzen und Knollen. Die Kinder wurden in der Obhut von Ogs Mutter, Lila Zweizahn, zurückgelassen.

War Og eine große Hilfe bei der Erziehung seiner Kinder?

Was ich mit dieser Geschichte deutlich machen möchte, ist, daß Väter – obwohl sie seit langem Teil des Zuhauses sind – traditionellerweise wenig mit der Erziehung der Kinder zu tun hatten. Der größte Teil dieser Aufgabe fiel jemand anderem zu, normalerweise der Mutter. Hilfe kam meistens von Verwandten – den Großeltern oder älteren Geschwistern der Kinder. In der Tat ist der gegenwärtige Trend in den westlichen Ländern, daß sich Väter mehr und mehr an der täglichen Erziehung und Pflege ihrer Kinder beteiligen, ein neues Phänomen. Und für die Kinder ist das wunderschön. Aber daß einer allein seine Kinder erzieht, normalerweise die Mutter, ist nichts Neues.

Zwei Elternteile zu Hause zu haben ist gut für die Eltern und gut für die Kinder. Für die Eltern ist das gut, weil sie etwas miteinander teilen können. Sie können sich bei der Pflege und Erziehung abwechseln, was beides einfacher und weniger anstrengend macht. Sie können die Verantwortung teilen. *Ich trage nicht die volle Verantwortung für alle Entscheidungen, für alles, was mit den Kindern geschieht. Es gibt noch jemanden, an den ich mich wenden kann.*

Und sie können die Erfahrung miteinander teilen. Das ist eine besondere Freude für Familien mit zwei Elternteilen, deren Bedeutung nicht unterschätzt werden sollte. *Jan-Uwe ist der einzige andere auf der Welt, der sich um die Kinder ebenso sorgt wie ich, der an ihnen ebenso interessiert ist wie ich. Wer würde sich denn sonst darum kümmern, daß sich Patricia die Zähne putzt, zum ersten Mal in ihrem Leben überhaupt?*

Zwei Elternteile zu Hause zu haben ist auch für die Kinder gut, denn der zweite Elternteil kann ein Puffer sein. Der zweite Elternteil trägt dazu bei, daß Kinder von der Beziehung zu dem ersten Elternteil nicht zu sehr vereinnahmt werden. Der zweite Elternteil dient als Sicherheitsventil dafür, eine normale, gesunde Distanz und Trennung zwischen Eltern und Kind sicherzustellen.

Aber das wichtigste ist, daß es etwas zu der Erfahrung der Kindheit beiträgt, wenn man zwei Elternteile zu Hause hat. Das Kind baut zwei sehr verschiedene Beziehungen zu zwei sehr verschiedenen Menschen auf. Jede Beziehung ermöglicht dem Kind eine unterschiedliche Erfahrung dessen, was es ist, wer die Eltern sind und wie sich alle in den Beziehungen verhalten. Weil die beiden Eltern unterschiedlichen Geschlechts sind, kann das Kind auch erfahren, wie Beziehungen zwischen den beiden Geschlechtern aussehen können.

Ist es für die Kinder schöner, ein Zuhause mit zwei Elternteilen zu haben? Meiner Ansicht nach lautet die Antwort ja. Aber ist das auch *notwendig?* Können Kinder eine schöne, wunderbare Kindheit haben, wenn sie nur bei einem Elternteil aufwachsen? Meiner Meinung nach lautet die Antwort ebenfalls ja.

Größere Probleme entstehen selten dadurch, daß Kinder nur mit einem Elternteil aufwachsen. Probleme entstehen, wenn es den Eltern wesentlich an Zeit, Energie, Geduld und der Fähigkeit auszugleichen mangelt. Dadurch können Probleme entstehen, besonders dann, wenn die ökonomischen Realitäten die Eltern zwingen, weniger Zeit als zuvor mit den Kindern zu verbringen.

Eine Familie ist wichtig, aber eine Familie kann viele Formen haben: beide Elternteile, ein Elternteil, ein Elternteil und ein Stiefelternteil, Großeltern oder sogar andere. Was für ein Kind am meisten zählt, ist nicht, wie sich die Familie tatsächlich zusammensetzt. Für ein Kind besteht die Familie aus Menschen, die für es da sind und bei denen es damit rechnen kann, daß sie immer für es da sind.

Wenn der gleichgeschlechtliche Elternteil fehlt

Was ist mit Kindern, bei denen der gleichgeschlechtliche Elternteil zu Hause fehlt? Brauchen sie nicht ein Rollenmodell für ihr Geschlecht, mit dem sie sich identifizieren können? Ist es in so einem Fall nicht wahrscheinlich, daß sie homosexuell werden?

Soviel ich weiß, hängt die Geschlechtsidentität nicht von dem Geschlecht des Elternteils zu Hause ab. Abgesehen davon, bildet sich die Geschlechtsidentität – wie jemand damit umgeht, eine Person des eigenen Geschlechts zu sein – weitaus stärker durch die Kultur im ganzen heraus als durch das jeweilige Zuhause. Freunde, Fernsehen und das, was in der Zeit und an dem Ort, in der und an dem man lebt, für das eigene Geschlecht als angemessenes Verhalten angesehen wird, sind die wichtigeren Einflüsse. Eltern haben darauf einen großen Einfluß, aber entscheidender als das jeweilige Geschlechtermodell ist die *Art* des Geschlechtermodells, das sie zur Verfügung stellen.

«Wenn ich groß bin, möchte ich so sein wie Papa: stark – wenn Papa nein sagt, meint er auch nein; liebevoll – er schmust mit mir und scheint immer glücklich zu sein, wenn er mit mir zusammen ist; rücksichtsvoll – er denkt an Sachen, die mir wichtig sind, sogar bevor ich sie gesagt habe.»

Aber kein Modell zu haben ist vielleicht besser als das folgende:

«Wenn ich groß bin, möchte ich so sein wie Papa – er beleidigt Frauen, z. B. Mama; und er beleidigt mich, wenn er betrunken ist.»

«Wenn ich groß bin, möchte ich so sein wie Papa – von der Arbeit nach Hause kommen, Fernsehen gucken und dann um acht Uhr auf der Couch einschlafen.»

Natürlich dienen die Eltern nicht nur für die Kinder desselben Geschlechts als Rollenmodelle.

«Wenn ich groß bin, möchte ich jemand wie Papa heiraten, jemand, der mir immer zuhört, der sich um mich kümmert und sich immer Zeit für mich nimmt.»

Scheidung als eine Veränderung der Lebensumstände

Eine der größten Folgen von Scheidung und Trennung entsteht dadurch, daß sich die Lebensumstände häufig nicht zum Besseren verändern. Die Kinder müssen mit dem verlassenden Elternteil umziehen. Durch den Umzug kommen sie in eine andere Nachbarschaft und verlieren Freunde. Sie müssen vielleicht die Schule wechseln, und der Anfang in einer neuen Schule hat vielleicht weitere Veränderungen zur Folge. Am schlimmsten ist es, wenn sie alles verlieren, was sie hatten, und gezwungen sind, neu anzufangen. Es gibt Kinder, die mit all diesen Veränderungen gut zurechtzukommen scheinen – die einen neuen Anfang ohne allzu große Probleme machen können. Aber für einige Kinder können die Veränderungen ein reales Problem sein.

Eine andere sehr reale Veränderung, die mit der Scheidung einhergeht, besteht darin, daß jetzt weniger Geld zur Verfügung steht. Zwei Haushalte müssen nun von dem Geld bestehen, das zuvor nur einem gedient hat. Für manche Familien bedeutet das einen tiefen Einschnitt. Sie können sich weniger leisten. Plötzlich steht viel weniger Geld zur Verfügung als zuvor.

«Warum können wir nicht mehr zu McDonald's gehen?»

«Warum krieg ich keine neuen Turnschuhe?»

«Jetzt sind wir arm, oder?»

«Nein, aber wir müssen jetzt mehr als früher, als deine Mutter und ich noch zusammen waren, darauf achten, wieviel wir ausgeben.»

Für einige Kinder ist das kein großes Problem. Aber für andere, besonders diejenigen, die sich immer Sorgen machen, kann es zu einem Problem werden. Sie fangen an, sich plötzlich viele Gedanken um Geld zu machen, etwas, was sie zuvor niemals getan haben.

Eine weitere Veränderung, die mit der Scheidung einhergehen kann, besteht darin, daß ein zuvor glücklicher oder wenigstens emotional stabiler Elternteil sich in einen verwandelt, der extrem niedergeschlagen ist und der niemals wieder zu dem zu werden scheint, der er zuvor gewesen ist. Das Kind hat jetzt einen Elternteil, der niedergeschlagener, emotional verwundbarer und als Elternteil weniger wirkungsvoll ist. Und darüber kann sich das Kind Sorgen machen. Leider hat das oft zur Folge, daß die Kinder den geschwächten Elternteil stärker fordern, besonders dann, wenn er oder sie derjenige ist, der die Kinder am häufigsten betreut. Statt sich angesichts eines sorgenvollen Elternteils zurückzuziehen, fangen Kinder dann oft an, an ihm herumzubohren, in der Hoffnung, etwas von der Stärke wiederzuerlangen, die zuvor da war und die sie nun heftig vermissen. Oder sie werden – weil ihre Eltern sich nicht mehr wie zuvor um sie kümmern – selbst zu einer Art Eltern. Sie übernehmen einen Teil der Elternrolle und verlieren dadurch viel von ihrer Kindheit.

Am wichtigsten ist meistens der Verlust eines Elternteils – zumeist des Vaters –, der zuvor, ob nun zum Guten oder zum Schlechten, zu Hause war, mit dem sie regelmäßig Kontakt hatten und der ein beständiger und bedeutender Teil des Lebens war. Mit der Scheidung wird dieser Elternteil weniger und weniger erreichbar, bis er – wie es besonders dann geschieht, wenn einer der beiden Eltern an einen entfernten Ort zieht – im Leben der Kinder überhaupt nicht mehr präsent ist.

Ich meine, ich habe immer noch einen Vater, und ich liebe ihn. Aber ich kriege ihn nie zu sehen, mit Ausnahme von zwei Wochen im Sommer. Und Telefonanrufen. Aber das ist nicht viel.

All diese realen und potentiell schädlichen Dinge können Kindern geschehen, wenn ihre Eltern sich scheiden lassen. Nicht für alle gibt es eine Lösung. Es gibt wenig Möglichkeiten, sie zu vermeiden. Es sind einfach die Folgen einer Scheidung, und manchmal verbessern sie die Situation für ein Kind nicht, sondern verschlimmern sie.

Der Verlust der Stabilität

Aber einige andere lang anhaltende Folgen einer Scheidung sind für Kinder nicht so problematisch, wie es scheint. Obwohl die ursprüngliche Struktur des Zuhauses nun nicht mehr besteht und die Kinder sich an die neuen Verhältnisse gewöhnen müssen, geht ihnen das Gefühl für Stabilität in ihrem Leben nicht notwendigerweise verloren. Es mag viele Veränderungen geben; dazu gehören die neuen spezifischen Lebensumstände – Mamas neuer Freund, neue Stiefgeschwister, eine neue Stadt, in der man lebt, viel Zeit an zwei verschiedenen Orten zu verbringen –, aber für Kinder ist es am wichtigsten, daß die Sonne in ihrem Universum an ihrem Ort bleibt. Ist der Mensch oder sind die Menschen, auf die sie sich verlassen können, immer noch da? Werden sie auch dableiben? Und wenn die Antwort ja lautet, dann ist die wichtigste Stabilität gewährleistet.

In Familien, bei denen beide Eltern ein wichtiger Teil des kindlichen Lebens sind, haben Kinder oft auch nach einer Scheidung weiterhin erheblichen Kontakt zu beiden Eltern. Normalerweise leben sie bei einem Elternteil, besuchen aber den anderen Elternteil regelmäßig und telefonieren in der Zwischenzeit mit ihm. Und meistens akzeptieren diese Kinder, die mit zwei getrennt lebenden Elternteilen aufwachsen, die sie jedoch regelmäßig sehen, ihre Situation als normal und als ein Arrangement, mit dem sie gut leben können.

Fünf Jahre später.

«Ich wohne bei Mama, aber an den meisten Wochenenden gehe ich zu Papa, und ich sehe ihn fast immer, wenn ich will.»

«Wo bist du lieber?»

«Ich weiß nicht. Mir gefällt beides.»

«Möchtest du, daß es anders ist?»

«Nein, eigentlich nicht.»

«Möchtest du, daß deine Eltern wieder zusammen sind?»

«Ja.»

«Glaubst du, daß das geschehen wird?»
«Nein.»
«Denkst du viel daran?»
«Nein, eigentlich nicht. Mir gefällt es auch so, wie es ist.»

Die Spätfolgen auf Beziehungen

Was für Folgen hat eine Scheidung auf die spätere Fähigkeit der Kinder, eine stabile und dauerhafte erwachsene Beziehung einzugehen? Unterminiert ihre Kindheitserfahrung, daß es den Eltern nicht gelungen ist, ihre Beziehung aufrechtzuerhalten, ihre künftige Fähigkeit oder Bereitschaft, selbst eine starke, permanente erwachsene Beziehung einzugehen?

Darüber gehen die Meinungen auseinander? Meine Meinung dazu ist eher einfach und setzt das fort, was schon zuvor in diesem Kapitel besprochen worden ist.

Es steht außer Frage, daß die Erfahrung einer Scheidung Folgen auf die späteren Beziehungen des Kindes hat. Aber ich glaube auch, daß der bei weitem wichtigste Faktor bei dem, was ihre Fähigkeit und ihren Wunsch formt, eine starke, dauerhafte Beziehung im erwachsenen Leben einzugehen, nicht so sehr die Natur der Beziehung der Eltern zueinander ist, sondern die Natur der *eigenen* Beziehung zu den beiden Elternteilen.

Wenn diese Beziehung zwischen Eltern und Kind schlecht ist, weil beide Eltern barsch, selbstsüchtig, kontrollierend und wenig liebevoll sind oder Liebe nur unter bestimmten Bedingungen geben, dann neigt man dazu, in Liebesbeziehungen ein mögliches Feld für all diese unangenehmen Dinge zu sehen und ihnen zu mißtrauen. Wenn man selbst als Kind defizitäre Liebe erfahren hat und diese zu einem Teil des Selbst geworden ist, wird es auch schwieriger, die Art von Liebe und Toleranz zu geben, die notwendig ist, um erfolgreiche und dauerhafte Beziehungen zu führen.

Aber wenn ein Kind nicht verlassen wird und wenn es in seiner Kindheit mindestens einen Elternteil gibt, der es dauerhaft und bedingungslos liebt, dann trägt das mehr als alles andere bei dem Kind und zukünftigen Erwachsenen dazu bei, sich eine derartige Beziehung zu wünschen und sie auch herzustellen. Wenn man auf diese Weise geliebt worden ist, dann vertraut man darauf, daß man sie auch bekommen und erwidern kann.

KAPITEL 6

Probleme, die keine sind

Zu den guten Dingen bei der Erziehung und dem Aufwachsen von Kinder gehört, daß Eltern sich über viele Dinge, in die sie viel Zeit und Energie stecken, eigentlich keine Gedanken zu machen brauchen. Meistens entstehen diese Probleme, wenn die Eltern normalen Ereignissen zu viel Bedeutung zumessen.

«Wenn ich zu einem Spielzeug ja sage, obwohl er gerade ein anderes bekommen hat, sorge ich dann nicht dafür, daß mein Kind verwöhnt wird?»

«Wird sie nicht ein unehrlicher Mensch, wenn ich nicht jetzt dafür sorge, daß sie nicht mehr lügt – sie hat mich gerade angelogen bei der Frage, wie der ganze Sand in die Küche kommt?»

«Sollte ich mir nicht Gedanken darüber machen, ob er vielleicht ein sehr gewalttätiger Mensch wird, wenn er so gewalttätig mit seinen Actionfiguren umgeht?»

Dieser Abschnitt handelt von einer Reihe derartiger Fragen, wie sie im täglichen Umgang mit Kindern entstehen und bei denen nicht so viel auf dem Spiel steht, wie man denken könnte.

Verwöhnte Kinder

Eltern machen sich oft Gedanken darüber, ob sie ihre Kinder zu sehr verwöhnen. Aber in Hinsicht auf das, was tatsächlich dazu führt, daß ein Kind verwöhnt ist, sind die meisten elterlichen Sorgen grundlos.

Wir alle wissen, wie verwöhnte Kinder sind. Sie sind niemals zufrieden und wollen und erwarten mehr, als recht ist. Sie wollen, daß alles für sie getan wird, aber sie selbst sind nicht bereit, auch nur ein wenig Energie für sich selbst aufzuwenden. Mehr noch: Sie sind der Meinung, daß es auch so sein sollte.

«Mama.»

«Was ist, Egbert?»

«Könntest du mir bitte ein Brot mit Nutella und Marmelade bringen, die Kruste abschneiden und mit der Marmelade ein Kreuz machen, aber so, daß sie bis an die Ecken reicht», sagt der sechsunddreißigjährige Egbert, der sich gegen sein Kissen lehnt und auf seine zwei Fernseher schaut.

«Selbstverständlich, Egbert», sagt seine Mutter.

«Denk daran, daß die Marmelade bis an die Ecken reicht. Das letzte Mal war das bei einem nicht der Fall.»

«Ich weiß, Egbert. Es tut mir leid. Ich versuche, es diesmal besser hinzubekommen», sagt seine Mutter und zuckt bei jedem Schritt, als sie in die Küche geht. Denn sie hat eine schlimme Arthritis in beiden Beinen.

Verwöhnung kann – wie bei dem Fall von Egbert – ein Leben lang anhalten, aber sie entsteht nicht dadurch, daß dem Kind etwas gegeben oder ja gesagt wurde.

Pauls Vater sieht in einem Geschäft zwei finster aussehende Figuren, von denen er denkt, daß Paul sie gern hätte. Pauls Vater möchte sie auf der Stelle kaufen und sie seinem Sohn schenken. Aber erst vor einer Woche hat er ihm zwei andere Actionfiguren gekauft, und Paul hat schon eine *sehr* große Sammlung von Figuren, die er unendlich schätzt und mit der er sehr lange spielen kann. Paul *braucht* ganz sicher keine weiteren Actionfiguren. Deshalb fürchtet Pauls Vater, daß ihn zwei weitere zu sehr verwöhnen würden. Vielleicht kann er sie jetzt kaufen und sie ihm zu einem späteren Zeitpunkt schenken. Doch er möchte auch nicht warten. Er möchte sie Paul gleich heute abend geben. Er kann sich schon vorstellen, wie aufgeregt Paul über seine beiden neuen kleinen Monster sein wird.

Schenken ist immer gut. Wir können nicht zu viel geben. Im Verlauf eines normalen Aufwachsens sagen wir sehr oft nein. Wir brauchen keine Angst zu haben, daß wir zu oft ja sagen. Der Charakter entsteht nicht dadurch, daß wir aus Prinzip nein sagen. Und das Leben hält viele Neins bereit und wird dafür schon sorgen.

Wenn ein Kind verwöhnt ist, hat das – wie sich an dem sechsunddreißigjährigen Egbert leicht erkennen läßt – ganz andere Gründe. Verwöhnt wird ein Kind, wenn man es versäumt, angemessene Forderungen zu stellen: «Nein, ich binde dir deine Schuhe nicht zu. Du weißt selbst, wie du das machen kannst.» Und verwöhnt wird ein Kind vor allem dadurch, daß man dem Baby-Selbst erlaubt, einen zu tyrannisieren und zu veranlassen, etwas zu tun, was man nicht will.

«Aber Egbert, du weißt, wie schwer es für mich ist, wieder in die Küche zu gehen.»

«Ich halte meinen Atem an. Und ich atme nicht mehr, bis du weg bist und mir das Brot machst. Ich atme nicht mehr. Ich fange jetzt an.»

«Oh, in Ordnung, Liebes.»

Großeltern, die die Kinder verwöhnen

«Immer wenn die Kinder bei ihren Großeltern sind, werden sie vollkommen verwöhnt. Ihre Großeltern erlauben ihnen alles. Sie lassen ihnen alles durchgehen, und dann erwarten sie dasselbe, wenn sie wieder zu Hause sind.»

Nein, das erwarten sie nicht. Sie versuchen es, aber wenn sie wissen, daß die Regeln zu Hause anders sind als bei den Großeltern, und wenn die Eltern ihre Regeln nicht verändern, dann bleibt es bei einem kurzen Versuch. Dies ist ein wichtiges Beispiel dafür, daß Kinder lernen, daß an verschiedenen Orten verschiedene Regeln herrschen.

Wenn es im Leben der Kinder einen gelegentlichen Ort gibt, wo sie immer nur Freude haben und keine angemessenen Forderungen an sie gestellt werden, und sie dort nicht dauernd sind, ist das dann nicht etwas Schönes für sie? Ist es dann nicht etwas Besonderes, woran sie immer gern zurückdenken werden? Und solange die Großeltern nicht diejenigen sind, die sich hauptsächlich um das Kind kümmern, wird ihre Verwöhnung das Kind nicht formen und Probleme oder einen unsteten Charakter hervorrufen.

Lügen

Susanne, die Mutter von Sami, Bobo und Tina, kommt in die Küche und bemerkt eine große Pfütze aus Orangensaft vor dem Kühlschrank. Weil Sami und Tina in ihrer Sichtweite waren, seit sie das letzte Mal in der Küche war, weiß sie, daß Bobo das angerichtet hat.

«Bobo! Bobo!»

«Was ist?» sagt Bobo und kommt in die Küche.

«Hast du den Orangensaft verschüttet?»

«Nein», sagt Bobo.

«Bobo, ich weiß, daß du das warst. Tina und Sami waren bei mir.»

«Ich war das nicht. Ich hab den Saft nicht verschüttet.»

«Lüg mich nicht an, Bobo.»

«Ich lüge nicht. Das war jemand anders. Ich weiß nicht, wer. Ich hab es nicht getan, Mama. Ehrlich.» Bobo lügt, klingt aber sehr aufrichtig.

«Ich gebe dir jetzt noch eine Chance, Bobo. Ich möchte, daß du die Wahrheit sagst. Hast du den Orangensaft verschüttet?»

«Nein, Mama, hab ich nicht. Ich weiß nicht, wer das getan hat.»

«Ich weiß, daß du lügst, Bobo.»

«Tu ich nicht, Mama. Tu ich nicht. Ich lüge nicht.»

«Bobo, es ist eine Sache, den Orangensaft zu verschütten und ihn da liegen zu lassen –»

«Ich war's nicht, Mama.»

«Aber jetzt lügst du. Und du lügst immer weiter. Ich gebe dir noch eine Chance, und dann hast du großen Ärger.»

«Was passiert, wenn ich es war und es dir jetzt sage? Nicht daß ich es war.»

«Ich weiß nicht, Bobo. Du hast schon so viel gelogen, daß ich ganz angewidert bin.»

«Okay, ich hab ihn verschüttet. Ich hab es nicht mit Absicht getan, und ich hab nicht bemerkt, wie groß die Pfütze ist.»

«Du lügst immer noch. Du hast es gesehen. Du warst einfach zu faul, um sie wieder wegzumachen.»

«Nein, Mama. Ich hab wirklich nicht gesehen, daß es so eine große Pfütze ist.»

«Du kannst einfach nicht aufhören zu lügen, Bobo. Geh in dein Zimmer. Und heute abend gibt's kein Fernsehen.»

«Aber Mama, es war keine Absicht. Ich hab nicht gesehen, daß ich das gemacht habe.»

«Geh hier raus, Bobo.»

«Das ist nicht fair. Du glaubst mir nie.»

«Doch, wenn du anfängst, die Wahrheit zu sagen.»

«Ich sage die Wahrheit.»

«Geh raus hier, Bobo.»

Kinder lügen, und sie lügen sehr viel häufiger, wenn sie mit einem möglichen Verbrechen konfrontiert werden.

«Jan, hast du das Wasser am Waschbecken laufen lassen?»

«Nein.»

«Anna Lena, hast du dir die Hände gewaschen?»

«Ja.»

«Sissi, hast du die ganzen Schokoladennußkekse aufgegessen?»

«Ich hab nur einen gegessen.»

Oft lügen Kinder sogar dann, wenn es überhaupt nichts gibt, wofür sie die Schuld bekommen könnten. Um das Lügen in Gang zu setzen, brauchen Kinder nur das Gefühl zu haben, daß es etwas geben könnte, wofür sie die Schuld bekommen könnten.

«Sandra, warst du gerade in deinem Zimmer?»

«Nein.» Aber sie war dort.

«Oh, ich hab mich nur gefragt, ob ich mein Strickzeug dort liegen gelassen habe.»

«Nein. In meinem Zimmer ist es nicht.»

Warum hat Sandra Angst, daß sie die Schuld bekommt. Sogar dann, wenn sie sich nicht sicher ist.

Was glaubte Sandra, woran sie die Schuld hätte bekommen können? Auch sie selbst war sich nicht sicher. Es war einfach die Art, in der die Frage gestellt wurde, die sie wachsam werden ließ.

Kinder lügen manchmal auch dann, wenn es ganz offensichtlich ist, daß sie an etwas Schuld haben.

«Hans, hast du Nikos lila Troll genommen?»

«Nein.» Er hat ihn in der rechten Hand.

«Was ist das da?»

«Weiß ich nicht.»

Daß Kinder lügen, ist weder gut noch schlecht. Sie tun es als eine unmittelbare Möglichkeit, Schuld abzuweisen. Kinder mögen nicht bloßgestellt werden. Und es scheint dabei keine Rolle zu spielen, ob die Eltern barsch und gemein oder ob sie liebevoll und sanft sind. Die Angst vor Bloßstellung scheint allen Kindern gemeinsam zu sein – als die unvermeidliche dunkle Seite ihres sich entwickelnden Bewußtseins. Das böse Gesicht der Schande.

«Oh, jetzt hast du Ärger. Großen Ärger.»

Und um dem zu entkommen, lügen sie. Denn als Kinder sind sie noch zu jung, um sich der bösen Vergeltung zu widersetzen. Sie verfügen einfach noch nicht über die psychische Kraft dazu. Viele von uns haben sie auch später nicht.

Vollkommen ehrlich zu sein ist nicht einfach.

«Sissi, hast du die ganzen Schokoladennußkekse aufgegessen?»

«Ja, das hab ich getan. Ich weiß, daß ich es nicht hätte tun sollen. Aber sie schmeckten einfach so gut, daß ich mich nicht beherrschen konnte. Daher hab ich alle aufgegessen.»

Das ist keine Antwort, die Kinder geben. Es ist die ganze Wahrheit. Aber eine derartige Antwort hinterläßt in ihnen das Gefühl, offen für einen untolerierbaren Fehler zu sein. In ihrem Kopf zuckt Sissi unter der imaginierten Stimme ihrer Mutter zusammen, die ihr die Schuld gibt.

«Wie konntest du nur, Sissi. Das ist wirklich eine schreckliche Sache, die du da getan hast!»

Deshalb kann sie es nicht so offen zugeben. Kein Kind kann das.

Was sollten Eltern also tun, wenn ihre Kinder lügen?

«Bobo! Bobo!»

«Was ist?» sagt Bobo und kommt in die Küche.

«Bobo, könntest du bitte den Orangensaft aufwischen?»

«Ich hab ihn nicht verschüttet.»

«Bobo, könntest du bitte den Orangensaft aufwischen.» Keine Reaktion auf Bobos Leugnen. «Wenn du etwas verschüttest, ist es nicht gut, es da zu lassen. Es kann jemand darauf ausrutschen oder hineintreten und es überall im ganzen Haus verteilen.»

«Aber ich hab den Saft nicht verschüttet.»

«Bobo, wisch ihn auf.»

Vielleicht bringt Bobos Mutter ihn dazu, den Saft aufzuwischen. Vielleicht auch nicht. Aber es ist das Aufwischen und nicht die Lüge, auf die sich seine Mutter konzentrieren sollte. Eltern haben die Wahl. Sie können sich auf das Lügen konzentrieren oder auf die Frage, die gerade ansteht. Ich empfehle letzteres.

«Jan, hast du das Wasser im Waschbecken laufen lassen?»

«Nein.»

«Ich mußte es abdrehen. Das ist Verschwendung von Wasser. Denk das nächste Mal daran, daß du den Hahn abdrehst, wenn du das Waschbecken benutzt.»

«Anna Lena, hast du dir die Hände gewaschen?»

«Ja.»

«Ich glaube nicht. Geh hinein, und wasch sie dir. Jetzt!»

«Sissi, hast du die ganzen Schokoladennußkekse aufgegessen?»

«Ich hab nur einen gegessen.»

«Sissi, ich hatte dich gebeten, nicht alle aufzuessen. Das macht mich sehr böse. Ich glaube, ich kann jetzt einfach keine Tüte mit Keksen in der Küche mehr liegen lassen.»

Diese Antworten sind klar, einfach und bleiben beim Thema. Es ist am Ende nicht sehr nützlich, alles zu einer Frage des Lügens zu machen.

«Ich möchte, daß er die Wahrheit darüber sagt, was er getan hat»

Ein Problem bei der von mir vorgeschlagenen Reaktion auf Lügen ist, daß es den Eltern die Verantwortung dafür gibt, was tatsächlich passiert ist. Das eröffnet natürlich die Möglichkeit, daß ein Elternteil ein Kind gelegentlich fälschlicherweise wegen einer Missetat zur Ordnung ruft. Aber dies ist eine der Gelegenheiten, bei denen sich zeigt, daß es sich lohnt, auf Strafen zu verzichten. Denn ohne eine Strafe besteht das Schlimmste, was einem Kind passieren kann, darin, daß es etwas tun muß – z. B. etwas aufwischen, was andere verschüttet haben – oder daß es ungerechtfertigterweise den Zorn seiner Eltern zu spüren bekommt.

«Aber ich war's nicht, Mama.»

«Ich will davon nichts hören, Justus.»

«Aber ich war WAR ES NICHT!»

«Geh hier raus!»

Justus ist wütend, außer sich und niedergeschlagen. Aber wie schlimm ist es tatsächlich, wenn man gelegentlich fälschlicherweise für eine Sache zur Rechenschaft gezogen wird, die man nicht getan hat, wenn man dafür aber nicht bestraft wird und im großen und ganzen weiß, daß die Eltern liebevoll sind und versuchen, gerecht zu sein?

Die Alternative – Eltern in der Rolle des Verhörenden – ist bei weitem schlimmer. Wenn Eltern aus dem Lügen eine große Sache machen, dann wird es wichtig, daß sie in jedem Moment festlegen, ob das Kind lügt oder nicht. Die Eltern sind dazu gezwungen, zu schwerem Geschütz zu greifen, und als Folge des Versuchs, die

Wahrheit herauszufinden, können wirklich scheußliche Szenen entstehen. Das kann zu einem schweren Mißgriff werden.

«Ich möchte, daß du es mir endlich sagst, Sissi. *Hast du das Durcheinander in der Garage angestellt?*»

«Nein, Mama. Ich schwöre bei Gott.»

«Sissi, du solltest besser nicht lügen. Ich möchte die Wahrheit wissen. Hast du das Durcheinander angestellt?»

«Nein, Mama. Ich war es nicht. Ich war's nicht.»

Statt dessen sollten Eltern wie Bobos Mutter versuchen, aufgrund ihres Wissens und der Umstände so gut wie möglich herauszufinden, wer das getan haben könnte. Wenn sie glauben, daß ihr Kind lügt, sollten sie so weitermachen, wie zuvor beschrieben.

Verschütteter Orangensaft oder Lügen?

Aber vielleicht besteht das größte Problem bei der Konzentration auf das Lügen – wie das Beispiel von Bobo zeigt – darin, daß das ursprüngliche Thema schließlich keine Rolle mehr spielt. In dem Fall von Bobo war der verschüttete Orangensaft schließlich vergessen. Eine viel bedeutsamere Frage war plötzlich da: Ehrlichkeit und die Korrektur von Charakterfehlern. Dieser Umschlag ist ein weiterer Fehler bei der Erziehung von Kindern.

Wenn Sie in Versuchung geraten, sich auf das Lügen zu konzentrieren, sollten Sie sich in Erinnerung rufen, daß ungezogene Charakterzüge bei Kindern nicht viel bedeuten. Lügen ist ein Verhalten des Baby-Selbst. Es ist kein Hinweis auf künftige Fehler. Das Baby-Selbst wird *immer* lügen, wenn es auch nur irgendwie das Gefühl hat, die Schuld für etwas zu bekommen. Es stimmt wirklich, daß Lügen in der Kindheit, besonders zu Hause und bei den Eltern, wenig, wenn nicht nichts damit zu tun hat, ob man ein ehrlicher Mensch wird.

Lassen Sie mich Ihnen ein Beispiel geben.

Jan-Oliver hat fälschlicherweise in seinen Kopf bekommen, daß seine Mutter ihn seine Schachtel mit den Magic Markern nicht mit zu seinem Freund Bernd nehmen lassen wolle. (Sie hatte einmal gesagt, daß er die Schachtel nicht überall mit hinnehmen solle, weil er sie verlieren könne.) In der Folge hat sich Jan-Oliver eine elaborierte Geschichte ausgedacht: Bernds Mutter habe extra darum gebeten, daß er die Magic Marker mitbringe, weil sie sie sehen wolle.

Aber für die Ohren von Erwachsenen klang die Geschichte falsch.

«Jan-Oliver, nichts davon stimmt. Frau Meyer hat nichts davon gesagt.»

«Doch, Mama, hat sie.»

«Du mußt nicht lügen. Es ist in Ordnung, wenn du die Magic Marker mit zu Bernd nimmst. Ich weiß, wie gern du sie hast und daß du sie Bernd zeigen möchtest. Ich habe nichts dagegen.»

«Wirklich?»

«Ja.»

«Oh.»

Macht die Mutter von Jan-Oliver nicht einen Fehler? Belohnt sie sein Lügen nicht? Vermittelt sie Jan-Oliver nicht: «Du kannst ruhig lügen?»

Nein, genau das vermittelt sie ihm nicht. Sie vermittelt ihm, daß es für ihre Entscheidung ohne Bedeutung ist, ob er lügt oder nicht. Sie sagt damit: Ich treffe meine Entscheidungen so, wie ich es immer tue, auf der Grundlage meines Urteils dessen, was ich für dich möchte und von dem glaube, daß es am besten für dich ist. Dein Verhalten kontrolliert meine Entscheidungen nicht. Es spielt dabei keine Rolle. Da draußen, wenn du von mir getrennt bist, spielt es eine Rolle. Und da mußt du deine Chancen wahrnehmen. Ich kann dich vor den Folgen deines Verhaltens da draußen nicht schützen. Aber hier bei mir besteht mein Geschenk an dich – deine Kindheit – darin, daß nicht zählt, was du tust.

Das ist, wie immer, ein wunderbarer Deal.

Ehrlichkeit

Aber wie können Sie das Lügen einfach ignorieren? Lügen ist schlimm. Sollten Eltern ihren Kindern nicht beibringen, nicht zu lügen? Wie sollen Kinder sonst lernen, nicht zu lügen? Wie lernen sie, ehrlich zu sein?

Ja, wir sollten unseren Kindern beibringen, nicht zu lügen und ehrlich zu sein. Was können wir also tun, damit unsere Kinder ehrlich werden?

1. Seien Sie ehrlich zu Ihrem Kind. Nichts ist wichtiger als das.
2. Seien Sie auch zu anderen ehrlich, als ein Beispiel für Ihr Kind.
3. Versorgen Sie Ihr Kind.
4. Setzen Sie im Verlauf der Erziehung Grenzen, und stellen Sie angemessene Forderungen.
5. Behandeln Sie Ihr Kind nicht auf sehr barsche Weise.

Die letzten drei Empfehlungen scheinen wenig mit Ehrlichkeit zu tun zu haben. Aber sie tragen dennoch dazu bei. Denn um ehrlich zu sein, müssen sie sich zu ihren eigenen Fehlern bekennen können und das Vertrauen haben, daß sie in der Welt überleben können, ohne unehrlich zu sein. Dazu müssen sie ein gutes Selbstwertgefühl und Vertrauen in sich selbst haben. Die letzten drei Empfehlungen führen dazu.

Sie haben sicher schon bemerkt, daß auf dieser Liste etwas fehlt: den Kindern zu erzählen, daß Lügen schlecht ist. Das hat zwar eine gewisse Wirkung, aber es spielt nur eine geringe Rolle. Wie alle Eltern wissen, führt das Schlagen oder Bestrafen eines Kindes, weil es gelogen hat, zu nichts, was das Lügen oder Nichtlügen in der Zukunft angeht. Wenn Sie das Lügen zu einer großen Sache machen oder Ihr Kind dafür bestrafen, führt das normalerweise nur dazu, daß Ihr Kind in Zukunft darauf achten wird, daß es beim Lügen nicht mehr erwischt wird. Dazu kommt noch, daß Sie damit schreckliche Szenen herbeiführen können.

Geschichten erzählen

Nathans Mutter hört, wie ihr Sohn seinem Freund Daniel etwas erzählt.

«Letztes Wochenende haben wir meinen Großvater besucht. Er ist sehr reich. Er lebt in einem großen Haus, und er hat viele Pferde. Immer wenn wir dort sind, reite ich auf seinen Pferden. Wenn du mir nicht glaubst, guck dir diesen blauen Fleck hier auf meinem Arm an. Ich bin vom Pferd gefallen. Ich kann noch nicht so gut reiten, aber ich lerne es schon noch.»

Nichts an dieser Geschichte ist wahr.

Das Erzählen von Geschichten ist etwas ganz anderes als Lügen. Kinder lügen, um der Schuld zu entgehen. Aber sie erzählen Geschichten, um ein besseres Bild zu malen. «Wir haben sechs Hunde, weißt du.» Sie wollen damit in den Augen der anderen Respekt erlangen oder einen besseren Ruf. «Gestern habe ich einen Fünfzigmarkschein gefunden, der auf der Straße lag. Er lag einfach da.»

Was sollten Nathans Eltern wegen seines Geschichtenerzählens unternehmen? Im Grunde nichts. Sie sollten sich nicht in die Geschichten einmischen, die er seinem Freund erzählt. Das ist eine Sache zwischen Nathan und seinen Freunden. Wenn er älter wird, werden sie anfangen, an seinen Geschichten zu zweifeln. «Du spinnst, Nathan.» Und die Erfahrung wird dazu führen, daß Nathan sich zügelt.

Aber bei dem Geschichtenerzählen *kann* es auch Probleme geben.

Alex zu seinem Vater.

«Da ist dieser Junge in der Schule, Bennie. Er ärgert mich immer, und Frau Peters macht nichts dagegen. Und in der Pause hat er mich ohne Grund getreten. Und deshalb haben wir uns geschlagen. Und ich hab ihn in den Hintern getreten.»

Alex erzählt seinem Vater noch eine Reihe ähnlicher Geschichten, wie Bennie ihn immer ärgert und wie sie sich dann wieder geschlagen haben und daß Frau Peters nichts dagegen unternimmt.

Seine Geschichten führen schließlich dazu, daß sein Vater Frau Peters anruft.

«Nein, Alex und Bennie haben sich nicht geschlagen. Sie kommen gut miteinander aus. Nein, ich weiß nicht, warum Alex sagen sollte, daß er das getan hat.»

Vielleicht kann sich Alex' Vater denken, warum sein Sohn ihm diese Geschichten erzählt, aber vielleicht auch nicht. Aber Alex' Vater möchte wegen der Vorfälle, die nie geschehen sind, keine weiteren peinlichen Telefonanrufe in der Schule tätigen.

«Alex, ich habe heute Frau Peters angerufen, weil ich Angst hatte, daß du dich dauernd mit Bennie prügeln könntest. Sie sagt, daß ihr euch gar nicht prügelt. Ich möchte Frau Peters nicht noch einmal anrufen, weil ich Angst um dich habe, und dann herausfinden, daß alles in Ordnung ist.»

Bei diesem Beispiel hat Alex' Vater seinem Sohn deutlich zu verstehen gegeben, daß das Geschichtenerzählen unbeabsichtigte Folgen haben kann und man deshalb aufpassen muß, was man sagt. Mehr kann er nicht tun. Ist das häufige Geschichtenerzählen in der Kindheit ein Warnzeichen dafür, daß dem Kind Selbstvertrauen fehlt? Vielleicht, und deshalb sollten die Eltern aufmerksam auf andere Anzeichen dafür achten, daß es ihrem Kind vielleicht an Selbstvertrauen mangelt. Aber im großen und ganzen bewegt sich das Geschichtenerzählen in der Kindheit, selbst wenn es häufig geschieht, innerhalb eines normalen Rahmens. Die meisten Kinder wachsen irgendwann darüber hinaus. Und das bedeutet: Was die Eltern vor allem tun sollten, wenn ihr Kind Geschichten erzählt, ist, sich keine Sorgen zu machen.

Widerreden

«Nein, Achim, der Fernseher wird jetzt ausgemacht, und du hörst auf mit dem Theater.» – «Aber du bist diejenige, die Theater macht.»

Widerreden. Es gibt zwei grundlegende Tatsachen bei Widerreden. Die erste hat mit dem Baby-Selbst zu tun.

Widerreden kommen von dem Baby-Selbst. Es ist das Baby-Selbst, das spricht. Und wie in diesem Buch schon wiederholt besprochen, ernährt sich das Baby-Selbst von den Reaktionen der Eltern – jeder Art elterlicher Reaktionen. Und weil das Baby-Selbst elterliche Reaktionen frißt, wird jede Art der sofortigen elterlichen Reaktion mit Ausnahme von harten Strafen oder Schlägen ins Gesicht nur dazu führen, daß es weitere Widerreden führt. Daher sind alle Antworten wie: «Gib acht, was du sagst» oder die Androhung von Strafen oder: «Es reicht. Du gehst eine halbe Stunde früher ins Bett» nicht dazu angetan, Widerreden zu verringern.

Tatsache Nr. 1: Wenn Eltern Widerreden auf ein Minimum reduzieren wollen, dann sollten sie zu dem effektivsten Mittel greifen: der Nichtreaktion.

«Nein, Achim, der Fernseher bleibt aus, und jetzt ist Schluß mit dem Theater und der Bettelei.»

«Du bist diejenige, die bettelt.»

«Mach den Fernseher aus.»

Später, wenn Sie wollen, aber erst später:

«Achim, mir gefällt es nicht, wenn du solche Widerreden führst. Ich hatte dich gebeten, den Fernseher auszustellen, und ich mag es nicht, wenn du mir dann widersprichst.»

Und nachdem Sie dies gesagt haben, brauchen Sie nichts mehr hinzuzufügen.

Tatsache Nr. 2: Eltern, die keine harten Strafen gebrauchen und auf Ohrfeigen als Teil der Kindererziehung verzichten, erlauben Widerreden. Aber das Erlauben und das Schätzen sind zwei verschiedene Dinge. Wenn Eltern Widerreden ablehnen, werden ihre Kinder das bemerken.

Das letzte Wort haben

«Ich möchte nicht, daß du meinen Nagellack anrührst.»
«Aber ich mache nichts kaputt.»
«Nein, wir haben das alles schon einmal gehabt. Nein.»
«Aber das ist nicht fair.»
«Nein, Carla. Dabei bleibt es.»
«Nein, bleibt es nicht. Du hörst mir nie zu.»
«Carla, hör auf.»
«Du bist gemein. Bist du wirklich.»
«Paß auf, was du sagst, Carla.»
«Du solltest besser aufpassen, was du sagst.»

Kinder haben gern das letzte Wort. Auch wir haben gern das letzte Wort. Aus der Sicht der Eltern ist es normalerweise ungünstig, sich auf einen Kampf darüber einzulassen, wer das letzte Wort hat. Aber von dem strategischen Überlegungen einmal abgesehen: Als Eltern haben wir die Wahl, was wir für erwachsener halten: das letzte Wort zu behalten oder es unsere Kinder haben zu lassen. Sie können sich entscheiden.

Aggressives Verhalten

In der Vorschule sieht die vierjährige Tanja, daß Stefan mit einigen neuen Bauklötzen spielt. Sie möchte auch damit spielen. Sie geht also zu ihm, und ohne ein Wort zu sagen, fängt sie an, ihm die Bauklötze wegzunehmen.

«Hör auf», sagt Stefan und versucht, seine Klötze bei sich zu behalten.

«Nein», sagt Tanja, und sie schlägt Stefan ziemlich heftig auf den Arm. Stefan fängt an zu weinen.

Aggressives Verhalten. Nicht schön. Aber vielleicht nicht so schlimm, wie es scheint.

Gewalt – die absichtliche Verletzung eines anderen – ist immer schlimm. Aber Aggression – die energische Handlung einem anderen gegenüber – ist nicht dasselbe wie Gewalt. Aggression ist, wenn man jemandem ins Gesicht schlägt. Aber Aggression ist auch, wenn man einen Ball so hart schlägt, wie man kann. Aggression ist gegeben, wenn man seinen Klassenkameraden wegen eines häßlichen Geburtsmals ärgert. Aber sie ist auch gegeben, wenn man in einem vollen Restaurant nach der Kellnerin ruft, nachdem man zwanzig Minuten lang ignoriert worden ist. Aggression ist gegeben, wenn man einem anderen Kind ein Spielzeug wegnimmt, ohne es zuvor zu fragen. Aber sie ist auch gegeben, wenn man versucht, ein frustrierendes mathematisches Problem zu lösen und sich schließlich auf der Suche nach einer Lösung durch die Frustration kämpft. Aggression ist ein normaler, gesunder und notwendiger Teil unserer psychischen Ausstattung. Und Aggression ist – wenn sie in die richtige Richtung gelenkt wird – notwendig, um das zu erlangen, was man möchte. Sie ist daher ein notwendiger Bestandteil eines erfolgreichen und zufriedenen Lebens. Aggression ist nicht schlecht.

Schlecht ist aggressives Verhalten, das anderen Schaden zufügt. Die Aufgabe der Eltern besteht nicht darin, aggressives Verhalten zu unterdrücken, sondern darin, es in eine Richtung zu lenken, in der es nicht verletzend ist. Eltern müssen immer versuchen, aggressives Verhalten dann zu verhindern, wenn es zu Verletzungen führen kann. Das ist zum Beispiel der Fall, wenn ein Geschwister das andere heftig schubst, während sie die Treppe hinuntergehen, oder wenn es während eines gespielten Kampfes mit einem Stein auf den anderen wirft. Vermittelt werden muß: Verhalten, das andere oder sich selbst ernsthaft verletzt, ist nicht erlaubt. Aber Eltern sollten nicht vermitteln, daß jede Form aggressiven Verhaltens schlecht ist.

Die siebenjährige Stephanie spielt mit ihrer Freundin Sophie Karten. Sie ist frustriert, weil sie verliert, und schlägt Sophie in den Rücken.

«Du schummelst.»

Sophie schlägt Stephanie sofort zurück, und sie fangen an, sich zu prügeln.

Stephanies Mutter, die im selben Zimmer sitzt, interveniert sofort.

«Hört auf, Kinder. Das ist nicht schön. Wenn ihr beiden nicht miteinander spielen könnt, ohne euch zu schlagen, dann muß Sophie nach Hause gehen.»

Ich habe das obige Beispiel angeführt, weil Eltern dazu neigen, schneller einzuschreiten, wenn sich Mädchen aggressiv verhalten, vor allem, weil sie glauben, daß aggressives Verhalten sich für Mädchen nicht schickt bzw. daß es einen unschönen Eindruck vermittelt. *Kleine Mädchen tun so etwas nicht.* Aber Eltern sollten vorsichtig sein. Das, was sie vermitteln wollen, kann wirkungsvoller sein, als sie beabsichtigen. Aggressives Verhalten ist nicht schlecht – weder bei Jungen noch bei Mädchen.

Aggressive Spiele und Phantasien

Hinsichtlich Aggressionen entstehen die meisten Mißverständnisse vielleicht bei der Frage, welche Beziehung zwischen aggressiven und gewalttätigen Spielen und Phantasien und realer Gewalt besteht. Phantasie versus Realität.

Der sechsjährige Olaf ist draußen und hat viel Spaß. Seine Mutter sitzt auf dem Rasen neben ihm und liest eine Zeitschrift. Olaf hat eine Reihe von Stöcken gefunden und sie in den Boden gesteckt, so daß sie eine kleine Gruppe von aufrecht stehenden Zweigen bilden.

«Das ist die Armee von Kraxer», sagt Olaf. «Alle haben vor ihnen Angst.»

Dann steht Olaf auf und geht zu seinem Plastikmotorrad.

«Aber nicht Olaf.»

Und Olaf fährt mit seinem Plastikmotorrad über die Stöcke, so daß sie umkippen.

«Die sind jetzt alle Pfannkuchen», sagt Olaf lachend.

Dann stellt er die Stöcke alle wieder auf.

«Nein, bitte nicht. Verschon uns. Wir tun dir nichts», sagt Olaf mit einer lustigen hohen Stimme.

«Ich glaube euch nicht», sagt Olaf in seiner normalen Stimme, als er mit seinem Motorrad zum zweiten Mal über die Armee von Stöcken fährt.

«Zermatschte Menschenpfannkuchen», sagt Olaf und lacht.

Olaf wiederholt das noch ein paarmal. Aber schließlich langweilt ihn das Spiel.

«Bitte nicht. Nein, bitte nicht,» sagt Olaf mit seiner lustigen hohen Stimme, als er über den erneut umgefahrenen Stöcken steht.

«Jetzt sterbt ihr», sagt Olaf und fängt an, auf den Stöcken herumzutrampeln. «Stirb, stirb», sagt er und trampelt so lange auf den Stöckern herum, bis sie in der Erde sind.

Olafs Mutter beobachtet diese gewalttätige Vorstellung ihres Sohnes. Sie macht sich Gedanken. *Was ist mit ihm nicht in Ordnung?*

Die Antwort ist, daß mit Olaf alles in Ordnung ist. Er hat früh in seiner Kindheit gelernt, daß es ein Reich gibt, in dem alles, was passiert, nicht wirklich passiert. Das ist die Welt des Vorgestellten, der Phantasie. In diesem Reich kann alles geschehen, und es geschieht dennoch nicht «wirklich».

Es ist ein sehr wichtiges Reich, denn ungezogene Gedanken und schlechte Gefühle könnten in der realen Welt ein ernstes Problem sein, wenn sie ausagiert würden. In diesem Reich der Phantasie können sie jedoch auf vollkommen harmlose Weise ausgedrückt werden, und man fühlt sich sogar gut dabei. Und in der Tat neigen Menschen, die ihre Phantasie gebrauchen, seltener dazu, aggressive Gefühle auszuagieren. Die Welt des Als-ob hält ein gesundes Feld für Gefühle bereit, die ansonsten im Innern wie ein Geist in der Flasche verschlossen bleiben würden. Dabei würden sie immer größer werden, ohne die Möglichkeit zu haben, sich auszudrücken, mit Ausnahme einer direkten Handlung.

Wir können alle Arten von Gefühlen durch Phantasien erleichtern. Und wir tun das auch als Erwachsene.

«Ich hasse meinen Chef. Manchmal könnte ich ihn würgen. Und ich meine das wirklich.»

«Ich weiß, was du meinst. Ich könnte Hans immerzu würgen. Vielleicht mach ich's nächsten Donnerstag.»

Beide Frauen wissen, daß keine von ihnen tatsächlich etwas tun wird. Aber sie fühlen sich gut, wenn sie daran denken.

Einige Kinder drücken ihre Phantasien besonders deutlich aus. Das heißt normalerweise, daß diese Kinder mehr dramatisches Gespür und eine größere Vorstellungskraft haben als andere. Es bedeutet nicht, daß sie mehr als andere dazu neigen, das, was sie ausdrücken, auch auszuführen. Obwohl ihre Produktionen sehr beunruhigend sein können.

«Matthias hat in der Schule das Bild von einem Mann gemalt, in dem dreizehn Pfeile stecken. Und Bluttropfen kommen heraus.» Dieses Bild hat wahrscheinlich den Neid seiner Klassenkameraden hervorgerufen. «Ich mache mir Sorgen um ihn.»

Das Wünschen, Ausdrücken und Phantasieren von scheußlichen Dingen ist kein Problem. Es ist normal. Kann Phantasie möglicherweise verletzende Handlungen verursachen? Es steht außer Frage, daß Phantasie solchen Handlungen eine Form geben kann. Aber nicht die Phantasie fördert die Gewalt. Gewalt entsteht nicht durch gewalttätige Phantasien. Die Phantasie gibt der Gewalt vielleicht eine Form, aber Gewalt entsteht durch Ärger und unzulängliche Triebkontrolle. Die Ursache für beides ist, daß man selbst mit Gewalt und Zwang behandelt worden ist. Im großen und ganzen verhindert der Gebrauch von Phantasie Gewalt, er verursacht sie nicht.

Was verursacht Gewalt bei Kindern?
Was können Eltern tun?

Der Vater des siebenjährigen Andreas geht zufällig durch das Zimmer, in dem sein Sohn Fernsehen guckt.

«Du wirst sterben und ebenso all die deinen», sagt der Mann im Fernseher. Er hält ein Gewehr in den Händen, mit dem er dann viermal auf einen anderen Mann schießt. Der fällt hin und ist wahrscheinlich tot.

Andreas' Vater geht zum Fernseher und stellt ihn ab.

«Andreas, ich dachte, du siehst dir Zeichentrickfilme an.»

«Ich hatte Langeweile», sagt Andreas.

«Du weißt, daß du diese Filme nicht sehen sollst.»

«Ja», sagt Andreas.

Später spielt Andreas draußen mit Frank, einem gleichaltrigen Jungen aus der Nachbarschaft.

«Du wirst sterben und ebenso all die deinen», sagt Andreas und richtet einen Stock auf seinen Freund. «Kch... Kch... Kch...», sagt Andreas, wirft seinen Stock weg und rennt dann, so schnell er kann, zu Frank, wirft sich gegen ihn und schlägt ihn zu Boden.

«Du bist tot», sagt Andreas.

Die Gewalt in der Welt – und dazu gehören auch ihre Abbildungen, die unsere Häuser besonders durch das Fernsehen erreichen – übt mit Sicherheit einen Einfluß auf unsere Kinder aus. Gewalt im Fernsehen zu sehen kann furchterregend sein und/oder einen jungen Geist anregen, besonders wenn Gewalt als cool, lustig und vorbildhaft dargestellt wird. Doch verglichen mit dem, was wir mit unseren Kindern anstellen, haben diese Bilder wenig Bedeutung.

Wenn wir unsere Kinder so erziehen wollen, daß sie nicht zu einem Teil der Gewalt in unserer Welt werden, dann dürfen wir selbst nicht gewalttätig zu unseren Kindern sein. Wenn wir liebe- und rücksichtsvoll mit ihnen umgehen und ihnen keine Gewalt antun, wenn wir uns selbst kontrollieren, dann können wir uns relativ sicher sein, daß auch sie nicht zu Gewalt greifen werden, ganz gleich, was die Welt auch für sie bereithält.

Eine Ausnahme gibt es dann, wenn Kinder in einer Umgebung des Elends und der Verzweiflung aufwachsen, in der die tägliche Sicherheit ernstlich in Frage gestellt ist und in der sie keine Hoffnung für die Zukunft erkennen können. In diesen Fällen werden viele der Hemmnisse für Gewalt entfernt, und die häuslichen Einflüsse können – obwohl sie immer noch mächtig sind – gegen eine harsche Realität verlieren, die alles übertrifft, wovor wir sie als Eltern schützen wollten.

Wettstreit

Die Grundidee des Wettstreits ist es, daß man die anderen aggressiv schlägt. Man selbst gewinnt, die anderen verlieren. Wird die Aggressivität des Wettkampfs auf gesunde Ziele gelenkt? Oder ist das nur eine weitere Form, mit deren Hilfe aggressive Leute lernen können, auf Kosten der anderen das zu bekommen, was sie wollen?

Der achtjährige Axel hat seinen Freund Mike bei sich zu Besuch. Sie spielen Dame. Axel verliert und bekommt einen Wutanfall. Er wird rot und fängt an zu schreien: «Ich spiele nicht mehr mit dir. Ich hasse Dame.» Von da an wird sein Verhalten immer schlimmer. Sein Freund Mike sitzt da und guckt ihm zu.

Axels Vater, der die Szene beobachtet, ist entsetzt. *Axel kann einfach nicht verlieren. Es ist schrecklich.*

Später hält er seinem Sohn einen kleinen Vortrag darüber, daß er sich nicht soviel um das Gewinnen kümmern soll. Der Sinn des Spiels sei es, Spaß zu haben, und nicht zu gewinnen.

«Aber ich *will* gewinnen», sagt Axel.

Ist der Wettstreit – der Versuch, zu gewinnen um des Gewinnens willen – schlecht für Kinder?

Die Kritik am Wettstreit, an den wirklich entscheidenden Situationen, bei denen es Gewinner und Verlierer gibt, lautet:

1. Wenn Kinder verlieren, sind sie am Boden zerstört, ihr Selbstwertgefühl wird möglicherweise beschädigt.

Oder noch schlimmer ist vielleicht, daß sie 2. die Haltung entwickeln, gewinnen bedeute alles. Dann machen sie sich nur noch Gedanken darum, wie sie gewinnen können, und werden unempfindlich für die Gefühle und Bedürfnisse der anderen. Wettstreit und Sensibilität gegenüber anderen werden unvereinbar.

In seiner besten Form – bei Dame, Fußball, beim Reiten und in der Schule – bedeutet Wettstreit, innerhalb eines gesetzten Rahmens sein Möglichstes zu geben, sich selbst soweit wie möglich zu fordern und zu vergrößern. Der Wettstreit motiviert stark, und Kinder, die etwas erreichen, neigen dazu, sehr in Konkurrenzen zu denken. Aber zu Wettstreit und Konkurrenz gehören das Gewinnen und Verlieren.

Kleine Kinder nehmen es oft nicht gut auf, wenn sie verlieren. Aber wenn Kinder größer werden, lernen sie meistens, ihre Stimmungen zu kontrollieren und ihre Ansichten über Gewinnen und Verlieren zu verändern.

«Ich möchte gewinnen. So, wie ich es immer wollte. Aber das ist nicht alles. Ich kann auch Spaß haben, wenn ich verliere. Das macht mich nicht mehr verrückt. Aber es fordert mich auch heraus, so daß ich es noch einmal probieren möchte.»

Kinder lernen, gegen sich selbst anzutreten.

«Das war toll. Ich war als dritter am Ziel – das bin ich normalerweise –, aber ich habe meine bisher beste Zeit erreicht.»

«Wie gewöhnlich habe ich gegen Robert verloren, aber diesmal war es sechs zu vier und sechs zu fünf. Ich komme richtig in Form und treffe den Ball gut.»

Nichts davon widerspricht der Fürsorge für andere. Wenn ein Kind sich zu einer Person entwickelt, die sich auch um andere kümmert, wird der Wettstreit in diesen Kontext eingefügt. Es macht Spaß, sich Mühe zu geben und zu gewinnen, aber ich möchte auch Gegner haben, die mir gewachsen sind. Ich möchte nicht um jeden Preis gewinnen, und ich möchte nicht, daß andere darunter leiden.

Erwachsene können natürlich den Wettstreit der Kinder pervertieren, indem sie ihnen einreden, daß es mehr darauf ankomme zu gewinnen, als Spaß zu haben und sein Bestes zu erreichen. Indem sie sagen, daß man nicht verlieren dürfe und daß nur Verlierer verlieren.

Manchmal endet ein Wettkampf auch positiv. Alle gratulieren allen dafür, daß sie ihr Bestes gegeben haben. Und darin liegt die Ehre. Im Versuch. Das Desaster entsteht erst, wenn die Verlierer als weniger gut und weniger ehrenhaft angesehen werden. Aber ein gesunder Wettstreit – und so etwas gibt es – kann ein Leben mit Sicherheit bereichern.

Als mein Sohn Nick ungefähr zehn Jahre alt war, war ich an

einem Sommertag gerade mit einer Gartenarbeit beschäftigt. Nick spielte mit zwei Freunden in der Auffahrt Basketball. Die Auffahrt war unser behelfsmäßiger Hof. Ich konnte sie von hinten hören – nicht das Geräusch des aufschlagenden Balls, sondern lauten Streit und viel Gefluche. Bei Gelegenheit ging ich nach vorn, um ihnen zuzuschauen. Es war eigentlich nicht Basketball, was sie spielten. In der Hauptsache stritten und fluchten sie. War der Ball ins Aus geraten? War das ein Foul? Hatte er doppelt gedribbelt? Im Verlauf einer Stunde spielten sie vielleicht fünf Minuten tatsächlich Basketball.

Aber auch ihr Streiten war eine Art Spiel. Wie jeder, der das Spiel kennt, weiß, gehört es zu Basketball, daß sich die Teilnehmer auf Regeln einigen, so daß das Spiel ungehindert weitergehen kann. Was ist das Aus? Wie darf man sich mit dem Ball bewegen? Wieviel Aggressivität (Fouls) ist erlaubt oder nicht erlaubt? Wenn man als Teenager oder Erwachsener ohne einen Schiedsrichter und auf einem Platz spielt, der nicht extra dafür eingerichtet ist, muß man die Regeln kennen und in der Lage sein, nach den vereinbarten Regeln zu spielen, so daß nicht jedesmal neu verhandelt werden muß und das Spiel weitergehen und Spaß machen kann.

Die Kenntnis dieser Regeln und die Fähigkeit, nach ihnen zu spielen, kommt nicht plötzlich aus dem Nichts und entwickelt sich nicht automatisch durch einen wunderbaren Zauber. Diese Fähigkeiten werden im Verlaufe vieler, sehr vieler Basketballspiele in der Kindheit entwickelt, so, wie es mein Sohn Nick und seine Freunde taten.

Als junger Erwachsener hat Nick viel Freude am Basketball, und er spielt oft. Aber es gibt auch Menschen, die nicht das Temperament für den großen Wettstreit und das unvermeidliche Streiten haben, die zu dem Spiel gehören. Sie ziehen sich schließlich von dem Spiel zurück. Oder sie entwickeln einen weniger ernsthaften, lässigeren Spielstil, der es ihnen ermöglicht, auf weniger emotionsgeladene Weise zu spielen. Aber meist genießen sie das Spiel nicht so sehr wie diejenigen, die sich am Wettstreit beteiligen.

Was will ich damit sagen? Es gibt wirkliche Vorteile im Leben, wenn man an diesen Wettkämpfen teilnimmt, sie ausprobiert und auch darin hängenbleibt. Aber zum Ausprobieren gehören auch Zeiten der Frustration und Enttäuschung – Schmerzen. Doch die Belohnungen sind auch bedeutend. Eltern tun gut daran, solche Anstrengungen zu ermutigen und zu unterstützen. Und wenn Eltern das Ausprobieren und die Ausdauer fördern – nicht die Siege –, dann sind die Vorteile für ihre Kinder erheblich.

KAPITEL 7

Schwierige Probleme

Zuviel hinnehmen

Nicht aggressiv genug zu sein kann zu einem großen Problem werden. Das ist eine heiklere Angelegenheit, als wenn man zu aggressiv, wenn auch nicht bösartig, ist. Wenn ich mich zu sehr darum kümmere, was die anderen denken könnten, wenn ich mir zu viele Gedanken um die Folgen meiner Handlung mache, dann behindere ich unter Umständen die normalen aggressiven Teile meiner Persönlichkeit. Ich spiele am Ende immer auf Sicherheit. Ich kann schließlich unentschieden werden und unfähig sein, zu handeln. Leider kann es dann auch dazu kommen, daß ich den hinterhältigeren und lähmenden Anlagen des Baby-Selbst in die Hände spiele (siehe Kapitel 1).

«Mama, kann ich noch einen Erdbeertörtchen haben?»

«Nein, Jessica. Wir essen bald Abendbrot.»

«Bitte, Mama. Ich habe wirklich Hunger.»

«Ich habe nein gesagt, Jessica.»

Und Jessica seufzt, schlägt die Augen nieder, dreht sich um und verläßt niedergeschlagen die Küche. Als sie allein ist, fühlt sie sich schlecht, weil sie das Erdbeertörtchen nicht bekommen hat. Sie wollte wirklich eins.

«Ich kriege nie das, was ich will. Nie. Nie.»

Nach einer kleinen Weile und ein paar Tränen fühlt sich Jessica wieder gut. Ohne große Aufregung hat sie die Weigerung ihrer Mutter akzeptiert, sich eine Zeitlang traurig gefühlt, aber dann war es vorbei. Nicht so wie ihr Bruder Martin, der bei dem kleinsten Anlaß große Wutanfälle bekommt und seinen Eltern damit das Leben zur Hölle macht, obwohl sie ihn wirklich lieben.

«Warum kann er nicht wenigstens ein bißchen so sein wie Jessica?»

Wir möchten Enttäuschungen akzeptieren können. Aber Jessica wollte wirklich noch ein Erdbeertörtchen. Sie wollte es ebensosehr wie ihr Bruder in einer ähnlichen Situation ein paar Tage zuvor, als er einen seiner typischen größeren Wutanfälle bekommen hatte. Jessica war ebenso enttäuscht gewesen. Nur daß sie daraus nicht wie Martin eine große Sache machte und versuchte, die Meinung ihrer Mutter zu ändern. Doch auch Martins Wutanfall hatte ihm nicht zu einem weiteren Erdbeertörtchen verholfen.

Unter der Akzeptanz, unter der Nichtaggressivität kann das Baby-Selbst in seiner passiven Form lauern. In dieser Verkleidung nimmt das Baby-Selbst Abstand von aggressivem Verhalten. Denn aggressives Verhalten birgt Gefahren – man könnte verletzt werden, die Leute könnten einen ablehnen.

In seiner passiven Verkleidung will das Baby-Selbst immer auf Nummer Sicher gehen. Aber wenn wir seine Wünsche zu sehr beachten, kann es passieren, daß wir unwillig und schließlich unfähig werden, die Verantwortung für das zu übernehmen, was uns widerfährt. Wir sind nicht mehr die tatsächlich Handelnden unseres Lebens. Wir haben das Gefühl, daß unser Schicksal nicht in unseren Händen liegt. Wir entwickeln eine philosophische Traurigkeit, eine Resignation; wir glauben, daß die Dinge in der Welt nicht so sind, wie wir sie gern hätten, und daß wir wenig dagegen tun können. Unser Leben liegt zu einem großen Teil in den Händen der großen Welt, und diese Welt kann oft unfreundlich sein. Wir können tatsächlich Opfer werden, und wir glauben wirklich, daß es daraus keinen Ausweg gibt. Wir minimieren die Rolle, die wir in unserem eigenen Leben spielen.

Aber was kann ich machen? Die Welt ist sehr groß und mächtig, und ich bin klein und machtlos. Mein Leben wird von anderen geformt. Und ich muß das akzeptieren, weil die Welt nun einmal so ist.

Besonders heimtückisch an dieser Art, mit dem Leben umzugehen, ist, daß sie einen großen Vorteil bietet. Der Vorteil besteht darin, daß ich – obwohl ich vielleicht leide, deprimiert oder sogar depressiv bin – nicht die Verantwortung für mein eigenes Leben übernehmen muß und frei bin von allen Ängsten und Unsicherheiten, die mit Entscheidungen einhergehen. Viele Menschen ziehen Depressionen der Unsicherheit und Angst vor. Depression mag schmerzlich sein, aber sie kann auch bequem sein. Unsicherheit und Ängste sind das niemals. Ich habe die Verantwortung für mein Leben anderen oder dem Schicksal übergeben, das so viel mächtiger ist als das kleine, ineffektive Ich.

Bei Kindern klammert sich das Baby-Selbst in seiner passiven Verkleidung gern an Mami und legt alles in ihre Hände (ich habe das schon beschrieben). Das passive Baby-Selbst, das sofort die Verantwortung für *alles* an andere weitergibt, macht es für Eltern schwierig, sich aus Entscheidungen herauszuhalten, die das Kind treffen muß.

«Was für ein Eis möchtest du, Liebes?»

«Ich weiß nicht. Entscheide du, Mama. Du weißt, was ich mag.»

Aber dieselben Kinder berauben sich auf lange Sicht der Fähigkeit, Entscheidungen zu treffen, die notwendig ist, um allein zu existieren.

Diese ganzen Entscheidungen zu treffen, diese ganze Verantwortung ist einfach zu anstrengend.

Die Fähigkeit, eine Enttäuschung zu akzeptieren ist ein entscheidender Teil der menschlichen Reife. Aber zu viel Akzeptanz, vollkommener Verzicht auf die eigene Rolle als einen bedeutsamen Teil des eigenen Lebens, ist auch keine Reife. Zum einen besteht eine Beziehung zwischen normaler gesunder Aggressivität und der Bereitschaft, Risiken auf sich zu nehmen. Beides gehört zusammen, und deshalb achten wir als Eltern darauf, daß wir normale Aggressivität nicht unterbinden. Zum zweiten müssen Eltern darauf achten, ob das Baby-Selbst diesen Weg einschlägt. Denn wir müssen aufpassen, daß wir nicht unabsichtlich alle Risiken aus dem Leben unserer Kinder entfernen. Es ist leicht, die Entscheidungen für unsere Kinder zu treffen, besonders wenn sie so unsicher wirken und wirklich zu wollen scheinen, daß wir sie für sie treffen. Entscheidungen fallen auch in unseren Bereich. Aber viele Entscheidungen müssen sie auch selbst treffen.

«Mami, soll ich heute die Bluse mit den Rüschen anziehen oder die rote?»

«Das ist deine Sache, Lara.»

«Aber ich weiß nicht, was ich anziehen soll.»

«Ich glaube, du mußt dich entscheiden.»

«Aber ich kann das nicht.»

«Ich weiß nicht, was ich sagen soll, Lara.»

«Sag mir, welche ich anziehen soll.»

«Tut mir leid, Lara. Das ist deine Entscheidung.»

«Aber ich kann mich nicht entscheiden. Du mußt das machen.»

«Komm nicht so spät zum Frühstück. Ich muß mich heute beeilen, daß ich rechtzeitig zur Arbeit komme.»

«Ich will nicht in die Schule gehen.»

«Du hast keine andere Wahl.»

«Ich gehe nicht.»

Schweigen.

«Welche paßt besser? Sag's mir.»

Aber ihre Mutter war schon aus dem Zimmer gegangen.

Lara wollte zur Schule gehen. Sie wollte die Schule nicht versäumen. Sie hatte wirklich nicht die Absicht, nicht in die Schule zu gehen. Aber Lara konnte sich auch nicht entscheiden, welche Bluse sie anziehen sollte. Sie wurde immer heftiger.

«WELCHE?» rief sie ihrer Mutter hinterher.

Lara fing an, in ihrem Zimmer auf und ab zu gehen. «Welche?» rief sie wieder.

«Gleich kommt der Bus,» rief Laras Mutter.

Mittlerweile ziemlich verzweifelt, ja schon schwitzend, obwohl es in ihrem Zimmer kühl war, griff sich Lara die Bluse mit den Rüschen und zog sie an. Sie rannte nach unten und schrie ihre Mutter an.

«Du hast mir nicht geholfen. Das sieht nicht schön aus. Alle werden mich auslachen.»

Aber Lara hatte eine Entscheidung getroffen. Und dabei ist sie am Ende immer der Gewinner, wie sie sich auch immer entschieden hat. Trotz ihrer Angst, die falsche Entscheidung getroffen zu haben, hatte sie entschieden. Schon diese Entscheidung, dieses kleine bißchen als aggressiver, kräftiger Spieler in ihrem eigenen Leben, trägt dazu bei, daß sie sich größer, stärker, besser fühlt. Und natürlich fanden alle in der Schule, daß die Bluse mit den Rüschen einfach gut aussah.

Schmerzhafte Probleme in ihrem Leben

Die achtjährige Manuela kommt weinend aus der Schule nach Hause. Schluchzend erzählt sie ihrer Mutter, daß Daniela Prokowski, die sie nicht mag, alle aus ihrer Klasse zu ihrer Geburtstagsfeier eingeladen hat, nur Manuela hat sie mit Absicht nicht eingeladen.

Manuela ist am Boden zerstört.

Als ihre Mutter sie an diesem Abend ins Bett bringt, fängt Manuela wieder an zu weinen.

«Niemand mag mich. Ich hasse die Schule. Ich hasse Daniela Prokowski. Warum passiert das immer mir?» Dann schluchzt sie nur noch.

Manuelas Mutter fühlt sich schrecklich. Es geht ihr wahrscheinlich schlechter als Manuela. Aber was soll sie tun?

Wir finden es sehr schwer, mit der wirklichen Trauer unserer Kinder umzugehen. Sie kann uns in Stücke reißen. Doch wir spielen dabei auch eine sehr wichtige Rolle, und wir können für unsere Kinder sehr nützlich sein. Aber nur dann, wenn wir von ihrem Schmerz nicht überwältigt werden.

«Aber sie tut mir so leid.»

Wenn wir ihnen helfen wollen, besteht der erste Schritt für uns darin zu akzeptieren, daß die Erfahrung unserer Kinder eine sehr private ist. Wir müssen mit unserem Schmerz selbst fertig werden, getrennt von ihnen. Wenn wir ernsthaft verletzt werden, müssen wir trauern und akzeptieren, daß das Leben unserer Kinder nicht ohne wirklichen Schmerz verlaufen kann, nicht ohne einige wirkliche Enttäuschungen. Das ist nicht die vollkommen perfekte Kindheit, die wir für sie erhofft haben. Wir müssen akzeptieren, daß wir sie nicht vollständig vor den Verletzungen der realen Welt bewahren können.

Aber wenn wir uns gestatten, über ihre Verletzungen zu trauern und ihr Leben als das akzeptieren, was es ist, dann können wir ihnen auch helfen.

«Niemand mag mich. Ich hasse die Schule. Ich hasse Daniela Prokowski. Warum passiert das immer mir?»

Solange Manuela schluchzt, sitzt ihre Mutter einfach dabei. Unter Umständen hält sie Manuela im Arm. Vielleicht sagt sie auch etwas tröstendes Unbedeutendes wie: «Ich weiß, ich weiß.» Aber was sie wirklich tut, ist, daß sie es Manuelas Schmerz ermöglicht, in sie zu fließen. Wenn Manuelas Mutter schon getrauert hat, kann sie ihrer Tochter das ermöglichen. Sie wird von der Trauer ihrer Tochter nicht überwältigt werden und kann sie akzeptieren. Sie kann einfach bei Manuela sein. Wenn sie schon getrauert hat, muß sie Manuelas Schmerz nicht abwenden. Sie muß nicht etwas sagen wie:

«Das ist doch nicht so schlimm. Du wirst schon sehen. Es gibt noch andere Geburtstagsfeiern.»

«Das ist doch wirklich nicht so schlimm. Die Geburtstagsfeier wird bestimmt doof.»

«Oh, ich hasse Daniela Prokowski. Ich weiß, was ihr Problem ist.»

Und sie weint und schluchzt auch nicht mit ihrer Tochter.

Wenn Manuelas Mutter einfach dasitzen, ihre Tochter niedergeschlagen sein und ihren Schmerz in sich fließen lassen kann und wenn sie nichts damit tut, sondern ihn akzeptiert und sich davon auch nicht zu sehr selbst betrüben läßt, wird Manuela anfangen, sich besser zu fühlen, und langsam wird die Realität wieder Schritt fassen.

«Mami liebt mich noch. *Sie ist nicht so niedergeschlagen.* Ich bin immer noch ich. Eigentlich hat sich gar nichts verändert.»

Wenn Eltern mit den wirklichen Verletzungen ihrer Kinder umgehen können und sie nicht sofort wegblasen müssen, dann sind sie ihren Kindern eine große Hilfe. Der Schmerz ihres Kindes erfährt eine subtile Veränderung. Aus einer Tragödie, die das ganze Leben betrifft, wird etwas, was am Ende doch nicht so schlimm ist. Es ist zwar immer noch eine Verletzung, aber eine kleinere, und sie wissen, daß sie vorbeigehen wird.

Aber schließlich sind wir und sie voneinander getrennte Menschen. Und besonders wenn Kinder älter werden, kann unser Leiden an ihrem Schmerz für sie zunehmend störend sein. Es kann sogar zu einer Last werden.

«Ich habe es Mama nie gesagt. Ich weiß, wie sehr es sie betrüben würde.»

Schließlich wollen Kinder Verständnis und nicht, daß wir mit ihnen leiden.

Mein Sohn Nick war einmal krank – ich glaube, er hatte eine Darminfektion. Ich erinnere mich daran, daß ich in seinem Zimmer bei ihm war. Ich hatte alles getan, was sein Leiden verringern könnte, aber er fühlte sich immer noch sehr unwohl. Und das erzählte er mir gerade. Ich erinnere mich daran, wie ich zu ihm sagte: «Weißt du, was das Gute an deinen Schmerzen ist?»

«Was?» fragte Nick.

«Daß ich sie nicht habe.»

Und Nick lachte.

Das war ein Scherz. Weil du und ich zwei verschiedene Menschen sind, wissen wir beide, daß ich nicht mehr gegen deinen Schmerz unternehmen kann. Das ist alles. Das Baby-Selbst will das natürlich nicht hören. Aber dem reifen Selbst gefällt das. Es wird dadurch bestätigt, und mit ihm wurde Nicks persönliche Würde bestätigt.

Du kommst damit zurecht. Allein. Denn die Wahrheit ist, daß ich nichts für dich tun kann.

Sensible Kinder

Eines Abends plant die Familie des siebenjährigen Michael, Luigis Eisdiele zu besuchen. Michael freut sich darauf. Aber dann springt das Auto nicht an, und als es schließlich wieder funktioniert, ist es zu spät, um noch in die Eisdiele zu gehen. Michael ist am Boden zerstört. Er weint und weint.

«Warum? Warum? Warum können wir nicht noch fahren? Warum nicht?» Die Tränen laufen ihm übers Gesicht, und er hört einfach nicht auf zu schluchzen.

Sein Vater nimmt ihn in den Arm, wiegt ihn ein bißchen hin und her, redet ihm gut zu und bietet ihm schließlich einen Ersatz an.

«Wie wär's mit einem Eislolli? Wir haben noch einen Eislolli im Gefrierschrank.»

Aber Michael ist untröstlich. Er weint nur noch mehr. «Nein, ich möchte zu Luigi gehen.»

Schließlich beruhigt er sich doch, aber es hat tatsächlich eine Stunde gedauert, in der sein Vater alles getan hat, um seinen Sohn zu trösten.

«Michael nimmt sich alles so schnell zu Herzen. Kleine Dinge, die andere Kinder gar nicht zu berühren scheinen, werfen ihn um. Er ist so sensibel.»

Es ist keine Frage, daß einige Kinder durch ihr angeborenes Temperament reizbarer und leichter betrübt sind als andere. Aber Eltern sollten *sehr* vorsichtig mit ihren Reaktionen auf ein am Boden zerstörtes Kind sein, wenn es überhaupt keine Tragödie gegeben hat. Auch wenn ein Kind tatsächlich sensibler als andere auf Verletzungen zu reagieren scheint, so sollten die Eltern diese Sensibilität nicht fördern. Anfänglich mag die Trauer echt gewesen sein, aber aus der nicht enden wollenden Tragödie wird langsam das, was das Baby-Selbst will.

Michael hat sehr viel elterliche Reaktion und besonders viel Aufmerksamkeit bekommen, weil es ihn betrübt hat, daß aus dem Besuch in der Eisdiele nichts geworden ist. Niemand anders würde das als Tragödie bezeichnen. Ihm ist durch die Reaktion seines Vaters vermittelt worden, daß er sehr sensibel ist und daß er mehr Trost braucht als andere, um mit normalen Verletzungen und Enttäuschungen zurechtzukommen. Und daß diese Verletzungen bei ihm größer sind als bei anderen Menschen. Das ist nicht gut. Denn es kann dazu beitragen, daß jemand tatsächlich glaubt, daß er mehr als andere leidet und daher mehr Aufmerksamkeit benötigt.

Eltern sollten auf die Verletzungen ihrer Kinder angemessen reagieren, d. h. nicht so sehr auf den sichtbaren Grad der Betrübnis, sondern – nach ihrem erwachsenen Urteil – auf den Grad der wirklichen Verletzung. Ich bin bereit, mehr Mitgefühl mit einem Kind zu haben, das sich die ganze Woche auf einen Ausflug in einen Vergnügungspark gefreut hat, der in letzter Minute ausfällt, als mit einem Kind, dessen Besuch in der Eisdiele nicht stattfinden kann.

Was hätte Michaels Vater tun sollen? Er hätte seinen Sohn trösten und beruhigen sollen, aber nur bis zu einem gewissen Punkt. Wenn Michael auch über den Punkt hinaus, der für einen ausgefallenen Besuch in der Eisdiele angemessen gewesen wäre, weitergeweint und alles Trösten nicht geholfen hätte, hätte er sich zurückziehen müssen.

«Aber warum? Ich möchte zu Luigi gehen.» Michaels Vater tröstet nicht länger, hält ihn nicht länger im Arm und versucht nicht länger, ihm Alternativen anzubieten. In Wahrheit hat er kein

Mitgefühl mehr. Er sagt damit, daß ein ausgefallener Besuch in der Eisdiele nur ein bestimmtes Maß an Trauer wert ist und daß er für die Trauer, die darüber hinausgeht, kein Mitgefühl mehr hat. Häufig wird der Trauernde dann böse: Das ist der positive Beweis dafür, daß es keine Tragödie gegeben hat, sondern daß das Baby-Selbst etwas fordert.

Kinder, die Ängste haben

Als ich klein war, kontrollierte ich jeden Abend meinen Schrank und alle Schubladen, um sicherzustellen, daß sich in ihnen keine Räuber versteckten. Ich wußte, daß Räuber nicht in die Schubladen meiner Kommode paßten, aber ich hatte ein besseres Gefühl, wenn ich trotzdem nachschaute.

Ängste sind ein Teil der Kindheit. Große Ängste, kleine Ängste. Reale Ängste. Irreale Ängste.

«Mami, kommen Räuber in mein Zimmer?»

«Papa, sterbe ich?»

«Ich hab Angst. Ich hab Angst, weil das Haus abbrennen wird.»

«Ich gehe nicht rüber zu Jennifer, denn als ich das letzte Mal bei ihr war, hab ich ein Glas kaputtgemacht, und ich weiß, daß ihre Mutter jetzt böse auf mich ist.»

Ängste sind ein unvermeidlicher Teil des Lebens. Daß Kinder Angst haben, ist vollkommen normal und auch gut. Ängste und Verantwortung sind nicht voneinander zu trennen. Ängste sind der Preis dafür, daß man schrittweise unabhängig wird und die Verantwortung für das eigene Leben tatsächlich übernimmt. Es ist der Preis dafür, daß man allein ist. Es sind die Kosten dafür, daß man von den Eltern getrennt ist.

Als Eltern sollten wir nicht trösten:

«Mach dir keine Sorgen, Liebling. Wir sind immer hier, um dich zu beschützen.»

Unsere Rolle besteht darin, unseren Kindern zu helfen, zwischen Realem und Irrealem zu unterscheiden:

«Nein, es gibt keine Gespenster.»

Wir sind da, um sie zu beruhigen.

«In deinem Schrank verstecken sich keine Räuber.»

Und vor allem brauchen wir einfach nur dazusein:

«Möchtest du auf meinem Schoß sitzen?»

Bei den meisten Ängsten und Sorgen brauchen unsere Kinder nicht mehr. Aber wie bei allen Problemen in der Kindheit sollten wir nur bis zu einem gewissen Punkt beruhigen, trösten und dasein.

Außerordentlich ängstliche Kinder

«Mama.»

«Was ist, Tom?»

«Wartest du auch vor der Schule auf mich, wenn ich herauskomme?»

«Du weißt doch, daß ich immer da bin, Tom.»

«Aber wenn du einen Unfall hast?»

«Darüber haben wir doch schon gesprochen. Wenn du das Gefühl hast, daß du schon zu lange gewartet hast, gehst du zurück in die Schule und wartest im Büro.»

«Aber wenn die Schule schon zu ist?»

«Ich hab dir doch gesagt, daß sie dann noch nicht zu sein wird. Irgend jemand bleibt immer länger im Büro und wartet, bis alle Kinder abgeholt worden sind.»

«Aber was ist, wenn sie die Schule durch einen Zufall doch abschließen?»

«Tom, das wird nicht geschehen. So ein Problem wird es nicht geben.»

«Aber wie kann ich wissen, daß es das nicht geben wird? Du sagst immer, daß nichts passieren kann. Aber was ist, wenn du einen Unfall hast und sie die Schultür zufällig abgeschlossen haben. Was soll ich dann tun?»

«Tom, das ist keine realistische Sorge.»

«Aber was soll ich dann tun. Ich meine es ernst. Ich muß das wissen. Sonst habe ich den ganzen Tag lang Angst. Du weißt, daß ich das haben werde.»

Und wahrscheinlich wird Toms Mutter ein weiteres Mal ohne Erfolg versuchen, ihrem Sohn zu versichern, daß er sich wirklich keine Sorgen zu machen braucht. Und wahrscheinlich wird Tom wie an den meisten anderen Tagen schließlich zur Schule gehen, ohne wirklich zufrieden zu sein.

«Er macht sich solche Sorgen. Nichts scheint ihn dann beruhigen zu können.»

Alle Eltern eines Kindes, das sich chronisch Sorgen macht, wissen, daß es nichts zu helfen scheint, wenn man das Kind beruhigt und ihm versichert, daß nichts geschehen kann. Sie sind damit nie zufrieden. Sie kommen mit immer weiteren Gegenargumenten und neuen Sorgen. Es scheint fast so, als ob sie nicht beruhigt werden wollten. Wenn wir sie an unseren Lügendetektor anschließen und fragen würden: «Tom, willst du wirklich beruhigt werden, oder hast du nur einfach Lust, dich so zu verhalten?», dann würde Tom antworten: «Nein, ich habe wirklich Angst. Ich mache mir wirklich Sorgen.» Und der Lügendetektor würde zeigen, daß er die Wahrheit sagt. Kinder, die sich Sorgen machen und ängstigen, leiden wirklich.

Aber es gibt bei dieser Show noch einen weiteren Mitspieler – das Baby-Selbst natürlich. Und das Baby-Selbst möchte nicht einfach beruhigt werden, sondern endlos beruhigt werden. Dazu kommt, daß es nicht in die Welt hinaus und sich damit zu beschäftigen bräuchte, wenn es sein Ziel erreichen würde.

«Aber wenn das wirklich stimmen würde, wenn ich in die Schule gehen und etwas Schreckliches passieren würde, dann würdest du nicht wollen, daß ich in die Schule gehe. Das stimmt doch, oder? Dann könnte ich zu Hause bei dir bleiben. Das stimmt doch, oder? Und wenn da immer schreckliche Dinge passieren würden, dann würde ich immer zu Hause bleiben, für immer. Das stimmt doch, oder?»

Das Baby-Selbst ist zu schlau, um das so offen auszusprechen. Aber genau das ist sein Ziel. Weil es jedoch das Baby-Selbst ist, das diese Vorstellung gibt, besteht die beste elterliche Strategie darin, das Kind nicht allzusehr zu beruhigen. Denn das wird nicht funktionieren.

Nach der ersten Beruhigung sollten sich die Eltern zurückziehen, ganz gleich, ob sie nun gewirkt hat oder nicht. Und es gibt auch eine weit wirkungsvollere Beruhigung, als sie sie ohnehin geben können.

Die wirkliche Beruhigung besteht nicht darin, die Gründe dafür anzugeben, daß nichts wirklich Schlimmes passieren kann, sondern darin, daß die Eltern sich keine Sorgen machen. Die unausgesprochene, aber wirkliche Beruhigung ist folgende: Wenn das wirklich eine Sache wäre, um die man sich Sorgen machen müßte, dann würde ich mir Sorgen machen. Das ist es aber nicht, und deshalb mache ich mir keine.

Und es ist tatsächlich so, daß die Eltern von Kindern, die sich unendliche Sorgen machen, das Baby-Selbst frustrieren, weil sie ihm nicht seinen Willen lassen. Oftmals wird aus den Sorgen dann Ärger. Das Baby-Selbst, das sich hinter den Sorgen und Ängsten versteckt, zeigt sein wahres Gesicht.

«Du bist vor der Schule, wenn ich aus der Schule komme. Stimmt das?»

«Ja, ich bin da, Tom.»

«Aber was geschieht, wenn du einen Unfall hast?»

«Ich werde keinen Unfall haben.»

«Aber was ist, wenn du einen hast? Das kann passieren.»

«Ich weiß nicht, was ich sagen soll, Tom. Wir haben darüber schon gesprochen.»

«Und was ist, wenn die Schule schon zu ist?»

«Ich weiß nicht, was ich dir noch sagen soll.»

«Aber du mußt mir das sagen. Die Schultür kann zugeschlossen sein, und ich weiß dann nicht, was ich tun soll. Den ganzen Tag werde ich mir Sorgen darum machen.»

«Das tut mir leid, Tom.»

«Aber du mußt mir sagen, was ich dann tun soll. Du mußt.»

Und wenn sie an diesem Punkt angelangt sind, sagt Toms Mutter am besten nichts mehr.

«Aber du mußt mir sagen, was ich tun soll.»

Das Baby-Selbst hat Schaum vor dem Mund. Wenn Kinder, die sich übermäßige Sorgen machen, jedoch so behandelt werden wie beschrieben, werden ihre Ängste langsam weniger. Dieser Weg funktioniert.

Schlimme Erfahrungen in der frühen Kindheit – Trauma

Wenn Kindern etwas Schlimmes passiert, etwas, womit sie nicht mehr umgehen können, dann erfahren sie oft ein *emotionales Trauma*. Ein Trauma ist eine zu große emotionale Verletzung, gegen die man sich nicht mehr zur Wehr setzen kann und die nicht heilt. Trauma ist eine Verletzung, z. B. eine physische Mißhandlung, sexueller Mißbrauch oder der Tod eines geliebten Menschen – eine Verletzung, die eine Narbe hinterläßt. Traumata können groß sein, wie z. B. wüstes Prügeln im Verlauf der Kindheit, oder klein, wie die plötzlich entdeckte Leiche der geliebten Katze. Offensichtlich ist es so, daß das Problem um so kleiner ist, je kleiner das Trauma ist, und daß es um so schlimmer wird, je größer das Trauma ist und je länger es aufrechterhalten wird.

Größere traumatische Erfahrungen hinterlassen den schmerzhaften Abdruck eines intensiven schlechten Gefühls im Kind, der nicht verschwindet. Schreckliche Gefühle oder Erinnerungen, die immer wieder hochkommen, sind die regelmäßige Quelle eines großen Schmerzes. Allzuoft werden die schlechten Gefühle an einer anderen Person ausagiert – aus dem Mißhandelten wird ein Mißhandelnder. Unsere Persönlichkeit kann sich verbiegen, um sich um den Ort des Schmerzes herumzuwinden, denn er ist zu schrecklich, um überhaupt anerkannt zu werden. Die schrecklichen Erinnerungen werden in einen Raum ohne Eingang plaziert, in ein Gebiet, das vollkommen verboten ist. Und dennoch sickern die schlechten Gefühle heraus. Und die Opfer wundern sich oft über die starken schlechten Kräfte in ihnen selbst, deren Ursprung sie nicht verstehen.

Einige, aber nicht alle ernsten Traumata können von der Zeit geheilt werden. Der Tod eines Elternteils kann schrittweise ein trauriger und niemals vergessener Teil der Kindheit werden, die im großen und ganzen positiv verläuft. Das ist besonders dann möglich, wenn der zweite Elternteil eine beständige Person im Leben des Kindes bleibt.

Aber auch die Opfer von Mißhandlungen erfahren bei kontinuierlicher Versorgung schrittweise, daß sich die scharfen Ecken einer nicht tolerierbaren Vergangenheit langsam abschleifen. Aber das ist nicht immer der Fall.

Zum Glück sind die meisten schlechten Erfahrungen nicht traumatisch, sondern nur sehr unangenehm. Und es gibt viel Unangenehmes, mit dem Kinder zurechtkommen, ohne einen dauerhaften Schaden davonzutragen.

«Felix ist nicht bei dir? Ich dachte, daß du ihn mit ins Schuhgeschäft nehmen würdest?»

«Ich dachte, daß er bei dir im Supermarkt sei.»

Woraufhin Felix' Eltern zurück zum Parkplatz rennen, wo sie einen schluchzenden Zweijährigen finden, der vollkommen in Panik geraten ist, weil er fünf Minuten allein im Auto gelassen wurde.

Solche Erfahrungen sind traumatisch in dem Sinne, daß sie ein Kind extrem betrüben können. Aber sind die Auswirkungen einer solchen Erfahrung unauslöschlich? Verändern sie ein Leben? Normalerweise nicht. Die Persönlichkeit wird vor allem durch die Erfahrungen im Leben im allgemeinen geformt und nicht durch einzelne Ereignisse. Wenn Kinder im allgemeinen ein glückliches Leben haben und ihre schlechten Erfahrungen weder zu schrecklich sind noch zu lange anhalten, dann können Eltern darauf vertrauen, daß ihre Kinder keine Narben für ihr ganzes Leben davontragen werden.

Schwierige Kinder

Eine apokryphische Geschichte.

Eine Mutter und ihr Sohn sind bei McDonald's. An dem Tisch gegenüber sitzt eine Frau mit fünf Kindern im Alter zwischen eins und sechs. Die Mutter sieht ziemlich mitgenommen aus.

Die erste Mutter spricht sie an und bietet ihr einen Handel an. Sie nimmt die fünf Kinder, und die Mutter der fünf nimmt ihr Kind. Voller Freude über ihr großes Glück willigt die Mutter der fünf ein. Die Kinder gehen mit ihren neuen Müttern nach Hause.

Vier Tage später erhält die erste Mutter einen verzweifelten Anruf von der Mutter der fünf. «Ich möchte meine fünf zurück, Ihr Klaus ist einfach zu viel.»

Diese Geschichte habe ich einer Reihe von Eltern erzählt, die ein Kind haben, das wesentlich schwieriger ist als die meisten. Ihnen gefällt die Geschichte, sie verstehen ihre Wahrheit, und sie wissen auch, daß nur Eltern, die ein Kind haben wie sie, glauben, daß sie stimmt.

Einige Kinder sind von Natur aus – durch keinerlei Fehler der Eltern – wesentlich schwieriger als andere. Viele dieser Kinder haben etwas, was heute als ADD beschrieben wird, als attention deficit disorder/Aufmerksamkeits-Defizit-Disposition. Das ist eine diagnostische Kategorie, die man erst gegen 1980 gefunden hat.

Alles, was in diesem Buch dargestellt worden ist, bezieht sich auch auf schwierige Kinder. Aber bei ihnen funktioniert es nicht so gut. Doch bei schwierigen Kindern ist es um so wichtiger, daß sich die Eltern nicht von den Widerreden, Streitereien etc. des Baby-Selbst gefangennehmen lassen, die ihr Kind ihnen entgegenwirft. Schwierigere Kinder haben zwei Baby-Selbst, denn sie können sich schlechter kontrollieren. Sie streiten ausdauernder und heftiger. Wenn die Eltern nicht wollen, daß sie emotional vollkommen erschöpft werden, müssen sie sich daher mehr wie Busineß-Eltern verhalten. Sie müssen lange Erklärungen und Vorträge vermeiden, die den Kindern etwas beibringen sollen (und denen diese Kinder ohnehin nicht folgen können). Und sie müssen überhaupt alles vermeiden, was sich in die Länge ziehen könnte. Bei solchen Kindern gehen sowohl die Eltern als auch die Kinder unter, wenn nicht alle Interventionen schnell, klar und fest geschehen.

Und auch bei schwierigen Kindern sollten die Eltern auswählen. Man muß unter Umständen die Füße auf der Couch, das Essen im Wohnzimmer, das Türenschlagen ignorieren, aber nicht das Springen auf der Couch, die ohnehin schon etwas alte Federn hat.

Aber das kann auch bedeuten, daß es in einer Familie unterschiedliche Regeln gibt.

> *«Reginald schimpfst du niemals aus, wenn er mit den Füßen auf den Autositzen ist, aber bei mir tust du das immer. Das ist nicht fair.»*

Die Regeln bei den einzelnen Kindern müssen nicht identisch sein.

> *«Das stimmt. Ich schimpfe nicht mit Reginald. Aber ich schimpfe in diesem Augenblick mit dir. Nimm deine Füße von dem Sitz.»*

Zum Schluß noch das Wichtigste: Bei einem schwierigen Kind sollten die Eltern – was immer es auch tut – nicht vergessen, daß sie die Rolle des Versorgers innehaben. Diese Kinder müssen wissen, daß sie geliebt werden, ganz gleich, wie sie sich auch benehmen. Und daß sie trotz ihres scheußlichen Benehmens so gut sind wie andere Kinder.

> *Ich weiß, daß ich ganz schrecklich bin. Und ich wünschte, ich könnte anders sein. Aber ich kann mich irgendwie nicht stoppen, wenn ich was Schlechtes tue. Ich wäre gern gut. Ich möchte nicht schlecht sein. Es ist nur, daß ich so viel Schlechtes tue.*

Diese Kinder sind unendlich dankbar und erleichtert, wenn ihre Eltern verstehen, daß sie in ihrem Herzen gut sind. Denn Eltern und Kinder verlieren das leicht aus den Augen. Wenn sie das vergessen, dann führt das mehr als alles andere zu Problemen in der Zukunft. Statt dessen möchten wir, daß sie wissen:

Ich bin gut. Es ist nur so, daß ich mich oft nicht so verhalte. Und wenn die Eltern von schwierigen Kindern die Kindheit ihres eigenen Kindes überleben und irgendwie durchstehen und ihm dabei vermitteln können, daß es nicht weniger gut ist und nicht weniger geliebt wird als andere, obwohl es deutlich schwieriger ist als andere, dann haben sie in der Tat etwas geleistet.

KAPITEL 8

Die schreckliche Aufgabe, Eltern zu sein

Die vierunddreißigjährige Barbara zu ihrer Mutter:

«Du weißt, daß ich in meinem ganzen erwachsenen Leben unglücklich war?»

«Ja, ich weiß, Liebes. Und das macht mich sehr traurig.»

«Du weißt, daß ich drei Ehen hinter mir habe, nicht in der Lage bin, eine stabile Beziehung aufzubauen, mit meinen eigenen Kindern ein vollkommenes Durcheinander angestellt habe und nicht in der Lage bin, regelmäßig zu arbeiten?»

«Nun ja, Liebes. Deine Probleme haben mir viel Schmerz bereitet.»

«Du weißt, daß ich seit sechs Monaten eine Psychotherapie mache.»

«Ja, Liebling. Ich habe mich darüber gefreut, und ich hoffe, daß sie dir hilft.»

«Nun, ich und Dr. Schnedinger haben festgestellt, daß es deine Schuld ist.»

«Oh, Liebes!»

«Und ich bin sehr böse auf dich. Du konntest niemals geben. Alles war nur oberflächlich. Alles sollte nett sein. Du wolltest kein Kind, du wolltest eine Anziehpuppe. Du brauchtest etwas, woran du dich festhalten konntest und hinter dem du deine Depression verbergen konntest, die aus deiner leeren Ehe mit Papa und von deinen schrecklichen Eltern herrührte. Und dabei hast du mich schließlich verhungern lassen. Darum war ich mein ganzes Leben lang immer so bedürftig und habe jede Beziehung, die ich hatte, kaputtgemacht. Das ist alles deine Schuld.»

«O Liebling. Ich habe mich wirklich bemüht. Ich habe mein Bestes getan.»

«Du hast nur das getan, was du wolltest. Du hättest kein Kind haben sollen.»

«O Liebes! O Liebes! Ich fühle mich nicht gut. Oh! Ich glaube, es ist das Herz.»

«Mutter, ist alles in Ordnung? Mutter?»

Das ist der Alptraum aller Eltern.

Oder vielleicht eine einfachere Geschichte, die aber ebenso schrecklich ist:

«Erinnerst du dich daran, wie du mich die zweite Klasse hast wiederholen lassen?»

«Ja?»

«Nun, das war ein Fehler. Das hat mein ganzes Leben ruiniert.»

Wir tun schließlich unser Bestes. Ich bin nicht sicher, ob man von uns mehr verlangen kann. Nachträglich ist immer alles einfacher und klarer.

«Wie konnte ich Anton nur die zweite Klasse wiederholen lassen?»

Aber dabei vergessen wir oft, daß wir es damals für das Beste hielten. Aus der heutigen Sicht war es das vielleicht nicht.

«Warum kannst du nicht so sein wie Lenas Mutter? Sie spielt die ganze Zeit mit Lena.»

Vielleicht bin ich wirklich nicht so gut wie Lenas Mutter. Vielleicht wären meine beiden wirklich besser dran, wenn sie ihre Kinder wären.

Wer weiß? Vielleicht wären sie besser dran, wenn sie bei Lenas Mutter aufgewachsen wären. Aber vielleicht ist die Antwort auch, daß unsere Kinder nicht die Kinder anderer Leute sind. Es sind unsere. Ob das nun gut oder schlecht ist, das ist ihr Schicksal. Und wir können nur unser Bestes tun. Aber das Gute dabei ist, daß es normalerweise genug Gutes gibt.

«Ich habe mein Bestes gegeben, und Leonhard ist der Vorstandsvorsitzende der Zedco-Gesellschaft. Ist Ihr Klaus immer noch im Korrektur-Institut? Ich habe gehört, daß sie ihm am Wochenende frei geben.»

Die andere Seite ist, daß das, was wir mit unseren Kindern anstellen, nicht die ganze Geschichte ist. Die Aufgabe der Eltern ist nicht die eines Bildhauers, der sich einem formlosen Klumpen Ton gegenübersieht. Ganz und gar nicht.

«Meine beiden Söhne, Reginald und Ronald, sind zwei Jahre auseinander, und sie sind so verschieden wie Tag und Nacht. Reginald ist immer so nervös. Voller Energie. Schnell in der Reaktion. Er hat immer was zu sagen. Ronald ist genau das Gegenteil. Er lehnt sich zurück. Er nimmt alles auf die leichte Schulter. Nichts scheint ihn durcheinanderzubringen. Und erzählen Sie mir nicht, daß es daran liegt, daß ich sie unterschiedlich erzogen habe. Sie waren vom ersten Tag an so.»

Von Wissenschaftlern wird zunehmend gezeigt, daß Kinder mit unterschiedlichen psychischen Charakteristika geboren werden. Wir formen unsere Kinder nicht vollständig. Vieles scheinen sie schon mitzubringen.

In Wahrheit gleichen unsere Kinder eher Samen als Ton. Als Eltern können wir unseren Teil dazu beitragen, die Ingredienzien der Elternschaft dazufügen – Liebe, Aufmerksamkeit, Ermutigung, das Setzen von Grenzen, Forderungen stellen –, aber wir werden sie nicht genau zu dem machen können, was wir wollen. Das funktioniert einfach nicht. Was wir als Eltern tun, ist wichtig, sehr wichtig sogar, aber es ist auch begrenzt. Was immer wir auch tun – ob es nun gut oder schlecht ist –, es gibt auch Kräfte, die sie formen, über die wir keine Kontrolle haben. Unsere Kinder nehmen ihre eigene Form an. Wir können nur das dazugeben, von dem wir glauben, daß es ihr Wachstum am besten fördern wird. Und dann hoffen.

Eine Kindheit haben

Was möchte ich für meine Kinder? Daß sie eine Kindheit haben. Daß sie einen Ort haben, der ihnen gehört, solange sie damit niemanden verletzen. Und daß sie sich an diesem Ort wohl fühlen.

Ich kann sie vielleicht stoppen. Ich kann ihnen erzählen, wie scheußlich sie sind. Und manchmal kann ich sie auch an einen anderen Ort bringen. Aber mehr mache ich nicht. Und in meinem Herzen glaube ich zutiefst, daß alles, was sie auch immer tun, in Ordnung ist – auch dann, wenn es mir nicht gefällt und ich sie das auch wissen lasse. Und das hören sie auch. Sie hören, daß ihre Kindheit bei mir ist. Denn ich möchte, daß sie eine Kindheit haben. Und die Kindheit ist ein Ort, an dem sie niemals schlecht sind, ein Ort, der immer sicher ist und an dem es keine Angst gibt. Das ist ein Ort der absoluten Versorgung.

Kinder, die diesen Ort bekommen haben, werden weder wild noch respektlos, noch sind sie auf ihren eigenen Vorteil bedacht. Das Gegenteil ist der Fall. Sie werden zu Menschen, die geben können, die sich um andere kümmern und die aus der Welt, in der sie leben, eine bessere machen.

Und wenn Eltern wirklich glauben, daß es das beste ist, Kindern diesen Ort – eine Kindheit – zu geben, dann stellt sich heraus, daß dieser Glaube eine große Hilfe bei der Erziehung ist. Daß er die Kindererziehung um vieles einfacher und angenehmer machen kann.

Denn wenn Eltern glauben, daß all das ungezogene, scheußliche und selbstsüchtige Verhalten, das sie abbekommen, im Grunde keine große Angelegenheit, sondern nur das Verhalten des Baby-

Selbst ist und daß sie diesem Baby-Selbst einen Ort geben wollen, dann werden sie das Gefühl verlieren, daß sie auf all diesen Unsinn reagieren müssen, den ihnen das Baby-Selbst entgegenschleudert, wenn es seinen Willen nicht bekommt. Und das verändert natürlich einen großen Teil des ungezogenen Verhaltens des Baby-Selbst, dessen einziger Zweck es ist, soviel elterliche Reaktion wie möglich zu bekommen.

Wenn wir unseren Kindern eine Kindheit erlauben können, dann werden sie uns die Freude geben, Eltern zu sein.